$A^tV$

ALDO KEEL, geb. 1948 in Zürich; Skandinavist, Autor, Herausgeber, Übersetzer und Kritiker, u. a. für die »Neue Zürcher Zeitung«. Lebte zwei Jahre in Reykjavík und promovierte über Halldór Laxness. Arbeitete für den »Norwegischen Forschungsrat« und erhielt für seine Bjørnson-Biographie den »Honnør«-Preis der norwegischen Stiftung »Fritt Ord. The Freedom of Expression Foundation«. Herausgeber von Bjørnsons Briefwechsel mit Deutschen; Verfasser mehrerer Publikationen über Albert Langen und den »Simplicissimus-Kreis«. Seit vielen Jahren ein wichtiger Vermittler nordischer Literaturen, u. a. als Herausgeber der zweibändigen Anthologie »Skandinavische Erzähler« und Übersetzer von Knut Hamsun (»Die Königin von Saba«) und Herman Bang (»Stuck«). 2004 erschien von ihm im Aufbau Taschenbuch Verlag »Der trotzige Däne. Martin Andersen Nexø. Eine Biographie«.

Als die Pflegerin eine Woche vor seinem Tod am 23. Mai 1906 der Ehefrau zuflüsterte, sie habe den Eindruck, es gehe Herrn Ibsen wieder besser, tönte es vom Bett her: »Im Gegenteil!« Diese dem ärztlichen Protokoll nach letzten Worte können als Motto über seinem Leben und Werk stehen. Der Begründer des modernen Dramas hielt sich mehr als ein Vierteljahrhundert außerhalb Norwegens, in Italien und Deutschland, auf. In dieser Zeit schuf er die glänzende Reihe seiner großen Dramen. Mit ihrer Enthüllung des Verdrängten und Vertuschten in Staat, Familie und Individuum und ihrer kompromißlosen Unnachgiebigkeit gegenüber jedem Illusionismus schockierte er das zeitgenössische Publikum, das seinerseits in die Verdrängung floh.

# Aldo Keel

# Ibsen für Eilige

Aufbau Taschenbuch Verlag

ISBN 3-7466-2166-6

1. Auflage 2006
© Aufbau Taschenbuch Verlag GmbH, Berlin 2006
Einbandgestaltung Mediabureau Di Stefano
unter Verwendung eines Fotos von getty images
Druck und Binden GGP Media GmbH, Pößneck
Printed in Germany

www.aufbau-taschenbuch.de

*Henrik Ibsen, um 1900*

# Inhalt

## INHALT

# Prolog
## Groß denken

Ibsens Werk kündet von der Sehnsucht des Menschen, anders zu leben, als er es tut. Wie einem Luftschiffer war John Gabriel Borkman, dem Bankchef, der zum Gangster wurde, bei seinen betrügerischen Spekulationen zumute: »Ging in schlaflosen Nächten und füllte einen Riesenballon, um über das unberechenbare, gefährliche Meer zu segeln.« Für die »in Norwegen wichtigste und dringlichste Aufgabe, das Volk zu wecken und groß denken zu lehren«, wolle er kämpfen, versprach Ibsen, als er sich 1866 um eine »Dichtergage« bewarb.

Kaum zu glauben: daß ein Norweger das moderne Drama schuf, das den Widersprüchen der bürgerlichen Epoche nachspürte, den Konflikten der Kleinfamilie und der Geschlechter, der Macht des Geldes und der Krise des Liberalismus, das Drama, das nicht mehr die Jungfrau von Orléans feierte, sondern Europas Zeitgenossen die eigenen Nöte und Verhängnisse vor Augen führte. Gab es denn in dem Land der tiefen Fjorde an Europas Peripherie überhaupt Städte? Gab es Theater? Und wo waren die Bürger und Bürgerinnen in dem von Naturburschen und Sennerinnen besiedelten präkapitalistischen Idyll?

Erst spät, im Jahre 1890 – Ibsen war bereits ein gesetzter Herr –, überschritt Norwegens Einwohnerzahl die Zwei-Millionen-Grenze. 220 000 Menschen wohnten in der Hauptstadt Kristiania, dem heutigen Oslo. Kristiania sei »das Langweiligste vom Langweiligen, das Ärmlichste vom Ärmlichen«, spottete 1893 der Romancier Arne Garborg, »Kristiania, das Stillose und Geschichtslose, der Bauer, der in Gummistiefeln und Zylinder den Vornehmen spielt, Kristiania, ein kleiner Ort ohne die Annehmlichkeiten der Kleinstadt, eine Hauptstadt ohne das Leben der Großstadt«.

Wer in der Politik das Sagen hatte, erläuterte Ibsens Rivale Bjørnstjerne Bjørnson den erstaunten Österreichern. Man habe – führte er 1894 in einer Wiener Zeitung aus – keinen Adel, keine Großgrundbesitzer und »nur wenig reiches Bürgertum«. Norwegen stehe »im Zeichen der selbsteigenen Bauern«, die im Parlament die Mehrheit besäßen und den Staat, dessen Haushalt und das Militär mit anderen Augen betrachteten als Aristokraten und Großgrundbesitzer. Bereits 1821 hatte das Parlament – gegen den Wunsch des Königs – die Adelsprivilegien und Adelstitel abgeschafft. Eine besondere Standesehre für Adlige und Offiziere gab es nicht. Für Stoffe wie Fontanes »Effi Briest« oder Schnitzlers »Leutnant Gustl« fehlte der gesellschaftliche Nährboden. Andererseits erprobte das Parlament schon Ende des 19. Jahrhunderts im Konflikt mit Schweden ein friedenspolitisches Instrument, indem es zwei »Schiedsgerichtsadressen« in Richtung Stockholm sandte. Es überrascht deshalb nicht, daß Alfred Nobel die Wahl des Friedenspreisträgers testamentarisch dem Storting anvertraute.

## Lebensfrohe Geburtsstadt

Henrik Ibsen wurde 1828 in Skien an der Südküste geboren. Die Stadt, die 1600 Einwohner zählte, lebte von ihren vier Wasserfällen und den vierzig Sägewerken. In den 1830er Jahren prosperierte Skien, ein Hotel wurde eröffnet und eine Filiale von »Norges Bank«. Der Holzhandel brachte die Stadt in Kontakt mit Europa. Ibsen erinnerte sich später an das Tosen der Wasserfälle, das Heulen und

Ächzen der Blattsägen, an den Pranger, das Arresthaus und seinen Schrecken, als er eine alte Silbermünze verlor, die er als Taufgeschenk erhalten hatte.

Und doch: »Skien war in meinen Kinderjahren eine außerordentlich lebensfrohe und gesellige Stadt.« Dänische Komödianten tingelten durch die Gegend und vermittelten dem Jungen die ersten Theatererlebnisse. Als Zwölfjähriger besaß er eine eigene Marionettenbühne. Vater Knud war ein Kaufmann, der einen Kramladen führte, mit Lebensmitteln, Stoffen und Haushaltwaren handelte, eine Schnapsbrennerei betrieb, Holz exportierte, Anteile an Frachtschiffen besaß sowie sechs Kühe, vier Pferde und vier Schweine hielt. Er war der Typ des modernen Geschäftsmanns, der im Aufschwung Schulden nicht zurückzahlte, sondern aufstockte und von Krediten lebte. Seine Geschäftspartner saßen in London, Hamburg, Newcastle, Bordeaux und Flensburg. Er war Leutnant der Bürgerwehr und Mitglied der Steuerkommission, galt als gastfreundlich und führte ein offenes Haus. Wie andere Kaufleute erwarb auch er ein Sommerhaus, um dem Gestank der offenen Kloake der Stadt zu entkommen. In dem Sommerpalais hielt er seine Reitpferde. Er war Jäger, arrangierte Schießwettkämpfe und baute für seine Gäste eine Kegelbahn. Als aber die Zeiten schlechter wurden, wendete sich sein Schicksal. Henrik war sechs, als die Schnapsbrennerei zur Begleichung einer Bankschuld versteigert wurde, es folgten weitere Auktionen, und bald schon war Kaufmann Ibsen bankrott. Die Familie zog aufs Land und wohnte später zur Miete in einem Haus, dessen Eigentümer der Vater einst gewesen war. Er hielt jetzt Hühner, übernahm kleine Bürojobs und begann zu trinken. Die Ehe mit Henriks Mutter, der Tochter eines wohlhabenden Bürgers, ging in die Brüche, wurde aber nicht geschieden. Der alte Ekdal, der in der »Wildente« von einem Geschäftspartner ruiniert wird, und Peer Gynts Vater, der sich durch seinen flotten Lebenswandel selber ruiniert, tragen Knud Ibsens Züge.

Mit knapp sechzehn zog Henrik nach Grimstad, um eine Apothekerlehre anzutreten. Die 800 Einwohner der Südküstenstadt lebten von Schiffbau und Schiffahrt, ähnlich wie die Kleinstädter in »Stützen der Gesellschaft«. Als er in Grimstad eintraf, trug er seinen Konfirmationsanzug, und offenbar besaß er nur diesen, weshalb er zum Gespött der Gleichaltrigen wurde. Doch verschaffte er sich rasch Respekt. Er galt als witzig und einfallsreich, und die Apotheke, wo er hinter der Theke stand, wurde ein beliebter Treffpunkt. »Die Damen, wennschon nicht so galant wie in Skien, sind auch recht passabel«, schrieb er einem Kumpanen, »sei überzeugt, daß ich alles daransetze, ihre Gunst zu gewinnen.« Über Grimstads Granden ergötzte er sich mit Spottversen und Karikaturen, er malte auch gerne, und erst seine Frau wird ihn dazu bringen, sich ganz auf das Schreiben zu konzentrieren.

Nachts büffelte er Latein, denn er wollte Medizin studieren. Norwegens einzige Universität befand sich in Christiania, wo sich Ibsen 1850 niederließ. An einer Privatschule, der »Heltbergschen Abiturientenfabrik«, holte er sich den letzten Schliff für die Reifeprüfung – es war verlorne Liebesmüh. Griechisch und Arithmetik wurden ihm zum Verhängnis. Gleichwohl nannte er sich fortan »Student Ibsen«.

Er war kein unbeschriebenes Blatt. Als er nach Christiania zog, hatte er bereits einen vierjährigen Sohn, den er als Siebzehnjähriger mit der zehn Jahre älteren Dienstmagd des Apothekers Else Sofie Jensdatter gezeugt hatte. Für Hans Jacob Henriksen, der seinem Vater angeblich aus dem Gesicht geschnitten war (Fotos sind nicht überliefert), zahlte er vierzehn Jahre lang Alimente, im übrigen kümmerte er sich weder um den Sohn noch um dessen Mutter. Wegen säumiger Alimentenzahlung wurde Student

Ibsen 1851 zu Zwangsarbeit in einem Gefängnis verurteilt, konnte sich aber dem Vollzug der Strafe im letzten Augenblick entziehen.

## »Ich muß! Ich muß!«

In Grimstad, der »kleinen Spießerstadt«, schrieb er sein erstes Theaterstück, das Römerdrama »Catilina«, dessen Held sich gegen ein reaktionäres Regime erhebt: »Ich muß! Ich muß! So drängt mich eine Stimme / Im Innersten, und ich will ihr folgen. / Ich fühle Kraft und Mut zu etwas Besserem.« Im Vorwort zur zweiten Auflage von 1875 bekannte der Autor, daß die Pariser Februarrevolution von 1848 und der von Kossuth angeführte Aufstand der Ungarn »mächtig und reifend« auf seine Entwicklung eingewirkt hätten. Da das »Christiania Theater« kein Interesse zeigte und auch kein Buchhändler bereit war, das Werk zu verlegen, spendierte ein Freund aus Grimstad die Druckkosten. Ibsens erstes Buch erschien in einer Auflage von 250 Exemplaren – 45 wurden verkauft, den Rest überließ er dem Altwarenhändler. Der Verfasser versteckte sich hinter dem Pseudonym Brynjolf Bjarme. Als das seit Jahren erste norwegische Theaterstück beachtliche Rezensionen fand, wartete Brynjolf Bjarme gleich mit einem zweiten auf, dem »Hünengrab«, das das wachsende Interesse an nationalromantischen Sujets bediente. Am 26. September 1850 fand am »Christiania Theater« die erste Ibsen-Premiere überhaupt statt. Der Autor war furchtbar nervös und versteckte sich im hintersten Winkel des Theaters.

Als Erzähler versuchte er sich mit einer Novelle über den Bauernführer Christian Lofthuus, der in den 1780er Jahren in Südnorwegen die kleinen Leute gegen gierige dänische Beamte angeführt hatte, dann aber als »Aufwiegler« zu lebenslanger Festungshaft in Ketten verurteilt wurde. Lofthuus war Else Sofies Großvater und somit der

Urgroßvater von Ibsens Sohn Hans Jacob. Die Arbeit an der Novelle brach Ibsen bereits am Beginn des zweiten Kapitels ab; zeitlebens würde er keine Prosa veröffentlichen.

In Christiania brodelte es. Für Empörung sorgte die Landesverweisung eines dänischen Aufrührers, der im griechischen Freiheitskampf und bei der nationalen Erhebung der Polen mitgewirkt hatte. Grund der Zwangsmaßnahme gegen Harro Harring war dessen mit blasphemischen Sprüchen gespicktes republikanisches Schauspiel »Das amerikanische Testament«. Auch Ibsen eilte zur Protestversammlung. Danach begleitete die Menge ihren Helden zum Hafen, wo er das Schiff in Richtung Kopenhagen bestieg. Gymnasiasten skandierten aus »Catilina«: »Tod und rote Flammen! Auf zum Kapitol!«

Ibsen kam in Kontakt mit der frühen Arbeiterbewegung. Mit einem Kollegen teilte er eine Mansarde im Armenviertel. In dem Haus der legendären Mutter Sæther, einer wegen »Quacksalberei« wiederholt verurteilten Naturheilerin, wohnte auch stud. jur. Theodor Abildgaard, der Redakteur des »Blattes der Arbeitervereinigungen«. Die beiden jungen Männer freundeten sich an und unterrichteten in der Sonntagsschule der Arbeitervereinigungen von 7 bis 10 Uhr früh Arbeiter im Lesen und Schreiben, viele waren Analphabeten. In der satirischen Zeitschrift »Andhrimner«, benannt nach dem Koch in Walhall, dem Himmel der im Kampf Gefallenen, stürzte sich Ibsen in die politische Debatte. Als im Sommer 1851 eine Verhaftungswelle gegen Mitglieder der Arbeitervereinigungen und andere zwielichtige Gesellen einsetzte, war auch Ibsen gefährdet. Am 27. September teilte das »Blatt der Arbeitervereinigungen« mit, die Sonntagsschule müsse eingestellt werden, Abildgaard sei verhaftet worden – er wurde zu vier Jahren Zwangsarbeit verurteilt – und Student Ibsen sehe sich außerstande, den Unterricht allein weiterzuführen.

## *Das Murmeltier*

Er verließ die Hauptstadt. Einen Monat später wohnte er bereits in sicherer Entfernung vom politischen Hexenkessel in der alten Hansestadt Bergen an der Westküste. War es ihm in Christiania zu brenzlig geworden? Der Teufelsgeiger Ole Bull, damals Norwegens prominentester Artist, verschaffte dem 23jährigen die Stelle des Hausautors an dem 1850 gegründeten »Norwegischen Theater«. Damit nahm Ibsen ein für allemal Abschied vom politischen Journalismus. Andere Bedürfnisse traten in den Vordergrund. In Bergen verliebte er sich in die 16jährige Rikke Holst. Er schickte ihr Kuchen, Beeren und Liebesgedichte (»Ein Wort aus Ihrem Mund / Wird mir die Zukunft weisen«). Die beiden versprachen sich einander, sie banden zwei Ringe zusammen und warfen sie in den Fjord – dreißig Jahre später werden Ellida und der geheimnisvolle »fremde Mann« in der »Frau vom Meer« dasselbe tun. Konfirmiert war Rikke noch nicht, und als ihr Vater mit zorngerötetem Gesicht und geballten Fäusten den Verliebten entgegenstürzte, suchte Ibsen rasch das Weite. Jahrzehnte später, als er Rikke wiederbegegnete, entschuldigte er sich kleinlaut: »Von Angesicht zu Angesicht war ich nie ein mutiger Mann.«

Dann lernte er Suzannah Thoresen, die Tochter eines Propstes, kennen. Sie war lebensmutig und acht Jahre jünger als er, und sie hatte sinnliche Lippen. 1858 wurde geheiratet, ein Jahr später Sohn Sigurd geboren. Auch sie deckte er mit Gedichten ein: »Ich träum', ich läg' in der Truhe, / Die man im Grabe barg; / Zur letzten irdischen Ruhe / Warf Erde man auf den Sarg.« Seine Schwiegermutter, die Schriftstellerin Magdalene Thoresen, schilderte ihn als »ein kleines scheues Murmeltier. Es war etwas Drolliges, Tolpatschiges und Ängstliches in seiner Art des Auftretens, er fürchtete, lächerlich zu wirken, sich bloßzustellen, er hatte noch nicht gelernt, seine Mitmenschen zu verachten, daher fehlte seinem Auftreten Sicherheit. Außerdem hatte er eine gewisse unbedingte Ehrfurcht vor dem Feineren, denn in der vornehmeren, wohlhabenderen Welt war nicht Unruhe und Gärung wie in ihm selbst, sondern Schönheit – er fühlte sich selbst ein wenig wie ein verlassenes, schief angesehenes Wesen, das außerhalb der guten Gesellschaft lebte.«

Suzannah trat in der Öffentlichkeit nicht in Erscheinung. Als das »Christiania-Theater« zu Ibsens 70. Geburtstag eine Festvorstellung gab, orderte sie getrennte Logen: »Das ist dein Abend, Henrik, bei dem habe ich nichts zu suchen.« Der Dramatiker Jon Fosse, der kürzlich für das norwegische Fernsehen das Drehbuch zu einem Film über Suzannah verfaßt hat, meinte in einem Interview: »Es war fast unangenehm, das zu tun. Niemand weiß ja, wie sie war.« Sie besaß, wie es Ibsen in dem Gedicht »An die Einzige« aussprach, eine »reiche geistige Welt«. Sie war es, die ihn jeden Morgen an den Schreibtisch zwang. Als er im Familienkreis »Peer Gynt« vorlas, rief der achtjährige Sigurd bei den Szenen mit der resoluten Mutter Åse: »Aber das ist ja Mama!« Ibsen nannte sie »Adler«.

## Junger Staat mit alten Wurzeln

Das Theater in Bergen, als dessen Hausautor und Regisseur Ibsen wirkte, war die erste Bühne des Landes, auf der Norwegisch gesprochen wurde, und zwar die »gepflegte Stadtsprache Bergens«. Kulturell war Norwegen nach Kopenhagen ausgerichtet, Dänisch war die Sprache der Verwaltung, der Bibel und des Theaters. Eine norwegische Standardsprache gab es noch nicht. Norwegen war ein junger Staat, wenn auch mit alten Wurzeln. Bis 1814 – vierzehn Jahre vor Ibsens Geburt – hatte das Land zum dänischen Gesamtstaat gehört, dem es 1380 zugefallen war. Als im Zuge der Umwälzungen nach den Napoleonischen Kriegen auch im Norden die Karten neu gemischt wurden, fiel Norwegen an Schweden. Die einstige Großmacht indessen war nicht mehr stark genug, um die Beute zu packen, weshalb den norwegischen Eliten die Gründung eines weitgehend autonomen Königreichs mit eigener Verfassung, eigenem Parlament und eigener Regierung gelang, eines Staates, der jedoch als Juniorpartner einer Union an Schweden gebunden war. Schwedens König war – bis 1905, als die Union platzte – auch Norwegens König.

Im 19. Jahrhundert suchte das Land, das politisch von Schweden und kulturell von Dänemark abhängig war, nach seiner Identität. Als Student Ibsen die Szene betrat, hatte der Prozeß der »Nationsbildung« bereits begonnen. Seit den vierziger Jahren rollte eine kulturpatriotische Welle über das Land – die Nationalromantik. Da sich die Seele eines Volkes in seiner Sprache artikuliere, war man eifrig bemüht, eine offizielle norwegische Schriftsprache zu entwickeln. Dabei entstand ein folgenschweres, bis heute nachwirkendes Schisma. Während die einen – und zu ihnen gesellte sich Ibsen – das Dänische der norwegischen Umgangssprache anpaßten, konstruierten andere ihr Norwegisch auf der Grundlage möglichst altertümlicher Dialekte.

Der Unterschied zwischen Ibsens Dänisch-Norwegisch und dem Dänisch Herman Bangs entspricht etwa dem zwischen dem Deutsch Gottfried Kellers und jenem Fontanes. Die Originalausgaben von Ibsens Stücken, wie die Bücher vieler anderer Norweger, erschienen seit 1866 völlig problemlos im Kopenhagener Gyldendal-Verlag. Durch permanente Reformen, neben denen sich die derzeitige deutsche Rechtschreibreform als schierer Theaterdonner ausnimmt, versuchte man, die beiden norwegischen Idiome einander anzunähern, was dazu führte, daß Ibsens Orthographie und

Ausdrucksweise heute derart fremd und antiquiert wirkt, daß es, wie der Schriftsteller Erik Fosnes Hansen spöttisch bemerkt, »viele Gymnasiasten vorziehen, Ibsen in englischer Übersetzung zu lesen«.

## Patriot Ibsen

Als spärlich besiedeltes Bauernland ohne Adel und ohne große Städte verfügte Norwegen über keine nennenswerte Theatertradition. Die Ensembles, oft dänische Wandertruppen, waren mittelmäßig, ihr Repertoire anspruchslos. Der Hausautor des »Norwegischen Theaters« wurde deshalb auf eine Studienreise nach Dresden und Kopenhagen geschickt. In Dresden kaufte er sich Hermann Hettners Buch »Das moderne Drama«, in dem er las, daß das historische Schauspiel seelische Konflikte darstellen sollte. Durch Hettner lernte er auch Hebbels bürgerliche Tragödie »Maria Magdalene« kennen. In Kopenhagen besuchte er, was Rang und Namen hatte. Die dänische Schaubühne mit dem 1748 gegründeten »Königlichen Theater« als gesellschaftlichem Mittelpunkt war ein Hort der Tradition. Norwegen hingegen bekam erst 1899, im Jahr der Veröffentlichung von Ibsens letztem Stück »Wenn wir Toten erwachen«, sein »Nationaltheater«. Davor galt das »Christiania Theater« als das führende Haus der Hauptstadt. Da diese Bühne vor allem aber dänische Schauspieler beschäftigte, wurde sie in Zeitungsartikeln mitunter als »Dänisches Theater Christiania« verspottet. Als im Mai 1856, allen Beteuerungen zum Trotz, ein weiteres Mal ein dänischer Mime engagiert wurde, blies Bjørnson zur großen Theaterschlacht. Von einer Loge aus dirigierte er Dutzende Pfeifer und Schreihälse. Der Protest richtete sich gegen die »Sozietät« von »Großhändlern und Beamten, die Christianias wichtigste Bühne kontrollieren«. Während Bjørnson in der Hauptstadt auf die Barrikaden stieg, goß Ibsen in Bergen die norwegische Geschichte und Sagenwelt in historische Dramen und Märchenkomödien. Schon im »Andhrimner« hatte er mit spitzer Feder die »dramatischen Schleckereien« und »Poesiesurrogate« kritisiert, mit denen das »Christiania Theater« das Publikum unterhielt. »Der nationale Schriftsteller ist jener«, schrieb er 1851 am selben Ort, »der sich darauf versteht, seinem Werk jenen Grundton zu geben, der uns von Berg und Tal, von Hängen und Stränden, vor allem aber aus unserm Inneren entgegenklingt.«

In den fünf Jahren in Bergen lernte er das Theaterhandwerk von der Pike auf. Danach war die Zeit reif für einen Wechsel in die Hauptstadt. Er wurde zum künstlerischen Direktor des 1852 eröffneten, in einem düsteren Arbeiterviertel gelegenen »Norwegischen Theaters Christiania« ernannt. In Abgrenzung von dem vornehmen »Christiania Theater« am Bankplatz wollte und sollte er ein betont norwegisches Repertoire pflegen. Allein der Vorrat an norwegischen Stücken war bescheiden. So mußten Vaudevilles und Schwänke herhalten. Bei Scribe lernte er den mit drei Türen versehenen Raum kennen, den er in seinen Stücken wiederholt einsetzte. Zudem kämpfte der Herr Direktor von Anfang an mit finanziellen Schwierigkeiten und Defiziten. »Dänischen Schlendrian« glaubte die Zeitung »Morgenbladet« zu beobachten – »und das unter der Leitung eines norwegischen Dichters«.

Dennoch: Die norwegische Kultur eroberte eine Domäne nach der anderen. Peter Christian Asbjørnsen und Jørgen Moe sammelten, bearbeiteten und gaben Märchen und Sagen heraus. Auch Ibsen betätigte sich als Sammler und hörte, von einem Universitätsstipendium dazu animiert, den Geschichten zu, die ihm die Bauern erzählten. In »Peer Gynt« wird er schon bald ein ironisches Licht auf die Nationalromantik werfen. Der König der Trolle, auf den Peer gegen Schluß des Stücks trifft, befindet sich auf dem Weg in die Stadt. Er will zur Bühne, wo man, wie er dem verblüfften Peer erklärt, per Zeitungsinserat »nationale Subjekte« suche.

Sinnstiftend wurde insbesondere die Geschichte. Schon die Elite von 1814, die das Grundgesetz geschaffen hatte, sah eine Kontinuität zwischen dem mittelalterlichen Reich, das 300 oder 400 Jahre lang bestanden hatte, und dem modernen Staat des 19. Jahrhunderts, der in seiner Verfassung den Bürgern immerhin Grundrechte garantierte. Der prominente Schriftsteller Henrik Wergeland prägte 1834 die griffige Formel: Das alte Norwegen und der neue Staat paßten wie »zwei auseinandergebrochene Halbringe« zusammen, die zu verschmelzen die Aufgabe der Künstler sei. Die Historiker machten die Geschichte zu einer Erzählung, die vom goldenen Mittelalter, einer finsteren dänischen Zwischenzeit und einem neuen Goldenen Zeitalter handelte, an dessen Beginn man stand. In diese Erzählung fügten sich Ibsens nationalromantische Theaterstücke ein. »Das Höchste, das ein Dichter auf die Bühne bringen kann, ist zweifellos ein historischer Stoff«, hatte 1807 in Dänemark der Dichter Adam Oehlenschläger proklamiert. »Da jede Nation ihre eigenen Stoffe hat, folgt daraus, daß jede Nation auch ihr eigenständiges Nationalschauspiel haben sollte.«

Ibsens Gesellenstück ist das Sagadrama »Die Kronprätendenten« von 1863. Das Historienstück im Shakespeareschen Stil, das im 13. Jahrhundert spielt, richtete sich an die Zeitgenossen, wenn König Håkon Håkonsson in der Pose des Vollenders der »Nationsbildung« verkündet: »Norwegen ist ein *Reich* gewesen, es soll ein *Volk* werden.« Der Satz wurde zum Schlagwort. Stofflich hatte sich Ibsen bei P. A. Munchs »Geschichte des norwegischen Volkes« bedient, deren erklärte Absicht es war, die Geschichte »zur Ehre und zum Gedeihen des Vaterlandes auferstehen zu lassen«. Ähnlich schuf Bjørnson in seinen Stücken eine »historische Galerie«, damit die Norweger »auf ihre Ahnen stolz sein können wie jedes für seine Nationalität kämpfende Volk«. Er war der bedeutendste Erfinder historischer Tradition. In seiner »Zweifelderwirtschaft« wechselte er zwischen historischem Drama und den (damals auch in Deutschland beliebten) Bauernerzählungen hin und her – wobei die »freien Bauern« der Gegenwart als legitime Erben der mittelalterlichen Könige erschienen. Bjørnson machte aus ihnen »Häuptlinge« und aus Norwegen eine »von Häuptlingen getragene Demokratie«, was durch große Taten in der Wissenschaft, der Kunst, der Literatur und der Politik bewiesen werde. Und er fuhr, im Blick auf die Union mit Schweden und die in Stockholm gemachte Außenpolitik, fort: »Wie kann ein Volk, das mit großen Namen brilliert, eine Vormundschaft ertragen? Wie können wir es erdulden, im Ausland von Fremden repräsentiert zu werden, wir, die wir uns auf den meisten Feldern durch Genie unabhängig gemacht haben?«

Bjørnson, der Taufpate von Ibsens Sohn Sigurd, war damals der Fixstern am literarischen Firmament. 1863, als Ibsen die »Kronprätendenten« schrieb, kehrte er von einem dreijährigen Auslandsaufenthalt zurück. Ihm wurde als erstem Autor im Februar dieses Jahres vom Parlament eine »Dichtergage«, d. h. ein jährliches Stipendium, zugesprochen. Ibsen, der ebenfalls ein Gesuch gestellt hatte, fand bei den Abgeordneten keine Gnade, obwohl er gedroht hatte, seine Tätigkeit als norwegischer Dichter einzustellen und nach Dänemark auszuwandern. Drei Jahre später war dann allerdings auch für ihn die Zeit der »Dichtergage« gekommen.

Bjørnson war der Sonnyboy der Szene. Ihm und keinem anderen drückte man einen Lorbeerkranz aufs Haupt, als er 1856 mit einer Studentendelegation die schwedische Universitätsstadt Uppsala besuchte. Sein großes, sonnengebräuntes, freudestrahlendes Antlitz stach ab. Ibsen hingegen war gehemmt und verschlossen. Als er 1862 durch das Land reiste, um Volkssagen zu sammeln, berichtete einer seiner Gewährsleute: »Unser Gast war stumm wie ein Stockfisch, und all unser Bemühen, ihn aufzutauen, half nichts.« Er fühlte sich, wie er im selben Jahr Bjørnson schrieb, »isoliert und in einer furchtbaren Art einsam mitten in der Masse, [...] ein Mensch, ausgerüstet mit reichen Talenten und starkem Willen, mit einem unbezähmbaren Drang zur Tat und mit dem Recht zu handeln – aber unverstanden und von allen zurückgestoßen«. Das »Norwegische Theater Christiania« war am Ende, vergeblich hatte man den Staat um Subventionen ersucht, und 1862 folgte unter Ibsens Direktion der Bankrott. Daraufhin arbeitete er für ein lausiges Entgelt als »literarischer Berater« des vornehmen »Christiania Theaters«. Auch seine privaten Finanzen waren in einem katastrophalen Zustand. Im Herbst 1862 wurde seine Habe zur Auktion ausgeschrieben. Mehrere Gläubiger waren ihm auf den Fersen. Sollte er dasselbe Schicksal erleiden wie sein Vater? Was würde die Zukunft bringen? Er aß wenig und trank viel.

Zwei Wochen nach seinem 36. Geburtstag, am 5. April 1864 um 6 Uhr früh, bestieg er den Dampfer, der ihn nach Kopenhagen brachte, wo er von Suzannah und Sigurd erwartet wurde. Ziel der Reise war Rom. Bjørnson hatte Geld für ihn gesammelt, außerdem verfügte er über ein bescheidenes staatliches Reisestipendium. Dreizehn Jahre harte Theaterarbeit steckten ihm in den Knochen. Künftig würde er von seiner Feder leben müssen – welch kühner Schritt. Die Aufnahmefähigkeit des heimatlichen Marktes war beschränkt. Hinzu kam, daß seine Stücke im Ausland keinen urheberrechtlichen Schutz genossen, da die skandinavischen Staaten erst spät der Berner Konvention zum Schutz des Urheberrechts an Werken der Kunst und Literatur beitraten – Norwegen 1896, Dänemark, wo seine

Originalausgaben erschienen, erst 1903. In Rom beabsichtigte Ibsen ein Jahr zu bleiben – daraus wurde ein halbes Leben, das er mit seiner Familie im freiwilligen Exil in Italien und Deutschland verbrachte, bevor er 1891 als unantastbare und unnahbare Berühmtheit nach Norwegen zurückkehrte. Zweimal nur hat er sich in diesen 27 Jahren zu Kurzurlauben in seiner Heimat gezeigt.

## Zwergengeschlecht

Während die Norweger noch immer nach ihrer Identität suchten, wandelte sich das Dänische Reich zu einem National- und Kleinstaat. In jenen Tagen, als Ibsen das Land verließ, stand die Entscheidungsschlacht im Krieg gegen die Truppen Preußens und Österreichs unmittelbar bevor. Trotz loser Versprechen und der auf Studententreffen besungenen skandinavischen Zusammengehörigkeit ließen die Schweden und Norweger ihre »dänischen Brüder« gegen die deutsche Übermacht im Stich. Ibsen war entsetzt und beschämt. Schon im Dezember 1863 hatte er im Gedicht »Ein Bruder in Not« prophezeit, es würde mit Norwegen übel enden, falls Dänemark am Tag der Gefahr allein und verlassen dastünde. Diese Sünde würde den Norwegern auf ewig anhängen. Zwei Wochen nach seiner Abreise – er befand sich in Kopenhagen – verloren die schlecht präparierten und dilettantisch geführten Truppen des Dänenkönigs die Entscheidungsschlacht an den Düppeler Schanzen. Auf der Reise nach Rom erlebte Ibsen in Berlin die preußische Siegesparade, auf der die erbeuteten dänischen Kanonen präsentiert wurden. »Unter unsere alte Geschichte können wir einen Strich ziehen; denn die heutigen Männer haben offensichtlich mit ihrer Geschichte nicht mehr zu schaffen als die griechischen Piraten mit den Vorfahren, die nach Troja segelten und denen von den

Göttern geholfen wurde«, schimpfte er in einem Brief an Bjørnson.

Künftig erschien ihm Norwegen als Grube, in der ein Zwergengeschlecht von verkrümmten Seelen herumwurstelte – ohne Schönheit, ohne Größe und Glück, aber herrlich eingebildet, stolz darauf, von Helden abzustammen, sich selbst genug. Zwei Jahre nach dem Debakel von 1864 schrieb er an Bjørnson: »Wenn ich die Berichte von zu Hause lese, wenn ich all diese respektable Engherzigkeit und die rein materiellen Interessen sehe, habe ich dasselbe Gefühl wie der Wahnsinnige, der immer bloß auf einen hoffnungslos dunklen Punkt starrt.« Demgegenüber beeindruckte ihn die Opferbereitschaft der Italiener in Garibaldis Kampf. »Italiens Luft, die leichte Lebensart hier unten fördert meine Produktivität stark. Es fällt mir leichter, hier zu arbeiten als in Deutschland.«

Erst aus der Distanz zeichneten sich die Konturen der Heimat ab, oder wie Ibsen es ausdrückte: »Den Winter schildert man am besten an einem Sommertag.« Im Exil schrieb er das große Drama des norwegischen Bürgertums. Seiner Heimat blieb er zeitlebens in Haßliebe verbunden. Zum tausendjährigen Jubiläum der Schlacht am Hafrsfjord im Jahre 1872 sandte er einen »Gruß aus der Welt« in Versen »mit Dank für alle Gaben, / mit Dank für jeden Augenblick schmerzlicher Läuterung«. Doch »die gleißende Sonne erlöste«, was »der Nebel erstickte«. In die Geburtsstadt Skien kehrte er nicht mehr zurück. Seine Eltern hatte er zum letztenmal als 22jähriger besucht, als er von Grimstad nach Christiania umzog. Freundschaften pflegte er kaum, Vertraute hatte er, je älter er wurde, desto weniger. In die Gesellschaft seiner Gastländer war er nicht integriert, er blieb Zaungast und lebte in einem Vakuum. Einsamkeit war der Preis seines Schreibens. Ob er glücklich war? In seinen letzten Stücken spricht er das Thema des verspielten Lebens wiederholt an. Baumeister Solness baut nur und lebt nicht, bis eines Tages eine junge Frau an seine Tür klopft. Ähnlich suchte auch Ibsen als älterer Mann die Nähe junger Frauen. Viele Lebensspuren sind verwischt, wofür Suzannah nach seinem Tod gesorgt hat. Als er sich 1889 beim Ministerpräsidenten für Sigurds Fortkommen einsetzte, wählte er den hohen Ton: »Von dort oben aus« – gemeint ist Norwegen – »hätte ich mir niemals die Stellung in der Weltliteratur erobern können, die ich jetzt innehabe. Dort oben wäre mir niemals das glückliche Los zugefallen, den Namen Norwegens weiter in die Welt hinauszutragen als sonst ein Norweger auf dem Feld der Dichtung – und wohl auch auf keinem anderen Feld.«

## Alles oder nichts

Als Ibsen im Sommer 1864 in Rom eintraf, war seine Lage düster. Er steckte in finanziellen Nöten, seine künstlerischen Erfolge hielten sich in Grenzen, seinen Sohn Hans Jacob hatte er verraten. Italiens Kunst und Architektur beeindruckten ihn: Der Mailänder Dom sei für ihn »das Großartigste auf diesem Felde; der Mann, der ein solches Werk in Angriff nehmen konnte, hätte in seinen Mußestunden einen Mond machen und ihn in den Weltraum hinausschießen können«, schwärmte er in einem Brief an Bjørnson. Er betrachtete Michelangelos gewaltiges Gewölbe-Fresko in der Sixtinischen Kapelle und erkannte in dem Meister einen Geistesverwandten. Jetzt galt es »alles oder nichts«. Entweder glückte ihm der große Wurf, oder er war am Ende. Jetzt galt es, etwas Neues und Kühnes zu wagen, auch gegen den Geschmack der Zeit. Er verabschiedete sich von der Geschichte und machte die persönliche Integrität zu seinem Thema. Von einem Raptus ergriffen, schrieb er das »Dramatische Gedicht« »Brand«, das ihm den endgültigen Durchbruch und erstmals Geld in die Kasse brachte. »Alles oder nichts«, lautet die Devise des Pfarrers Brand, der im Namen Gottes den Menschen wiederaufrichten will, »damit der Herr den Menschen, / sein größtes Werk, wiedererkennt«. Brand, der keine Halbheiten duldet, weigert sich, Hungernden zu helfen, weil der Hunger den Menschen erheben und adeln soll, trotzt aber in einem offenen Boot dem Sturm, um einer Seele in Not zu helfen. Ibsens Vorbild war der charismatische Bußprediger Gustav Adolph Lammers, der 1856 unter dem Einfluß Kierkegaards die Staatskirche verlassen und in Skien eine Freikirche gegründet hatte. »Lieber ungetaufte und nicht eingesegnete Kinder, lieber ehrliche Heiden als dem Druck bürgerlicher Verhältnisse nachgeben und die Einrichtungen der Staatskirche benutzen, um ein Lügner- und Heuchlergeschlecht großzuziehen«, hatte der unerbittliche Gottesmann verkündet.

Brand verkörpert jene »ideale Forderung«, die Ibsen zwei Jahrzehnte später in der »Wildente«, der Tragikomödie des bürgerlichen Individuums, ad absurdum führt: »Wenn Sie einem Durchschnittsmenschen seine Lebenslüge rauben, dann nehmen Sie ihm gleichzeitig sein Glück«, argumentiert dort der Arzt Relling, der seinen Patienten die Lebenslüge als stimulierendes Prinzip und Überlebenshilfe verordnet, damit sie ihre Selbstachtung behalten können. Ob Ibsens Empörung über den norwegischen Verrat am »Bruder in Not« auch einige Spurenelemente jenes Lebenselixiers enthalten hat? Von Pfarrer Christopher Bruun, einem norwegischen Kriegsfreiwilligen, gefragt, warum er nicht als Freiwilliger für die Dänen in den Krieg gezogen sei, soll er geantwortet haben: »Wir Dichter haben eine andere Mission, wir singen für euch.« Was war denn das Dichten anderes als ein Surrogat, eine Ersatzhandlung? Der lange Menschenzug, der Brand auf einem Erweckungsmarsch zu neuen Idealen ins Gebirge folgt, macht kehrt, als die Nachricht eintrifft, ein Heringsstrom sei in den Fjord eingedrungen und verspreche guten Verdienst. Während

Brand sich weiterschleppt, durchfahren ihn Visionen einer industriekapitalistischen Zukunft: »Schlimme Bilder, schlimme Lose / Tauchen aus der Zukunft Schoße! / Eine schwarze Wolkenwand, / Naht der Kohlenqualm des Briten; / Was da frisch und grün, befleckend, / Jeden Keim mit Ruß bedeckend, / Kommt er giftschwer angeglitten, / Stiehlt den Tag von allen Wegen, / Rieselt wie ein Aschenregen / Des Vesuv auf Stadt und Land. / Häßlich sind die Menschen jetzt.«

## Aufruhr der Geister

In Norwegen tobte seit den 1870er Jahren ein wilder Wertekrieg, und die Literatur wurde realistisch. Der dänische Kritiker Georg Brandes fragte im Herbst 1871 nach der Aufgabe des Schriftstellers in einer Gesellschaft, die »unter der Maske der Freiheit die Züge der Tyrannei trägt«. Er berief sich auf die Ideen der Aufklärung und der Französischen Revolution und blies zur Offensive: »Daß eine Literatur in unseren Tagen lebt, zeigt sich daran, daß sie Probleme zur Debatte stellt.« In Versen appellierte er »An Henrik Ibsen«: »Einig wollen wir sein mit ganzer Seele. / Ja, zum Aufruhr wollen die Geister wir rufen, / mutig aus dem Schlummer / sie reißen, / beatmen, beleben. / Ist es noch dunkel, es leuchte für alle. / Bruder! Einmal werden die Nebel sich lichten!« Bereits zuvor hatte Ibsen an Brandes geschrieben: »Bis heute leben wir ja doch nur von den Brosamen der Revolutionstafel des vorigen Jahrhunderts, und die Kost ist nun lange genug wiedergekäut worden. Die Begriffe brauchen einen neuen Inhalt und eine neue Bestimmung.«

Während sich in Bismarcks aus Blut und Eisen erstandenem Reich die liberalen Geister dem konservativen Konsens anpaßten, wurden Norwegens beharrende Kräfte auf der ganzen Linie, in der Politik, der Kultur, der Theologie, herausgefordert und mit neuen Ideen konfrontiert, wobei es tatsächlich die Schriftsteller waren, die »die Geister zum Aufruhr riefen«. »Denn es ist *unmöglich*, in unserer Zeit und in unserem Land ein Mann des Geistes zu sein«, freute sich Bjørnson, »ohne alles im Verhältnis zur Gesellschaft zu sehen, und das kann man nicht, ohne sowohl einen politischen als auch einen religiösen Standpunkt zu haben, von dem aus man arbeitet. *Unmöglich*. Der strengste Ästhet kann sich nicht darüber hinwegsetzen, ohne zum schieren Zuckerhändler zu werden.« Norwegen erwachte, und die Infrastruktur einer modernen Gesellschaft wurde geschaffen. Meinungsblätter schossen ins Kraut, neue Straßen und Schiffsverbindungen erschlossen das zerklüftete und schwer zugängliche Land. Die Post baute ihr Betriebsnetz aus und wurde schneller und sicherer, vor allem aber senkte sie die Gebühren. Das Interesse am öffentlichen Leben wuchs. Das literarische Terrain war vom politischen nicht scharf getrennt.

Nicht mehr Schönheit peilten die Schriftsteller an, sondern Wahrheit. Ibsen sagte es so: »Ich glaubte, die *Wahrheit* sei *Schönheit* an sich.« Vor 1860 war es in Norwegen so gut wie ausgeschlossen, nicht an Gott zu glauben. Mit Darwin hielt der Affe als Stammvater des Menschen Einzug ins Feuilleton. Die Vererbungslehre und der Glaube an die Determination stellten die Selbstbestimmung und die Willensfreiheit in Frage. Religion und Moral mußten in Einklang mit der Wissenschaft gebracht werden. Für den Kunstmaler Osvald, der in den »Gespenstern« an einer ererbten Krankheit stirbt, ist die Indifferenz der Natur unvereinbar mit der Existenz Gottes. Anders als der gottverlassene Skeptiker Ibsen gewann der fortschrittsgläubige Republikaner Bjørnson sogar der Degeneration eine positive Seite ab, als er die Geschichte der Königsgeschlechter bedachte: »Das übliche ist, daß das Geschlecht groß beginnt, weniger groß fortfährt und mittelmäßig endet. Einige Geschlechter sind in völliger Idiotie untergegangen.«

Zwei politische Richtungen standen sich schroff gegenüber: Die Beamten, die das Land seit 1814 regiert hatten, bildeten mit den Großbürgern die »Rechte« (»Højre«), während die »Linke« (»Venstre«), die für demokratische Reformen, besonders die Stärkung des Parlaments, kämpfte, ihre Anhänger in mittleren Schichten, bei Bauern, Rechtsanwälten, Lehrern und Angestellten, rekrutierte sowie in freikirchlichen Kreisen und bei der radikalen Intelligenz. Der Rechtsanwalt Johan Sverdrup, nach seinem Haarschopf »schwarzer Teufel« genannt, hielt den heterogenen Haufen zusammen. Während sich Bjørnson als Wahlkämpfer und Journalist am radikalen Flügel der »Linken« profilierte, hielt sich Ibsen vom politischen Tagesgeschäft fern und entwickelte im Laufe der Jahre eine wachsende Skepsis gegenüber Politikern jeglicher Couleur.

Seine Gesellschaftskritik setzte er in die Geschichten um, die er auf die Bühne brachte. Er beschrieb die Kleinfamilie als Keimzelle der bürgerlichen Gesellschaft, die den Frauen keine Entfaltungsmöglichkeit bot und das Glück aller, auch der Männer, erstickte. Die Zuschauer sollten sich in seinen Stücken wiedererkennen. »Die Wirkung des Stücks hängt zu einem guten Teil davon ab, daß die Zuschauer glauben, daß sie etwas sehen und hören, das sich im wirklichen Leben abspielt«, instruierte er den Regisseur August Lindberg (22. August 1883). Als Ibsen in den 1850er Jahren debütierte, war das Theater ein Ort gestelzter Deklamationen, die, ähnlich wie Opernarien, vom Publikum mit Beifall bedacht wurden. Der Schauspieler markierte »tiefes Nachdenken«, indem er den einen Fuß vorstellte und das Körpergewicht nach hinten auf den anderen Fuß verlagerte. Mit all diesen steifen Regeln räumte

Ibsen auf. Glaubwürdigkeit war die Voraussetzung seiner Gesellschaftskritik.

Die Themen lagen in der Luft, nur hatte sich ihrer vor Ibsen niemand auf so ernsthafte und provokative Weise angenommen, daß sie zum Tagesgespräch avancierten. »Ein Puppenheim« wurde zur Kampfschrift der Frauenemanzipation. Das Stück endet mit einem Knalleffekt: Tief verletzt, verläßt Nora ihren Mann nach acht aufopferungsreichen Ehejahren, um herauszufinden, »wer recht hat, die Gesellschaft oder ich«. Was aus ihr und der Familie wird, bleibt ungewiß. Der offene Schluß war eines von Ibsens Wirkungsmitteln, um die Zuschauer aus der Reserve zu locken. Als Außenseiter, fern den Zwängen und Machenschaften der Männerwelt, hatte er ein Sensorium für Frauenthemen. Zu beobachten ist dabei eine regressive Entwicklung. Neun Jahre nach Noras kühnem Aufbruch lebt die Frau vom Meer zwischen Sehnsucht und Resignation. Weitere zwei Jahre später hat Hedda Gabler schon nach den Flitterwochen genug von ihrem Mann, einem stupiden Historiker, und sucht Zuflucht bei gefährlichen Pistolenspielen. Nochmals neun Jahre vergehen, und das Modell Irene in »Wenn wir Toten erwachen« landet, von ihrem Bildhauer ebenso tief verletzt wie Nora von ihrem Macho, im Irrenhaus. Wiederholt sind Frauen in dienender Stellung sexueller Nötigung durch ihren Hausherrn ausgesetzt, wie es damals üblich war. Kammerherr Alving macht in den »Gespenstern« dem Dienstmädchen Johanne ein Kind, das gegen klingende Münze als Tochter des Schreiners Engstrand getauft wird. Großhändler Werle schwängert in der »Wildente« seine Wirtschafterin und setzt seine Tochter mitsamt ihrer Mutter dem ahnungslosen Fotografen Hjalmar Ekdal ins Nest. Baumeister Solness nutzt seine erotische Macht über die Buchhalterin Kaja Fosli, um deren Verlobten, den aufstrebenden Konkurrenten Ragnar Brovik, an die Firma zu binden.

## *Kindsmorde*

Die Kinder haben in Ibsens Stücken keine Zukunft. Sie sind Opfer ihrer Eltern oder eines Elternteils. Im Zeichen des Kreuzes zerstört Pfarrer Brand seine Familie. Sein Sohn Alf, der das rauhe Gebirgsklima nicht verträgt, könnte vor dem sicheren Tod gerettet werden, wenn die Familie in eine mildere Gegend zöge. Brand entscheidet sich jedoch gegen den Sohn. Er fürchtet, daß böse Mächte freigesetzt würden, wenn er die Gemeinde aufgäbe. Nora verläßt nicht nur ihren Gatten, sondern auch drei kleine Kinder. Hedda Gabler verübt einen Kindsmord in subtiler Form, indem sie das Buchmanuskript ihres mit einer anderen Frau liierten Bewunderers Løvborg ins Feuer wirft und murmelt: »Jetzt verbrenne ich dein Kind, Thea, dein und Ejlert Løvborgs Kind.« Løvborg, der das Manuskript zuvor im Suff verloren hat, klagt, ihm sei das Schlimmste passiert, ein Kind sei ihm »abhanden gekommen«. Wer dächte da nicht an Ibsens verlorenen Sohn Hans Jacob, der, dem Alkohol verfallen, herumvagabundierte? Wenn Hedda sich schließlich erschießt, bringt sie auch ihr ungeborenes Kind um. Baumeister Solness' Zwillinge sind an den Folgen eines Brandes gestorben. Solness, der nur Baumeister, nicht Vater sein wollte, wurde von Schuldgefühlen gequält, bis er begriff, daß Gott ihm die Zwillinge nahm, damit er »nicht durch anderes gebunden war«. Der neunjährige Eyolf (in »Klein Eyolf«) fiel vom Tisch, als sich seine Eltern liebten. Der Krüppel findet den Tod in den Tiefen des Fjords. Die 14jährige Hedvig Ekdal in der »Wildente«, Ibsens anrührendstes Kinderschicksal, wird von den Erwachsenen in den Selbstmord getrieben. Irene in »Wenn wir Toten erwachen« wünschte sich von ihrem Bildhauer »echte Kinder«, nicht jene, die in Grabkammern, das heißt in Museen, verrotten. Osvald in den »Gespenstern«, der von seinem Vater die Syphilis geerbt hat, an deren Folgen er langsam zugrunde geht, bittet seine Mutter um aktive Sterbehilfe. Rebekka West in »Rosmersholm« wurde als junge Frau von ihrem Vater, einem Arzt, sexuell mißbraucht. In »John Gabriel Borkman« schließlich versuchen drei grimmige Alte am Rand des Grabes den jungen Erhart für ihre je eigenen Zwecke zu vereinnahmen.

Ibsen wollte dem Drama jene soziale Geltung verschaffen, die der Roman des 19. Jahrhunderts, Balzacs »Comédie humaine«, bereits besaß. Deshalb brechen seine Zeitstücke mit dem einsinnigen, zielgerichteten Augenblickscharakter des traditionellen Dramas und erzählen in zwei oder drei Stunden Spielzeit ganze Lebens- und Familiengeschichten. Die Ursache der Krise, die hinter Frau Alvings blankpolierter Familienfassade plötzlich sichtbar wird, liegt im Dunkel einer Vorzeit, die Ibsen Zug um Zug aufdeckt. Die verschwiegene Familiengeschichte wird so zum Motor des Stücks. Die »Gespenster« oder, wie das Stück auf norwegisch betitelt ist, die »Wiedergänger« lassen sich nicht vertreiben.

Die Familie ist die kleine Welt. Wie aber reagiert die Gesellschaft, wenn brisante Wahrheiten enthüllt werden? Ibsen zeigt im »Volksfeind« einen Arzt, der einen Umweltskandal aufdeckt und mit seiner Wahrheit am städtischen Filz von Verwaltung, Gewerbe und Presse scheitert. Die Bürger lassen sich schließlich dazu hinreißen, den Wahrheitsboten, der ihre Geschäfte stört, per Volksabstimmung zum »Volksfeind« zu erklären. Er ist am Ende nur noch eine Karikatur jenes freien und selbständigen Menschen, der die Keimzelle des Liberalismus bildet, wenn er in ironischer Anspielung auf Schillers »Wilhelm Tell« trotzig bekennt: »Seht ihr, die Sache ist die: der stärkste Mann hier auf dieser Welt ist der, der ganz für sich allein steht!« Wie sehr er sich täuscht, hat die Handlung offenbart. Die Wirkungskraft der Solidarität machte sich Ibsen nicht bewußt, zu düster war sein Menschenbild. Vier Jahre nach

dem Erscheinen des »Volksfeinds« wurde 1887 die sozial-
demokratische »Norwegische Arbeiterpartei« gegründet,
die auf ihrer ersten Versammlung die Einführung des allgemeinen Wahlrechts forderte. Die üblen Verhältnisse, unter
denen die meisten Norweger lebten, wurden ab 1848 von
dem Soziologen Eilert Sundt erforscht und von Bjørnson
1895 in dem Klassenkampfdrama »Über die Kraft II« auf
die Bühne gebracht; sie lagen außerhalb von Ibsens Ge-
sichtskreis.

## Orden am Revers

Bei allem ideologiekritischen Scharfblick hatte Ibsen auch
eine konservative Ader. Im Gegensatz zu Bjørnson, dem
agilen Republikaner, erklärte er sich in einem Brief an
König Carl als »ein Kämpfer unter dem geistigen Banner
Ihrer Majestät«. An Bjørnson schrieb er: »Wir gehören in
eine Monarchie und nicht in eine Republik, ich für mein
Teil schätze die Republiken nicht.« Als er 1869 am Skandinavischen Rechtschreibekongreß in Stockholm teilnahm,
heftete ihm der König den Vasa-Orden an die Brust. Im
Laufe der Jahre folgten weitere Dekorationen. Er fürchtete, Sverdrup, der Chef der reformerischen »Linken«,
wolle in Norwegen französische Zustände schaffen, »eine
revolutionäre Nation ohne Takt und Disziplin«. Wo Bjørnson in der Volkssouveränität sein Fundament hatte, war es
das Individuum, das Ibsen so sehr in den Bann zog, daß ihn
gelegentlich ein anarchischer Geistesblitz durchfuhr: »Der
Staat ist der Fluch des Individuums«, schrieb er im Dezember 1871 an Georg Brandes. »Womit ist Preußens Stärke als
Staat erkauft? Mit dem Aufgehen der Individuen in dem
politischen und geographischen Begriff. Der Kellner ist der
beste Soldat.« Dem stehe »das Volk der Juden, der Adel der
Menschheit« gegenüber. »Wodurch hat es sich in Absonde-
rung, in Poesie erhalten? Dadurch, daß es sich nicht mit

einem Staat herumzuschleppen brauchte. Wäre es in Palästina geblieben, so wäre es schon längst untergegangen wie alle anderen Völker. Der Staat muß weg!« Wo Bjørnson für sozialen Fortschritt stritt und die Parteilosen verhöhnte, wurde Ibsens Sinn je länger, desto mehr vom Irrationalen angezogen, vom Mann mit den Fischaugen, nach dem sich die Frau vom Meer verzehrt. Als die »Gespenster« auch von der radikalen Presse in Bausch und Bogen verdammt wurden, schrieb er an Georg Brandes, die Minderheit habe immer recht. »Ich meine die Minderheit, die dort vorangeht, wo die Mehrheit noch nicht angekommen ist.«

Ibsen war der erfolgreichste europäische Dramatiker der Epoche, beklatscht gerade auch von jenen, denen er den Spiegel vorhielt. In Deutschland war die norwegische Literatur damals so populär, daß Arno Holz und Johannes Schlaf 1889 ihren Erzählungsband »Papa Hamlet« unter dem norwegischen Pseudonym Bjarne P. Holmsen veröffentlichten. Indem sie als Norweger auftraten, versprachen sie sich Resonanz. Heute ist die Empfänglichkeit für Ibsen in den hierarchischen Gesellschaften der deutschsprachigen Welt, wo die Menschen durch fortgesetzte Injektionen von Angstdosen gefügig gemacht werden, noch immer vorhanden. In Norwegen hat sich die Gesellschaft von einigen seiner Problemstellungen wegentwickelt. Die Frauenemanzipation hatte durchaus Erfolge zu verzeichnen. Zur Zeit befindet sich ein Gesetz in Vorbereitung, wonach in Aufsichtsräten von Aktiengesellschaften beide Geschlechter mit mindestens vierzig Prozent vertreten sein müssen, während in der deutschsprachigen Welt Männerbünde unangefochten den Herrschaftskitt bilden und – in der Sprache der »Wildente« – »der Fette«, »der Kahlköpfige« und »der Kurzsichtige« fröhliche Urständ feiern.

Im ausgehenden 19. Jahrhundert erlebte Norwegen eine kulturelle Glanzperiode. Strindberg äußerte mit Blick auf die 1860er Jahre: »Es ist Norwegen, wo man das offene Meer erreicht und wo die Leuchttürme angezündet werden.« Wir sind »ein Volk, das der Welt etwas zu erzählen hat«, schrieb der Historiker Ernst Sars 1884 voller Stolz in einem Brief an Bjørnson. Und noch 1894 stellte Georg Brandes das alte, lebensmüde Dänemark dem jungen Norwegen gegenüber. Friedrich Engels meinte sogar, nur Norwegen und Rußland hätten im 19. Jahrhundert bemerkenswerte Literatur geschaffen. Der Literaturdozent Christen Collin beabsichtigte, die norwegische Kultur jener Epoche in Parallele zum Griechenland des Perikles zu schildern – mit Bjørnson als dem Genius, um den sich alles drehte.

Weit ist der Weg zurück in die Welt von Ibsens »Gespenstern«, wo Frau Alving von dem Mann, den sie liebt, in die Ehehölle zurückgeschickt wird, indem er ihr zuflüstert: »Haben wir Menschen denn ein Recht auf Glück?« Einst eine arme Provinz an der Peripherie des Kontinents, ist Norwegen heute dank seiner Erdöl- und Erdgasvorkommen zum reichsten Land Europas geworden, das keine Staatsverschuldung beklagt, sondern für das Wohlergehen künftiger Generationen Milliarden anspart. Das Glück, so schrieb der Schriftsteller Jan Kjærstad, sei zu einem so grundlegenden Faktor der jüngsten norwegischen Geschichte geworden, daß die Norweger, verwöhnten Kindern vergleichbar, die Sensibilität für das Tragische verloren hätten.

## Der Mann als Troll
### »Peer Gynt«

Als »Satire auf die norwegische Eigenliebe, Engstirnigkeit und Selbstzufriedenheit« besprach Bjørnson das Stück. Bei der Lektüre habe er »immer wieder brüllend gelacht, ja gejohlt«. Der dänische Märchendichter Hans Christian Andersen hingegen sprach vom »Schlimmsten«, was er je gelesen habe, während Strindberg staunte, daß Ibsen »nicht des Landes verwiesen oder verfolgt wurde, nachdem er dem stolzen norwegischen Volk so bittere Dinge gesagt hatte«. Heute gilt »Peer Gynt« in Norwegen als Ibsens populärstes Werk, ja geradezu als Nationaldrama. Ibsen schrieb das Stück 1867 in Ischia im Laufe weniger Monate. »Peer Gynt« ist das satirische Nachspiel zum Pastorendrama »Brand« und zeigt den Mann als Troll. An eine Aufführung des »Dramatischen Gedichts« mit Dutzenden von Szenenwechseln und einem riesigen Figurenarsenal war zunächst nicht zu denken. Mit Edvard Griegs romantisierender Bühnenmusik bestand das Werk dann aber 1876 am »Christiania Theater« die Bühnenprobe.

»Peer, du lügst!« Mit Mutter Åses zornigem Ausruf beginnt das Stück, das den Außenseiter und Geschichtenerzähler Peer Gynt sogleich in Aktion zeigt. Der kräftig gebaute Zwanzigjährige fabuliert von einem tollkühnen Ritt auf einem Rentierbock. Mit offenem Mund und großen Augen lauscht seine Mutter der abgedroschenen Lügengeschichte. Dann schnappt sie plötzlich nach Luft und kommt zu sich: »Scher dich fort! Hab ich solch ein Schwein zum Sohn?« Peers verstorbener Vater war ein reicher und angesehener Bauer, bevor er dem Alkohol verfiel.

»Wo sind die Reste / Von dem großen Wohlstandsfeste?«
schnauzt Mutter Åse ihren Sohn an. Jedes zweite Fenster
des Gyntschen Hofs ist mit Lumpen zugestopft. Peer
Gynt strebt, ähnlich wie der junge Ibsen als stigmatisierter
Sohn eines Bankrotteurs, nach Anerkennung und sozialer
Rehabilitierung. Dabei ist seine Phantasie stärker als sein
Realitätssinn. »König, Kaiser will ich werden!« ruft er hit-
zig. Mutter Åse schimpft mit ihm, weil er Ingrid ver-
schmäht hat, die Tochter des reichen Hægstad-Bauern, die
ihm schöne Augen machte.

Statt selber eine Familie zu gründen, begibt sich Peer zu
Ingrids Hochzeit, wo er sich als Prahlhans und Aufschneider in Szene setzt. »Und ich reit wie ein Wetter hin über
euch alle! / Der ganze Kreis soll zu Füßen mir fallen!« Wer
in alter Zeit zu einer Bauernhochzeit reiste, tat gut daran,
das Totenhemd einzupacken. Hoch ging es zu und her,
locker saß der Dolch in der Scheide. Es herrschte der große
Mut. Und als Peer der zugewanderten Häuslertochter
Solvejg begegnet, springt der Funken über. Solvejgs Eltern
jedoch halten den Herumtreiber von ihrer Tochter fern,
und schon wird anderswo nach ihm gerufen: Da Ingrid
dem Bräutigam den Zutritt zur Kammer verweigert, wendet sich der Tölpel an den starken Peer. Zum Dank für erwiesene Hilfe soll er ein Rind erhalten. Peer läßt sich nicht
zweimal bitten und entführt die Braut ins Gebirge. Der
Brautraub ist seine Rache für das Mißtrauen, das ihm im
ganzen Tal entgegenschlägt. Ingrid läßt ihn kalt.

Der zweite Akt beginnt frühmorgens im Gebirge. Peer
verflucht die Frauen, alle außer der einen: Solvejg. Im Tal
für vogelfrei erklärt, kann er nicht mehr zu seiner Mutter
zurück. Die rastlose Wanderung beginnt, die sein ganzes
Leben dauern und ihn bis nach Nordafrika führen wird.
Und schon rennt er mit der Nase gegen einen Felsblock
und plumpst in eine andere Welt. Unter allerlei verliebten
Gebärden folgt er einer Grüngekleideten. Als eine riesige

Sau vorbeitrabt, schwingt er sich auf das Tier, hebt die Grüngekleidete zu sich empor, und im Galopp geht's ab in Richtung norwegische Unterwelt.

## Der große Krumme

Peer Gynt ist der rastlose, impulsive Norweger alter Schule, der Norweger, der vor tausend Jahren als Wikinger die Welt eroberte. Als die Zeitung »Aftenposten« 1902 über die Entwicklung der norwegischen Mentalität reflektierte, stellte sie fest, daß es vor zwei oder drei Jahrzehnten, zu der Zeit also, als Ibsen »Peer Gynt« schrieb, für solche Naturen keine Entfaltungsmöglichkeiten gegeben habe. Vertrauensposten seien »ernsthaften und ausgeglichenen Menschen« übertragen worden. »Die harten und kargen Bedingungen des Landes hatten die Leute gelehrt, sich den Vorsichtigen anzuvertrauen.« Die Impulsiven hätten ihre Energie in praktische Tätigkeit umgesetzt, andere seien »Säufer und Schläger« geworden, wieder andere seien herumvagabundiert oder ausgewandert.

Dann jedoch, im letzten Drittel des Jahrhunderts, seien neue Zeiten angebrochen. Ein Mentalitätswandel sei eingetreten, den der rastlose Schriftsteller Bjørnson angestoßen habe, der sich bedenkenlos überall einmischte, der »verärgerte und beleidigte« und den »Respekt vor der Vorsicht zu Fall brachte«. Bjørnson habe den rastlosen Typ zum »Kultur- und Gesellschaftsmenschen« umgebildet und sei zum Ideal und Wegbereiter der Selbstsicheren geworden, die die Führung im Lande an sich rissen.

Der Herumtreiber Peer Gynt jedoch lebt und wirkt in jener alten Zeit, als der »Respekt vor der Vorsicht« noch intakt war. Auf der gekaperten Riesensau reitet er, ein Wikinger des 19. Jahrhunderts, in die Halle des Dovre-Alten ein. Mit Krone und Zepter hockt der König der Trolle auf dem

Thron. Der Eindringling aus der Christenwelt sorgt für Aufregung, die Hoftrolle beratschlagen, ob sie ihn am Spieß braten oder in Salzlauge pökeln wollen. Ihr Herrscher jedoch hat andere Pläne: er hat ihn zum Gatten seiner Tochter, der Grüngekleideten, auserkoren. Dem Geschlecht der Trolle könne ein Schuß frischen Blutes nicht schaden.

Seinem Verleger in Kopenhagen gegenüber charakterisierte Ibsen seinen Helden als eine »halb mythische, halb märchenhaft volkstümliche Gestalt der neueren Zeit«. Geschichten über Peer und die Welt der Trolle hatte er in Per Christian Asbjørnsens Sammlung »Norwegische Huldrenmärchen und Volkssagen« kennengelernt, die 1866 in zweiter Auflage neu erschienen war. Die oftmals grüngekleideten Huldren heiraten Menschen, die sie in ihr unterirdisches Reich locken. Damit diese die kuhähnliche Häßlichkeit der Bergmaid nicht wahrnehmen, werden ihnen die Augen zum Schielen verdreht, und sie müssen die ekelerregenden Speisen der Trolle essen, Kuhmist, Frösche und dergleichen mehr. Zwar läßt sich auch Peer einen Schwanz umbinden, als sich aber der Dovre-Alte anschickt, sein Auge zu ritzen, setzt er sich zur Wehr. »Schmeißt ihn wider die Bergwand zu Brei!« befiehlt der Herr der Trolle. Und bereits behauptet die Grüngekleidete, von Peer schwanger zu sein – ein Echo auf die Vaterschaft des 18jährigen Apothekerlehrlings. Die jungen Trolle jagen den Eindringling. Der bricht zusammen und ruft, im Trollhaufen begraben: »Hilf, Mutter, ich sterbe!« Und siehe: Kirchenglocken aus der Ferne bereiten dem Spuk ein Ende, die Halle stürzt ein. Zuvor gibt der Dovre-Alte Peer die Devise für ein egoistisches Leben mit auf den Weg: Sie lautet nicht etwa »Sei du selbst«, sondern »Troll, sei dir selbst genug«.

Nach dem Einsturz der Halle findet sich Peer im Stockfinsteren wieder, mit einem Ast schlägt er um sich und fordert freie Bahn. Eine Stimme ruft: »Geh außen herum.« Auf die Frage »Wer bist du?« antwortet die Stimme: »Der

große Krumme.« Peer taumelt schon. Da hört man Glok-
ken und frommen Gesang in der Ferne, und mit erlöschen-
der Stimme japst der Krumme: »Er war zu stark. Frauen
standen ihm bei.« Auch diese Szene geht auf Asbjørnsens
Märchen zurück: Peer zieht spät im Herbst nochmals ins
Gebirge. Als er auf dem Säter ankommt, wo er nächtigen
will, ist es so finster, daß er die Faust nicht vor den Augen
sehen kann. Plötzlich stößt er auf etwas, und wie er danach
faßt, ist es kalt und groß und schleimig. »Wer ist das?« fragt
er, denn er fühlt, daß es sich bewegt. »Ei, das ist der Krumme«, antwortet es. Peer versucht durchzukommen, doch
er stößt wieder an etwas, wieder ist es kalt, groß und
schleimig. Und wieder spielt sich der gleiche Dialog ab. Er
merkt, daß sich der Krumme um die Sennhütte geringelt
hat. Peer nimmt schließlich seine Büchse und schießt dem
krummen Riesentroll drei Kugeln mitten in den Kopf.
»Schieß noch einmal«, sagt der Krumme daraufhin. »Der
Peer Gynt, das war einer«, schließt das Märchen, »ein rich-
tiger Lügenschmied und Aufschneider. Der erzählte auch
die ältesten Geschichten so, als wär' er selbst dabeigewe-
sen.«

## Peers Frauen

Zu Beginn des dritten Aktes ist Peer in Hemdsärmeln beim
Holzfällen zu sehen. Er glaubt sich beobachtet. Für einige
Augenblicke wechselt die Szene in Mutter Åses Haus, wo
Unordnung herrscht, Kisten und Kästen offenstehen und
im Bett eine Katze liegt. Nach dem unmittelbar folgenden
nächsten Schnitt ist Peers Waldhütte fertiggebaut. Solvejg
läuft auf Schneeschuhen über die Heide, ein Bündel in der
Hand: »Du riefst mich; ich kam.« Überglücklich öffnet er
ihr die Tür.
   Da tritt ein altes Weib in zerlumptem grünem Unterrock
aus dem Gehölz. Ein häßlicher Junge mit einer Bierflasche

in der Hand folgt ihr hinkend nach: ihr und Peers gemeinsames Kind. Peer stutzt. »Daß du das Schwein nicht am Fell schon erkennst!« staunt die Grüngekleidete, und an den Kleinen gewandt: »Gib Vater zu trinken; sein Mund steht offen.« Solvejg und die Grüngekleidete vertreten das traditionell gespaltene Frauenbild von Kirche und Gesellschaft. Die Grüngekleidete steht für das Erdverbundene und Sinnliche, während Solvejg das Reine und Geistige, ja geradezu Engelhafte repräsentiert.

Sie hat alle Brücken hinter sich abgebrochen, um bei dem Vogelfreien im Wald auszuharren. Die Grüngekleidete jedoch pocht auf ihr Recht und droht, jeden Augenblick künftigen Glücks mit Solvejg als Alptraum zu begleiten. Gleichzeitig versucht sie, ihn zu verführen. Peer, der jetzt erneut Solvejg begehrt, jagt die Grüngekleidete davon. Sie aber droht: »Ich komme zurück jeden einzelnen Tag; / Ich sitze an der Tür und beobacht euch beide. / Und sitzt du mit ihr dann zu dämmriger Weil / Auf der Bank und wirst zärtlich und magst sie gern leiden, / So setz ich dazu mich und fordre mein Teil.« Darauf trottet sie mit dem Kleinen, der den Bierkrug nach seinem Vater wirft, in den Wald. Peer, der nicht die Reife besitzt, um das Sinnliche dem Geistigen zu verbinden, kann Solvejg nicht mehr in die Augen schauen. Er bittet sie zu warten und entschwindet ebenfalls in den Wald, ja, er verläßt das Land, um erst Jahrzehnte später, im Angesicht des Todes, zurückzukehren und Solvejg wiederzutreffen, die ein Leben lang auf ihn gewartet hat.

## Bauchtanz in Afrika

Jahrelang lebt Peer in Nordafrika, wo sich der Außenseiter und rebellische Geschichtenerzähler in einen gerissenen Geschäftsmann verwandelt. Zu Beginn des vierten Aktes sitzt er in einem Palmenwald an der gedeckten Mittagstafel. Auf dem Meer liegt eine Yacht mit norwegischer und amerikanischer Flagge. Peer ist ein »hübscher Herr in mittleren Jahren«, der einen eleganten Reiseanzug trägt und als Gastgeber einer internationalen Herrenrunde auftritt. Er versteht sich als Norweger von Geburt und Weltbürger von Geblüt und ist durch den Import und Export von Negersklaven, Götzenbildern, Bibeln und anderen Gütern reich geworden. Er wolle Kaiser der ganzen Welt werden, tut er kund. Seine Businessgäste schmeicheln ihm, während er mit dem Credo des Trollkönigs prahlt, nur für sich und nicht für andere zu leben, was wie der Wahlspruch eines Finanzkapitalisten unserer Tage klingt. Auch die Geschäftsfreunde sind auf ihren Vorteil bedacht und bemächtigen sich Peers Yacht mitsamt dem Gold. Kaum sind sie in See gestochen, hört man einen dumpfen Knall, und das Schiff versinkt mit Mann und Maus.

Peer ist der ewige Verlierer, der sich immer wieder neu erfindet. Er glaubt einen Löwen zu hören und klettert auf einen Baum. Statt des Raubtiers erscheinen zwei Diebe. Er schlägt die beiden, die dem Sultan Pferd, Kleider und Kostbarkeiten entwendet haben, in die Flucht und schlüpft selber in das Sultansgewand – »Sir Peer, – und Türke vom Scheitel bis zur Sohle!« In einer Oase raucht er in dem Zelt eines Araberhäuptlings aus einer langen Pfeife. Ein Chor huldigt ihm als Propheten, die schöne Anitra tanzt für ihn. Auf einem Schimmel jagt er mit ihr durch die Wüste. Bei einer Rast beraubt sie ihn, um danach in fliegendem Galopp zurückzujagen. Peer zieht die Türkenkleider aus und steht wieder in europäischer Kleidung da. »Die Frauen, – sie sind ein schwaches Geschlecht!« knurrt er in sich hinein. Solvejg scheint er vergessen zu haben – nicht so Ibsen, der eine kurze Szene einschiebt, die sie, wartend vor Peers Hütte, zeigt.

Das Stück wendet sich jetzt nach Ägypten, wo Peer in der Rolle des Ägyptologen vor der Memnonssäule steht, die plötzlich zu singen beginnt. Diese Säule, die nach Ansicht der Griechen Memnon darstellt, der seine Mutter Eos, die Morgenröte, grüßt, soll bei Sonnenaufgang singende Töne hervorgebracht haben. Peer setzt seine Wanderung fort und gelangt zur Sphinx von Giseh, an die er jene Frage richtet, die an eine Sphinx zu richten ist: »Wer bist du?«, worauf er eine Antwort auf berlinerisch erhält. Dr. Begriffenfeldt, Direktor des Irrenhauses von Kairo, kriecht hinter dem Steinbild hervor. Und schon befinden wir uns in einem großen Hofraum mit Gitterfenstern und eisernen Käfigen. Der Direktor ruft die Wärter herbei und zwingt die Irren in einen Käfig, er sperrt die Gitter zu und wirft den Schlüssel in einen Brunnen. Jeder Irre leidet an einer fixen Idee. Dr. Begriffenfeldt erklärt die Monomanie seiner Patienten als äußerste Selbstisolierung. »Die Vernunft ist tot. Es lebe Peer Gynt!« ruft er aus und ernennt den Norweger zum Kaiser aller Irren. Peer fällt in Ohnmacht, worauf sich der Irrenarzt rittlings auf ihn setzt, um ihm einen Strohkranz auf das Haupt zu drücken. »Daß er im Staub die Krone denn empfange! / Der Selbstsucht Kaiser lebe lange!«

## Am offenen Grab

Wiederum gehen Jahre und Jahrzehnte ins Land, bevor wir Peer im Schlußakt an Bord eines Schiffes vor der norwegischen Küste entdecken. Der wettergebräunte alte Mann mit grauem Bart und in zerschlissenen Kleidern will den väterlichen Hof zurückhaben. »Ob's biegt oder bricht; / Ein Schloß soll draus werden, hochragend und licht.« Ein Sturm zieht auf, das Schiff schlingert, und plötzlich steht ein »fremder Passagier«, weiß wie ein Laken, an Peers Seite und bittet ihn um der Wissenschaft willen um seinen »sehr geehrten Kadaver«. Ihn interessiere »der Sitz der Träume«. Peer wehrt ab, worauf sich der fremde Passagier zurückzieht: »Wir sehn uns beim Sinken, wenn nicht zuvor! / Ich hoffe, Sie sind dann bei beßrem Humor.«

Das Schiff geht unter. Im Nebel sieht man undeutlich zwei Männer in einer Jolle, die von einer Sturzwelle gefüllt wird. Ein Schrei ist zu hören, und nach einer Weile schwimmt die Jolle kieloben. Peer und der Schiffskoch kämpfen um ihr Leben. Platz ist nur für einen. »In Gottes Namen, räum das Feld! / Dich vermißt kein Mensch auf weiter Welt!« schreit der Koch mit letzter Kraft. Peer hat kein Erbarmen, er ist der Stärkere und stößt den Familienvater in den Abgrund.

Von der See wechselt die Szene zu einem Friedhof in einem Gebirgssprengel. Peer kommt des Weges und hört die Grabrede auf einen Mann, der sich in seiner Jugend, um dem Militärdienst zu entgehen, die Hand verstümmelt hat. Obwohl der Verstorbene ein schlechter Bürger gewesen sei, habe er in seinem häuslichen Kreis »ein Glück gewoben, / Dort war er groß, weil er er selber war«. Peer bleibt allein zurück und blickt nachdenklich in das offene Grab. Endlich erreicht er den väterlichen Hof, die Mühle ist eingestürzt, der Grund aufgerissen, Zeichen der Zerstörung ringsum. Eine Auktion ist im Gange. Peer hört, wie die Leute über ihn reden, er ist schon zu einer Sagengestalt geworden. Unerkannt mischt er sich in das Gespräch. »Wer war Peer Gynt?« fragt er in die Runde. »Ein greulicher Dichter«, sagt man ihm, der übers Meer in ein fernes Land gereist und vor Jahren gehängt worden sei.

Am Pfingstabend trifft er im Hochwald ein, in einiger Entfernung ist die Hütte zu sehen. Peer hebt eine Zwiebel vom Boden auf und pflückt Haut um Haut ab. Jede Haut repräsentiert eine Rolle, die er in seinem Leben gespielt hat. Einen Kern findet er nicht. »Bloß Häute, – nur immer kleiner und kleiner.« Die Zwiebelszene wird oft als Kern des Stücks verstanden. Was konstituiert ein Individuum, fragt Ibsen und zeigt, daß Peer keine Identität erworben

hat. Peer hat dem angepaßten Liberalismus der Trolle gelebt, dem »Sei dir selbst genug«, und dabei das utopische
»Sei du selbst« verpaßt. »Es gibt wenig, was mich mehr irritiert als Ibsens Bild von Peer Gynt und der Zwiebel«, ereifert sich aus postmoderner Warte der Romancier Jan
Kjærstad in seinem Roman »Der Verführer« (1993), in dem
er eine Gegenposition zu Ibsens Lehre formuliert. »Es ist
schlimm, wenn Schriftsteller schlechte Metaphern bringen,
aber noch schlimmer, wenn ein Bild geglaubt und zu einer
Art moralischer Richtschnur, ja zu einer Art National-
symbol erhoben wird. Wer in aller Welt erwartet, einen
Kern in einer Zwiebel zu finden?« Das »allerirritierendste«
aber sei, »daß Ibsen glaubte, er bringe ein negatives Bild
von einem Menschen, während es in Wirklichkeit ein *posi-
tives* war. [...] Man selbst zu sein, wovon Ibsen ständig
herumquengelte, bestand ja gerade darin, anzuerkennen,
daß man viele sei, und eben diese *Summe* sei unser Kern.«

## Jedermann

Nachdem er die Zwiebel zerpflückt hat, nähert sich Peer
der Hütte. »Diese Hütte? Im Kiefernwald –! Hm.« Solvejg
singt: »Ich warte, ich warte, / Wie ich dir's versprach.« To-
tenbleich erkennt Peer: »Eine, die Treue hielt, – und einer,
der vergaß, / Einer, der ein Leben verspielt, – und eine, die
wartend saß. [...] *Hier* war mein Kaisertum!« Noch einmal rennt er durch den Wald davon, dabei über rollende
Garnknäuel stolpernd. Lüfte wehen, welke Blätter segeln
zu Boden, Tau tropft von den Zweigen: es sind die Gedanken, die Peer auf seinem Lebensweg hätte denken können,
die Lieder, die er hätte singen können, die Tränen, die er
nicht geweint, die Taten, die er nicht getan, und allesamt
werden sie am Jüngsten Tag Klage gegen ihn führen –
»dann wirst du verdammt«.

Schließlich begegnet er dem Tod in Gestalt eines Knopfgießers mit einem großen Schmelzlöffel, der die mißlungenen Knöpfe einsammelt, um sie einzuschmelzen. »Dein Grab ist geschaufelt, der Sarg bestellt.« Peer sei ein Knopf, der seine Talente nicht zu bleibendem Werk und Wert genutzt habe. »So mußt du denn, Freund, in den Ausschußtopf.« Der Knopfgießer konfrontiert Peer mit der Forderung nach einer ganzheitlichen Persönlichkeit. Seine Seele habe ihrer Bestimmung bis zum Schluß Trotz geboten. Als Peer den Ernst der Anklage begreift, redet er sich damit heraus, daß ihm nie klar und deutlich gesagt worden sei, worin die »Absicht des Meisters« mit seinem Leben bestanden habe. »Das mußt du erahnen«, sagt der Knopfgießer. Mehr und mehr nimmt das Stück die Züge eines Mysterienspiels an. Peer Gynt wird zum norwegischen Jedermann, der nochmals um eine Frist bittet, um zu beweisen, »daß ich ich selbst war alle meine Tage«.

Auf der Suche nach Zeugen begegnet er einem heruntergekommenen Bettler, der seinen Schwiegersohn sogleich erkennt: »Prinz Peer! Herrje!« Der Dovre-Alte begrüßt Peer als seinesgleichen, weil er den Troll-Wahlspruch, »sich selbst genug zu sein«, befolgt habe. Zum erstenmal begreift Peer den Sinn der Devise: »Dir genug! Ein Bergtroll! Ein Egoist!« Seit seinem Besuch der Unterwelt im ersten Akt haben allerdings auch die Trolle abgewirtschaftet und sind zu antiquarischen Requisiten der Nationalromantik herabgesunken. Peer fragt den Trollkönig, der sich auf dem Weg in die Stadt befindet, was er vorhabe. »Zur Komödie gehen. / Sie suchen im Blatt nationale Subjekte.« Danach trifft er auf einen »Mageren« in hochgeschürztem Priesterrock mit einem Vogelstellernetz. Die Gestalt hat statt eines Fußes einen Huf. Eilig zählt Peer seine Sünden auf und begehrt Einlaß in die Hölle. Doch nicht einmal des Infernos ist er würdig. Seine Sünden seien nur halbherzig gewesen, selbst als Sünder habe er seine Bestimmung verfehlt. Die

Gespräche mit den allegorischen Figuren machen Peer seinen moralischen Bankrott bewußt, in dem selbst der Humor keine Lebenshilfe mehr bieten kann.

## Erlösung

Als eine Sternschnuppe vom Himmel fällt, zittert Peer vor Angst und will sich durch das Gebüsch aus dem Staub machen, stößt aber auf den Kreuzweg, wo ihn der Knopfgießer erwartet und nach dem Register seiner Taten fragt: »Die Frist ist um.« Da meint Peer Klänge zu hören. »Eine Frau singt, nichts weiter«, versucht ihn der Knopfgießer abzulenken. Peer glaubt jedoch, bei dieser Frau das Register seiner Taten zu finden. Die beiden Männer treten aus dem Gehölz und stehen vor der Hütte. Der Knopfgießer gewährt Peer eine letzte Frist. Der Morgen dämmert. Die erblindete Solvejg tritt, zum Kirchgang gekleidet, aus der Tür. Jetzt, am Rande des Grabes und am Ende seiner physischen und psychischen Kraft, wirft sich Peer ihr zu Füßen: »Hier ist ein Sünder! Dein Urteil – sprich's aus.« Hinter dem Haus ruft der Knopfgießer ein weiteres Mal nach Peers Register. Ibsen bringt nun das Erlösungsmotiv ins Spiel. Solvejg antwortet: »Durch dich wurde mein Leben ein selig Lied.« Peer glaubt sich gleichwohl verloren. Nein, entgegnet Solvejg, er habe in ihrem Glauben, in ihrem Hoffen, in ihrem Lieben seine Bestimmung gefunden.

Bereits im vierten Akt spielte Ibsen ironisch auf »Faust« an, als Peer, im Vollbesitz seiner Kräfte, in arabischer Tracht im Zelt eines Araberhäuptlings, von Anitra hingerissen, sich schmachtend verzehrte: »Magnetisch lockst du, denn ich bin ein Mann, / Und – ein geachteter Schriftsteller sagt es: / ›Das ewig Weibliche zieht uns an.‹« Doch der Schluß des »Dramatischen Gedichts« setzt die reine, geistige, ja engelhafte Liebe, die Agape, gegenüber den für den greisen Mann unerheblich gewordenen Sinneslüsten ins Recht. Schon Zeitgenossinnen kritisierten Ibsens Frauenbild. Der Schriftstellerin Camilla Collett mißfiel, daß Solvejg von Natur aus so fügsam sei. Eine stärkere Frau hätte Peer früher auf den rechten Pfad gebracht.

Das Buch fand Anklang. Eine Besprechung des führenden dänischen Kritikers Clemens Petersen versetzte Ibsen jedoch in Harnisch. Petersen, der das Stück als moralisierenden Journalismus abkanzelte, schloß: »›Peer Gynt‹ ist keine Poesie.« Völlig außer sich, wandte sich Ibsen an den mit Petersen befreundeten Bjørnson: »Wäre *ich* in Kopenhagen gewesen und stünde mir dort jemand so nahe wie Clemens Petersen Dir, ich hätte ihn eher kurz und klein geschlagen, als ihm ein so tendenziöses Verbrechen gegen Wahrheit und Recht erlaubt.« Ob Ibsen im Kollegen Bjørnson den Einflüsterer Petersens vermutete? Die Freundschaft der beiden kühlte sich ab, Gereiztheit prägte ihr künftiges Verhältnis.

In Rom machte sich Ibsen Gedanken über die Zukunft seiner Familie. Nach Norwegen zurückkehren wollte er nicht. »Wie das Leben dort oben vor mir steht, hat es etwas unbeschreiblich Drückendes; es lähmt den Geist und den Willen. Das ist der Fluch der kleinen Verhältnisse, daß sie die Seelen klein machen«, klagte er in einem Brief. Sohn Sigurd war jetzt acht. Wo sollte er die Schule besuchen? Im Mai 1868 reisten die Ibsens von Rom ab, die Sommerfrische verbrachten sie in Berchtesgaden. In München genossen sie anschließend »die Kunstschätze und den Preußenhaß der Bevölkerung«. Anfang Oktober mieteten sie in Dresden An der Frauenkirche 6 im ersten Stock eine möblierte Zweizimmerwohnung. Sieben Jahre lang blieben sie in Sachsens Metropole. Finanziell stand es nicht zum besten. Sigurd wurde in die abgetragenen Anzüge seines Vaters gesteckt, die ihm die Mutter zwar zurechtnähte, die aber gleichwohl zu groß waren, weil er noch hineinwach-

sen sollte. Als Ibsen den Filius ermunterte, seine Klassen-
kameraden nach Hause mitzubringen, verspürte Sigurd
wenig Lust dazu. Er schämte sich seiner Eltern.

## »Mein lieber Sohn«

Im Sommer 1874 besuchten die Ibsens zum erstenmal seit
zehn Jahren Norwegen. Mit »Brand«, »Peer Gynt« und
dem »welthistorischen Schauspiel« »Kaiser und Galiläer«
über den römisch-byzantinischen Kaiser Julian Apostata
hatte sich Ibsen bei seinen Landsleuten Respekt verschafft.
Im Hafen von Christiania wurden die Ankömmlinge von
Journalisten, Bekannten und Neugierigen mit Hurra-
Rufen empfangen. Zeitungsreporter beobachteten, daß der
Gast einen samtenen Hut trug und einen gelösten Eindruck machte. Die Studentenvereinigung huldigte ihm mit
einem Fackelzug, andere Ehrenbezeugungen verbat er sich.

Ein Jahr später übersiedelte die Familie nach München
in einen tristen Wohnblock an der Schönfeldtstraße 17.
Dresden hatte sich als allzu teures Pflaster erwiesen. Am
Tag des Umzugs lehnte das Storting eine Erhöhung der
»Dichtergage« mit 54 gegen 42 Stimmen ab. Ibsen war
jetzt 47. Weshalb er sich plötzlich bei seinem 78jährigen
Vater meldete, ist nicht klar. Der soll Henriks Brief überall
stolz vorgezeigt haben. »Mein lieber Sohn«, antwortete er,
»Deinen lieben Brief hatte ich die Freude zu empfangen,
das war wahrhaftig eine Rarität, da ich seit 25 Jahren von
Dir weder etwas gesehen noch gehört habe, wie Du selbst
in Deinem Briefe sagst, trotzdem habe ich durch Deine
Dichtungen von Dir gehört: Brand, P. Gynt, Komödie der
Liebe, Bund der Jugend sind mir alle verehrt worden.
Kaiser und Galiläer habe ich von Brøndlund erhalten, ob
ich aber das Buch behalten darf, weiß ich nicht.« Vater
Ibsen ergeht sich des weiteren über die Beschwerden des

Alters und die Heirat eines Klassenkollegen Henriks, um mit dem Ausdruck der Hoffnung auf ein baldiges Wiedersehen zu schließen: »Jetzt muß ich mit meinem Gekritzel aber aufhören, damit ich mit meinem Geschwätz meinen gelehrten Sohn nicht aufhalte.« Das war Knud Ibsens letztes Lebenszeichen. Zwei Jahre später starb er.

# Schiffbruch der Moral
## »Stützen der Gesellschaft«

Als Ibsen mit Frau und Sohn 1864 die Heimat verließ, um sich in Rom einzurichten, war Norwegen ein Bauernland an Europas Rand, das sich seit der Jahrhundertmitte in einem rasanten Wandlungsprozeß befand. Noch 1840 wies die ökonomische Struktur ein fast mittelalterliches Gepräge auf. Im Übergang zum freien Markt wurden im Laufe der Jahre zahlreiche Privilegien abgeschafft, 1871 fiel sogar das Monopol des mächtigen Ärztestandes, als die »Quacksalber« das Recht zu praktizieren erhielten. Von der Liberalisierung profitierten besonders die Reeder in den Küstenstädten. Mit dem Schauspiel »Stützen der Gesellschaft« eröffnete Ibsen 1877 den Reigen seiner Zeitstücke, die dem skandinavischen, aber auch dem von Historiendramen, Klassikern und Schwänken lebenden deutschen Theater neue Horizonte eröffneten.

### Unsere Ehre und Macht

Genaugenommen hatte die neue Theater-Ära bereits drei Jahre zuvor mit Bjørnsons Schauspiel »Ein Fallissement« begonnen, das Ibsens realistischem Durchbruch den Weg bereitete und von Brandes mit einem lautstarken »Endlich!« begrüßt worden war. Der Großhändler, Sägerei- und Brauereibesitzer Tjælde, der 400 Arbeiter beschäftigt, vertuscht seinen maroden ökonomischen Status, um nochmals einen Bankkredit zu ergattern und seine bankrotte Firma zu retten. Raffinierter verfährt Ibsen. Er zeigt kei-

nen verzweifelt um sein Überleben ringenden Ertrinken-
den, sondern einen erfolgreichen gerissenen Geschäftsmann und Spekulanten. Konsul Karsten Bernick ist der
starke Mann einer norwegischen Küstenstadt, in der er sich
als erster Bürger und Wohltäter in Szene setzt. Den Bau
des Schulhauses sowie der Gas- und Wasserleitung hat er
– in fürstlicher Pose – aus seiner Privatschatulle bezahlt.
Ibsen kannte das Milieu von seiner Zeit als Apothekerlehr-
ling und wacher Außenseiter. In Grimstad hatte sich neben
dem Schiffbau und der Holzausfuhr eine lukrative Reede-
reiwirtschaft entwickelt. 1870 waren 101 Segler, aber kein
einziger Dampfer registriert. Die wohlhabenden Reeder-
familien bildeten die »gute Gesellschaft« der kleinen Stadt.

Mit der Schiffahrt, von der Konsul Bernick lebt, wurde
in Norwegen das große Geld gemacht. Zwischen 1865 und
1910 beanspruchte die Branche 21,9 Prozent der Brutto-
investitionen, 1870 zum Beispiel erbrachte sie 45,8 Prozent
des Exports. Sie trug aber auch zur Entwicklung des Na-
tionalstolzes bei: »Unsere Ehre und unsere Macht / haben
die weißen Segel uns gebracht«, dichtete Bjørnson. Ihre
Erträge hatten mit Seemannsromantik wenig, mit tiefen
Frachtpreisen um so mehr zu tun. Die norwegischen Heuern lagen in der zweiten Hälfte des 19. Jahrhunderts um
die Hälfte unter den britischen, die ihrerseits um 50 bis 100
Prozent unter den Heuern lagen, die Amerikas Reeder
zahlten, die im fremdenfeindlichen Klima von Bernicks
Stadt als skrupellose Gesellen gelten.

Anders als unter norwegischen Reedern üblich, die im
Ausland ausrangierte Segler kauften, ist Konsul Bernick ein
innovativer Fabrikant, der seine Werft mit einem modernen Maschinenpark ausrüstet. Das Stück, das in Bernicks
Villa spielt, beginnt in einer konfliktgeladenen Stimmung.
Bernick will Arbeiter entlassen, und er erinnert den Schiffbauer Aune, der sich gegen die neuen Maschinen auflehnt,
an die Erfindung des Buchdrucks, die die Schreiber um ihre

Arbeit brachte. »Hätten Sie sich über diese Erfindung ge-
freut, Herr Konsul, wenn Sie damals Schreiber gewesen
wären?« fragt Aune. In jener Glanzzeit des Liberalismus
kamen die Arbeiter in Bedrängnis, da sie keinen gesetz-
lichen Schutz genossen, während sich gleichzeitig die tra-
ditionelle patriarchale Haltung der Patrone abschwächte.

Aune ahnt freilich nichts von dem Coup, von dem sich
der Konsul eine Belebung der Wirtschaft und des Arbeits-
marktes verspricht: dem Anschluß der Stadt an das Eisen-
bahnnetz. In den 1870er Jahren boomte der Eisenbahnbau.
Auch Ibsen vertraute der neuen Technik. In seinem Auftrag kaufte sein Verleger Aktien der Schwedischen Staats-
bahnen. Zudem erwarb er Anteile an einem Dampfer und
an der Straßenbahn von Kristiania.

Zwar galt die Eisenbahn als das Transportmittel der Zukunft, Bernicks Projekt jedoch erweist sich als heikles Geschäft, das der Konsul in aller Heimlichkeit vorantreibt.
Gegen die Bahn, die die Stadt – wie Skeptiker warnen – en-
ger mit der »verderbten Welt da draußen« verbände, regt
sich Widerstand. Bernick persönlich hatte die Ängste seiner Mitbürger geschürt, als vor einiger Zeit ortsfremde
Investoren den Bau einer Bahnlinie erwogen. Mit Hilfe der
gefügigen Lokalpresse hatte er Druck ausgeübt, so daß
dieser Plan sang- und klanglos begraben wurde. Bernick
schwang »moralische« Töne, dachte aber nur an seinen
Profit und seine Macht. Die in Aussicht genommene
Küstenlinie hätte die unter seiner Flagge segelnde Küsten-
flotte empfindlich getroffen.

Das lukrative Eisenbahngeschäft will er persönlich kontrollieren. Deshalb heckte er eine Routenführung aus, die
seinen Interessen dient. Für billiges Geld und in Erwartung
enormer Wertsteigerungen erwarb er in Absprache mit den
drei Partnern seines Konsortiums die an der geplanten
Strecke gelegenen Wälder, Wasserfälle und Erzlager. Die
noch immer auf Eisenbahnkritik eingeschworene Lokal-

presse ist diesen Transaktionen auf die Spur gekommen und vermutet dahinter fremde Finanzhaie. Für Bernick gibt es deshalb nur eines: die Flucht nach vorn. Er muß die Bevölkerung über seine Pläne unterrichten und versuchen, die Stimmung zu wenden. »Kommt es zum Bau der Bahn, bin ich Millionär. Kommt das Projekt nicht zustande – bin ich ruiniert.«

### »Lüften will ich ...«

Doch ausgerechnet jetzt, da er alles riskieren und auf seine Glaubwürdigkeit setzen muß, um seine Macht zu verteidigen und auszubauen, droht ihm ein Enthüllungsskandal, der in seine Gründerjahre zurückreicht. Damals, vor fünfzehn Jahren, hatte er sich ökonomisch und moralisch auf Kosten zweier Menschen saniert, und ausgerechnet diese beiden, Lona Hessel und Johan Tønnesen, die damals nach Amerika auswanderten – für die Einheimischen das Reich des Bösen –, treffen aus heiterem Himmel in der Stadt ein. Damals hatte Bernick seine Liebe zu Lona einer Geldheirat geopfert, die es ihm erlaubte, die Familienfirma aus einer Finanzkrise zu manövrieren, wobei er sich das Gerücht zunutze machte, sein Freund und Schwager Johan sei mit der Firmenkasse nach Amerika durchgebrannt. Und nicht nur das: Johan hatte die Verantwortung für Bernicks Seitensprung mit einer Vagantin leichtfertig auf sich genommen. Der Konsul zieht dieses Kind, Dina Dorf, in großherziger Attitüde in seiner Villa auf und läßt sich für sein edles Tun in der Stadt gehörig bewundern. Als Lona und Johan bei den Bernicks anklopfen, tagt in der Reeder-Villa gerade die bigotte »Vereinigung zum Wohle der moralisch Verdorbenen«. Lona Hessel, die, im Unterschied zu Johan Tønnesen, Bernicks trübe Vergangenheit kennt, reagiert entsetzt: »dies moralische Leinenzeug riecht so muffig – nach Leichentuch. Ihr müßt wissen, ich bin die freie Luft der Prärie gewohnt.« Sie reißt die Fenster weit auf. »Lüften will ich, Herr Pastor, lüften.«

Die amerikanische Prärie war für die Norweger der Unterschicht das große Zukunftsversprechen. 1882 erreichte die Emigration mit 29 000 Auswanderern bei knapp zwei Millionen Einwohnern ihren Höhepunkt. Gemäß einem Gesetz von 1862 erhielten Kolonisatoren gratis »Kongreßland«, wenn sie sich verpflichteten, es zu erschließen. Auch Intellektuelle interessierten sich für Amerika. Bjørnson absolvierte 1880/81 eine neunmonatige Vortragstournee durch die große Republik, von wo er begeisterte Artikel nach Hause schickte. Ibsens Bruder Johan Andres, der in die Neue Welt ausgewandert war, beschrieb in einem Brief nach Hause die egalitäre Atmosphäre an seinem Arbeitsplatz: »Ein Kaufmann hier hält sich nicht für zu fein, einen Sack Getreide oder Kaffee zu schleppen, sich um seine Tiere zu kümmern, Kartoffeln zu ziehen, Getreide zu säen – kurz, sich an jeder Art von Handarbeit zu beteiligen, die zu Hause für erniedrigend gehalten würde.«

In Bernicks Konfrontation mit Lona offenbart sich, wie morsch das moralische Fundament ist, auf dem sein Imperium ruht, und sie drängt ihn, die Wahrheit zu bekennen. »Also eine Lüge hat dich zu dem gemacht, was du bist.« Bernick entgegnet, alle Menschen hätten einen dunklen Fleck, worauf Lona auflacht: »Und ihr nennt euch Stützen der Gesellschaft!« Die Liebesgeschichte der beiden bildet den Nukleus des Stücks. Als junger Mann verliebte sich Bernick in Lona, die sich über gesellschaftliche Regeln und Konventionen hinwegsetzte, Männerstiefel trug und kurzgeschnittenes Haar. Als er sich in London und Paris aufhielt, beeindruckte ihn gerade ihre Selbständigkeit: »Du hast mich geliebt, solange du draußen, in der freien Welt lebtest, die dir den Mut gab, selber frei und groß zu denken.« Als er die kleine miefige Stadt zurückkehrte, wandte er sich von Lona und ihren Verdrehtheiten ab. So erlebte sie den Wendepunkt ihrer Liebesgeschichte, der sich aus seiner Sicht ganz anders darstellt. Er habe vor der Wahl zwischen ihrer Liebe und der Wohlfahrt der Stadt gestanden und sich für Lonas ungeliebte Halbschwester Betty und deren Erbe entschieden, um die Familienfirma (und all die Arbeitsplätze) zu retten. Seine Interessen setzt er mit denen der Stadt gleich: »Von mir muß der Fortschritt kommen, sonst kommt er nicht.« Lona konnte das Ende ihrer Beziehung nur als Verrat auffassen. Sie zog über den Atlantik, um in der Neuen Welt ein neues Leben zu beginnen, während Bernick in seiner Rolle als Kleinstadtmatador ganz und gar aufging.

Die Intrige des Stücks läuft nun im Stil der »pièce bien faite« ab. Weil sich Dina und Johan ineinander verlieben und heiraten wollen, kommt es, wie es kommen muß. Für Dinas vermeintlichen Vater Johan, der inzwischen erfahren hat, wie Bernick seine Freundschaft entgolten hat, geht es um die Enthüllung der Wahrheit, während Bernick nichts so sehr fürchtet wie ebendiese Wahrheit. »Wahrheit« war für die Autoren jener Epoche, für Brandes, Ibsen, Bjørnson, ein Schlüsselbegriff. Ohne Wahrheit keine Änderung der Verhältnisse, ohne Wahrheit keine Freiheit. Wahrheit oder Lüge, das war die Frage, die sie an die gesellschaftlichen und familiären Verhältnisse richteten. Bjørnson zum Beispiel beschrieb im Oktober 1877 in einer »Vom Leben in Wahrheit« betitelten Rede das Königtum als Institution, an der die Lüge klebt. Im Schauspiel »Der König«, das im selben Jahr wie »Stützen der Gesellschaft« erschien und in Preußen bis 1918 nicht öffentlich aufgeführt werden durfte, stellte er einen Monarchen auf die Bühne, der diese Lüge nicht länger erträgt, mit seinen Reformversuchen aber scheitert und sich am Ende selbst richtet.

## *Schwimmender Sarg*

Die Aktion, die Bernick in die Enge treibt, geht von Johan aus, der die Wahrheit ans Licht zu bringen droht, falls ihn sein Schwager nicht öffentlich rehabilitiert, damit er Dina Dorf heiraten kann. Zuvor will er nochmals nach Amerika reisen, um dort seine Angelegenheiten zu regeln. Derart unter Druck gesetzt, läßt Bernick die auf seiner Werft nur notdürftig reparierte »Indian Girl« auslaufen, obwohl oder gerade weil er weiß, daß das Schiff den aufziehenden Stürmen nicht standhalten wird. Dem Schiffbauer Aune, der seine Zustimmung zu der Fahrt verweigert, droht er in Gutsherrnmanier mit Entlassung.

Das Seemannsleben war hart und gefährlich. Auch Ibsens Familie war von einer Schiffskatastrophe betroffen. In einer Sturmnacht des Jahres 1797 havarierte Henriks Großvater Henrich Ibsen mit seiner »Charitas« vor Grimstad. Erst 1990 gelang es, das Wrack zu orten, dessen Schiffsglocke sich heute im Ibsen-Museum der Stadt befindet. Norwegen nahm im 19. Jahrhundert in der internationalen Statistik der Schiffbrüche einen Spitzenrang ein. Mangelhafte Sicherheit war jedoch nicht nur ein norwegisches Problem. Der britische Abgeordnete Samuel Plimsoll, der für eine Verbesserung der Gesetzgebung kämpfte, bezeichnete im Juli 1875 in einer Unterhausdebatte Reeder, die mit dem Leben ihrer Matrosen spielten, kurz und bündig als Mörder.

Während sich die Spannung im Stück auf die Frage richtet, wie lange die »Indian Girl« der rauhen See zu trotzen vermag, droht das Geschehen und damit die Macht Bernicks Händen zu entgleiten. Die Partner des Eisenbahn-Konsortiums verlieren die Geduld und leiten, ohne sich mit ihm abzusprechen, einen Fackelzug »zu Ehren des ersten Mannes der Stadt« in die Wege. Von der Feststimmung getragen – so ihr Kalkül –, müßte es Bernick als

gerissenem und schlauem Redner gelingen, seinen Mit-
bürgern die Angst vor der Eisenbahn und den »fremden
Elementen« zu nehmen. Nicht in Feststimmung ist nur
»der erste Mann der Stadt«, der jeden Augenblick die Mel-
dung vom Untergang der »Indian Girl« erwartet. Doch
treffen ganz andere Nachrichten ein: Gemeldet wird, Johan und Dina seien nicht auf dem Seelenverkäufer, sondern
auf einem anderen Schiff nach Amerika gereist. Hingegen
sei des Konsuls dreizehnjähriger Sohn Olaf als blinder
Passagier mit der »Indian Girl« ausgelaufen. Bernick blickt
in einen Abgrund. Sein Mordanschlag richtet sich plötzlich
gegen seinen Erben. Währenddessen nähert sich der
Fackelzug der Villa.

Das Verhängnis kann nur noch durch den Eingriff eines
Deus ex machina abgewendet werden. Schiffsbauer Aune
und Bernicks Frau verhindern in eigener Verantwortung
das Auslaufen der »Indian Girl«, ohne zu ahnen, daß sich
Olaf auf dem Schiff versteckt hält. In der Hochstimmung
über die wundersame Errettung seines Sohns geht Bernick
in die Offensive. Er hält vor den versammelten Bürgern
eine Rede, in der er in Sachen Eisenbahn ein Geständnis
ablegt. Allerdings gibt er nur gerade so viel zu, wie nötig
ist, um die Macht in der Stadt zu behaupten. Den Mordanschlag auf Tønnesen und die Besatzung der »Indian Girl«
verschweigt er geflissentlich. Er bekennt die Landaufkäufe,
gibt die Grundstücke dann aber zur allgemeinen Aktien-
zeichnung frei, nimmt der Presse so den Wind aus den
Segeln und schaltet seine Geschäftspartner aus, indem er
sich durch Akklamation die Verwaltung und Kontrolle des
Bodens sichert. Bernick übersteht die Affäre als scheinbar
geläuterter starker Mann der Stadt.

Sein Handeln rechtfertigt er kaltschnäuzig, wenn auch
in salbungsvoller Diktion mit seiner gesellschaftlichen
Verantwortung als Unternehmer. Was ist nun gut, und was
ist schlecht? Wo liegen die Gefahren, wo sind die Grenzen

des unternehmerischen Eigennutzes? Beim Verrat an der
Ehre des Freundes, der es Bernick ermöglichte, den eigenen Ruf zu wahren, um als Saubermann für das Gedeihen
der Stadt zu wirken? Oder bei jenem Mordanschlag auf die
»Indian Girl«, der die Enthüllung der Wahrheit verhindern
und der Stadt ihren »ersten Mann« und eine prosperie-
rende Zukunft sichern sollte? Ibsen erprobt in »Stützen
der Gesellschaft« zum erstenmal das Verfahren des offenen
Schlusses, der keine Antworten auf die aufgeworfenen
Fragen gibt – ein Verfahren, das er in seinen beiden nächsten Stücken, »Ein Puppenheim« und »Gespenster«,
weiterentwickeln wird.

## Doktor Ibsen

Im Januar 1875 hatte am Meininger Hoftheater mit den
»Kronprätendenten« die erste deutsche Ibsen-Premiere
stattgefunden. Herzog Georg II. dekorierte den stolzen
Autor mit dem Ritterkreuz des Sächsisch-Ernestinischen
Hausordens 1. Klasse. Bereits acht Jahre zuvor hatte der
noble Theaterreformer die erste deutsche Bjørnson-Pre-
miere besorgt. Bis Mitte der achtziger Jahre bevorzugten
die Deutschen Bjørnson. Im Fahrwasser von dessen »Fallissement« war jedoch auch »Stützen der Gesellschaft« ein
Erfolg beschieden, in Berlin spielten fünf Bühnen das
Stück gleichzeitig. Paul Schlenther und Otto Brahm, die
ein Jahrzehnt später zu den Mitbegründern der »Freien
Bühne« gehörten, waren beeindruckt. Allerdings blieb es
für Ibsen zunächst bei diesem deutschen Strohfeuer.

Als er »Stützen der Gesellschaft« beendet hatte, reiste er
nach Uppsala, wo ihm Skandinaviens älteste Universität
anläßlich ihres vierhundertjährigen Bestehens den Ehren-
doktorhut verlieh. An seine Frau schrieb er: »Aus den
Zeitungen hast Du wohl erfahren, wie übermäßig ich in
Schweden gefeiert wurde. Auch die dänischen Zeitungen

schreiben, ich sei von allen Gästen in Uppsala am meisten gefeiert worden, und das war tatsächlich der Fall.« Ibsen war so stolz auf den Titel, daß er sich schon zwei Jahre zuvor in das Einwohnerregister der Stadt München als »Dr. phil.« eingetragen hatte. In Bayerns Metropole bestand Sohn Sigurd das Abitur mit Bravour. »Von diesem Manne wird die Welt noch hören«, sagte der Rektor des Gymnasiums bei der Überreichung des Zeugnisses. Danach gab es für die Ibsens nördlich der Alpen kein Halten mehr. München war gut, Rom besser. Im Herbst 1878 richteten sie sich in einer Fünfzimmerwohnung in der Stadt am Tiber ein. Kaum eingetroffen, machte sich Ibsen Notizen zu einem neuen Stück, das er vorerst als »Gegenwarts-Tragödie« bezeichnete.

# Menschsein in der Männerwelt
## »Ein Puppenheim«

»Ein Puppenheim« endet mit einem Eklat: Eine Frau verläßt ihren Mann und die drei Kinder: »Man hört, wie eine Tür dröhnend ins Schloß fällt.« Dann fällt auch der Vorhang. »Ich muß mich davon überzeugen, wer recht hat, die Gesellschaft oder ich«, sagt Nora Helmer, bevor sie in eine unsichere Zukunft aufbricht.

»Eine Frau kann nicht sie selbst sein in der Gesellschaft der Gegenwart, einer ausschließlich männlichen Gesellschaft, mit von Männern geschriebenen Gesetzen und mit Anklägern und Richtern, die über das weibliche Verhalten vom männlichen Standpunkt aus urteilen«, formulierte Ibsen, als er das Stück in Angriff nahm. Dessen Konflikt charakterisierte er so: »Sie hat eine Fälschung begangen, und das ist ihr Stolz; denn sie hat es aus Liebe getan, um ihm das Leben zu retten. Aber dieser Mann steht mit seinem ganz alltäglichen Ehrgefühl auf dem Boden des Gesetzes und sieht die Sache mit männlichen Augen.«

Ibsen gibt Einblick in Bezirke des Ehe- und Familienlebens, die fremden Augen üblicherweise verschlossen bleiben. Wenn sich der Vorhang hebt, sehen wir die »gemütlich und geschmackvoll, aber nicht luxuriös« eingerichtete Wohnstube der Helmers. »Natürliches Spiel« forderte der Autor von den Darstellern des »Christiania Theaters«. Die Zeitgenossen im Parkett und auf den Rängen konfrontierte er mit ihresgleichen. Präzise beschreibt Ibsen den Bühnenraum mit dem Klavier, das in gutbürgerlichen Haushalten als Statussymbol galt, dem kleinen Schrank mit Büchern in Prachteinbänden, dem Sekretär, den Nippes und dem

Porzellan, dem Teppichboden und den Kupferstichen. In einem Spiel im Spiel legt er ein ästhetisches Bekenntnis ab: Nora probt für den Maskenball am zweiten Weihnachtstag eine Tarantella. In dem Vortrag habe »vielleicht etwas viel Natürlichkeit« gelegen, rügt ihr Mann, der den steifen Regeln einer überholten Ästhetik anhängt – »ich meine – etwas mehr, als sich, strenggenommen, mit den Forderungen der Kunst verträgt«. Nora, die fürchtet, als Betrügerin entlarvt zu werden, drückt mit dem wilden Tanz ihre Not und Verzweiflung aus.

»Ein Puppenheim« ist ein Kammerspiel, dessen Personal sich auf das Hauptpaar sowie ein Nebenpaar (Rechtsanwalt Krogstad / Frau Linde) und einige kleine Rollen beschränkt. Im Alltag beherrschen die scheinbar sorglos verspielte Nora und ihr strebsamer Gatte ihre Ehe- und Geschlechterrollen. Er sorgt für den Unterhalt, während sie ihm und den Kindern ein angenehmes Heim bereitet. Dienstboten besorgen die Hausarbeit und die Kinderpflege. Torvald Helmer gewährt seiner Frau keinen Einblick in sein Berufsleben, doch weist das Bühnenbild über den intimen Raum der Familie hinaus. Vom Wohnzimmer führt eine Tür in Helmers Büro: Ehe und Beruf, Liebe und Finanzen sind eng verflochten in diesem Familiendrama, das sich an drei turbulenten Weihnachtstagen abspielt. Zwar weckt das Datum Gefühle der Geborgenheit und des Glücks, doch eine Festtagsstimmung kommt nicht auf. Die Intrigen und Dialoge handeln von Krediten, einer Wechselfälschung, einer Erpressung sowie der Einstellung und Entlassung von Bankpersonal.

## Die Männergesetze

Indem er die Kleinfamilie und ihre Geschlechterrollen problematisierte, traf Ibsen den Nerv der Zeit. Im Uraufführungsjahr 1879 forderte August Bebel in »Die Frau und der Sozialismus« die Emanzipation nicht nur der Arbeiter, sondern auch der Frauen. Schon zehn Jahre zuvor hatte John Stuart Mill in »The Subjection of Women« die Ansicht vertreten, eine Gesellschaft, in der ein Geschlecht das andere kraft des Gesetzes unterjoche, sei schlecht und ein Hindernis für den Fortschritt. In Norwegen wurden die Ideen der Frauenemanzipation am radikalen Flügel des Bürgertums formuliert. Einiges kam in Bewegung. 1882 wurde erstmals eine Schülerin, die Tochter eines Arztes, zum Abitur und zur Universität zugelassen. Während die konservative Presse das Ereignis verschwieg, brachte die radikale »Verdens Gang« auf ihrer Titelseite ein Porträt der Pionierin. Als zwei Jahre später der – vorerst von männlichen Sympathisanten angeführte – »Norwegische Verband für die Sache der Frau« gegründet wurde, stritt man sich über die Frage, ob eine »Sonderstellung« oder die »Gleichstellung« als Ziel des Frauenkampfes anzustreben sei. Man entschied sich für letzteres, während in der Schweiz die Frauen eine Sonderbehandlung erfuhren und das Wahlrecht erst 1971 erhielten, im Kanton Appenzell-Innerrhoden, wo der Besitz eines Degens als Stimmrechtsausweis galt, sogar erst 1990.

Nur die oberen Schichten hatten die Mittel, ihre Töchter ausbilden zu lassen, bevor sich die norwegischen Mittelschulen in den 1870er Jahren den Mädchen öffneten. Seit den 1860er Jahren ergriffen Frauen den Lehrerinnenberuf. Während Männer auf Staatskosten ausgebildet wurden, mußten sich die Frauen mit Kursen begnügen, die sie aus der eigenen Tasche zu bezahlen hatten. Erst 1890 erhielten sie Zutritt zu den staatlichen Lehrerseminaren. Frauen wurden im Bank- und Versicherungsgewerbe, aber auch in Gemeindeverwaltungen beschäftigt. Eine kommunale Büroangestellte verdiente 1892 doppelt soviel wie ein Arbeiter. Die neuen Industrien rekrutierten von Anfang an auch Frauen. Eine konservative Bastion blieb die Kirche.

Bis ins 20. Jahrhundert hinein war ein Zitat aus dem Brief des Paulus an die Epheser (5,21–24) fester Bestandteil des Traurituals: »Ordnet euch einander unter in der Furcht Christi, die Frauen ihren Männern wie dem Herrn. Denn der Mann ist das Haupt der Frau, wie Christus das Haupt der Kirche ist, er, der Retter des Leibes. Doch wie die Kirche sich Christus unterordnet, so auch die Frauen den Männern in allem.«

In dieser »männlichen Gesellschaft, mit von Männern geschriebenen Gesetzen« hätte Nora Helmer 1879 als unmündige Person gegolten. Zwar hatte der Gesetzgeber 1863 unverheirateten Frauen die Mündigkeit gewährt, ihre verheirateten Geschlechtsgenossinnen jedoch mußten weitere 25 Jahre darauf warten. Ibsen zeigt das Abhängigkeitsverhältnis bereits im Personenverzeichnis an. »Ort der Handlung ist Helmers Wohnung.« Die Kinder des Paares führt er als »Helmers drei kleine Kinder« auf. Tatsächlich war es der Ehemann, der nach eigenem Gutdünken bestimmte, wie die Kinder erzogen und unterrichtet werden sollten. Auch ohne die Zustimmung der Mutter durfte er sie aus dem Haus, ja außer Landes schicken. Als Familienoberhaupt legte er selbstverständlich den Wohnsitz fest.

## Die Frauenrolle

Ibsen zeigt allerdings eine Gesellschaft im Umbruch. Der Status der Figuren ist labil, ein sozialer Aufstieg ist ebenso möglich wie ein Abstieg. Die Helmers gehören nicht zur alteingesessenen Oberschicht. Torvald hat Karriere gemacht und sein Berufsziel soeben erreicht: An Neujahr soll er die Direktion der Aktienbank übernehmen, die ein sicheres Auskommen verspricht und den Zutritt zu jener Führungselite, die über gesellschaftliche Entwicklungen entscheidet – als Bankdirektor wird er Kredit vergeben.

Zwar schweigt sich das Stück über Helmers Herkunft aus, wir erfahren aber einiges über seinen Werdegang. Er hatte eine Stelle in einem Ministerium, die er zum Zeitpunkt der Heirat aufgab, da keine Aussicht auf Beförderung bestand. Um als freier Rechtsanwalt die Familie versorgen zu können, arbeitete er so hart, daß er lebensbedrohlich erkrankte. Der Arzt sah nur *eine* Rettung, eine Kur unter der Sonne des Südens. Allerdings verschlang die Italienreise eine Summe, die dem dreifachen Jahresgehalt eines Lehrers entsprach, was Helmers Möglichkeiten überstieg. Da schlug Noras Stunde – damals vor acht Jahren.

Wenn sich der Vorhang hebt, scheinen alle Geldsorgen dank Helmers neuer Stelle ein für allemal gebannt. Nora drückt dem Boten, der den Weihnachtsbaum ins Haus trägt, ein generöses Trinkgeld in die Hand, was Ibsen die Gelegenheit gibt, den Charaktergegensatz der Eheleute auszuspielen. Während Helmer zu bedenken gibt, daß sein Gehalt erst in einem Vierteljahr gezahlt werde und deshalb Vorsicht geboten sei, meint Nora, notfalls könne man Geld borgen, worauf Helmer einwendet: »und ich bekäm' am Silvesterabend einen Dachziegel auf den Kopf und läge da«. Der penibel korrekte Jurist wird von seiner großzügigen Frau ins Unrecht gesetzt, obwohl er den ganzen Theaterabend lang keinen Zoll vom Pfad des Rechts abweicht. Kaum zu glauben sei, »wie teuer einem Mann solch ein Vögelchen« zu stehen komme, stöhnt er und schilt Nora eine Verschwenderin. Doch er täuscht sich in seiner Frau, und das gründlich.

Nora spielt für ihren Torvald die übermütig-kapriziöse Kindfrau, sie nutzt ihre erotische Macht, um ihm Geld zu entlocken. Von ihrer Stärke ahnt er nichts. Nora war es nämlich, die vor acht Jahren das Geld für die Kur beschaffte, aus Liebe zu ihm, aber ohne sein Wissen. Sie handelte, vom Rollenmodell der Ehefrau abweichend, in eigener Verantwortung, und darauf ist sie stolz. »Mir war fast, als wäre ich ein Mann.« Für ihren Wagemut zahlte sie einen hohen Preis. Um als unmündige Ehefrau in den Genuß eines Darlehens zu gelangen, wandte sie sich an den Winkeladvokaten Krogstad, und sie fälschte die Unterschrift ihres sterbenden Vaters, der als ihr Bürge eintreten sollte. Inzwischen ist es ihr gelungen, ihre Schulden dank Sparsamkeit und Einkünften aus abendlichen Schreibarbeiten nahezu restlos zu tilgen. Helmer, der von all diesen Vorgängen nichts weiß, glaubt, ihr Vater habe das Geld für ihn spendiert.

Helmer ist ohnehin ein Ahnungsloser. Schon vor acht Jahren ahnte er nicht, wie schlimm es um seine Gesundheit tatsächlich stand. Nora schonte ihren sensiblen Mann. Mehrfach deutet Ibsen an, wie sehr sich Helmer scheut, bitteren Wahrheiten ins Auge zu blicken. Er ist ein »Ästhet« mit einem »Widerwillen gegen alles Häßliche«, weshalb ihn der todkranke Hausfreund Dr. Rank von seinem Sterbett fernhält.

## Genialer Instinkt

Die Enthüllung der Wahrheit kommt in Gang, als Kristine Linde, eine Kollegin aus Noras Jugendtagen, auf der Suche nach Arbeit in die Stadt und in Noras Leben zurückkehrt. Auf ihre Frage, ob sich Nora Helmer anvertraut habe, antwortet diese: »Torvald mit seinem männlichen Selbstbewußtsein – wie peinlich und demütigend wäre für ihn der Gedanke, daß er in meiner Schuld steht. Das würde unser Verhältnis völlig verschieben; unser schönes glückliches Heim wäre nicht mehr, was es jetzt ist.« Nora weiß, wie eitel, selbstbezogen und verletzlich Helmer in seinem Grandiositätsgefühl ist, und ordnet sich im Ehealltag seinen Wünschen unter. Erst gegen Schluß des Stücks, als sie die Rolle der abhängigen Ehefrau abstreift und das Getändel der verliebten Kindfrau aufgibt, gewinnt sie die Statur einer souveränen Persönlichkeit.

Zuvor läßt sie sich von ihm wie ein Kind behandeln. Er hat ihr das Knabbern von Makronen verboten (die Zähne!), und sie bestätigt ihm seine Überlegenheit: »Wie könnte mir's einfallen, etwas gegen deinen Willen zu tun!« Gönnerhaft steckt er seinem »Eichhörnchen« ein paar Geldscheine zu. Helmer betrachtet Nora als seinen Besitz. »In der ersten Zeit war er geradezu eifersüchtig, wenn ich nur einen meiner Lieben daheim erwähnte.«

Kristine Lindes Frauenleben bildet die Folie, vor der sich Noras Schicksal abhebt. Anders als Nora heiratete sie nicht Krogstad, den Mann, den sie liebte. Sie opferte sich für ihre kranke Mutter und die beiden jüngeren Brüder auf, die versorgt sein wollten, und erwiderte aus Pflichtgefühl den Antrag eines Mannes, der ein ordentliches Auskommen versprach. Allerdings trieb dieser Mann riskante Geschäfte, und als er starb, blieb für Kristine nichts übrig. Seit drei Jahren hält sie sich mit Gelegenheitsarbeiten über Wasser. Inzwischen ist ihre Mutter gestorben, und die Brüder versorgen sich selber. Kristine heiratete aus ökonomischen Zwängen, wie es in der alten Zeit üblich war. Erst in der bürgerlichen Gesellschaft wandelte sich die Familie zu einer Gefühlsgemeinschaft, erst jetzt kam es bei der Gattenwahl auf die gegenseitige Zuneigung an. So heirateten die Helmers nicht aus finanziellem Kalkül. Erotische Spannung und der Traum vom gemeinsamen Glück hatten sie zusammengeführt. Das Stück zeigt aber, daß die Partner auch in ihrem Liebesnest einander nicht finden können, da sie sich nicht als autonome Persönlichkeiten begegnen.

Die 1870/80er Jahre waren für Norwegens Frauen eine schwierige Übergangszeit. Das Ende der Naturalwirtschaft untergrub die aktive Stellung, die sie in der alten bäuerlichen Gesellschaft innehatten. Von der Auflösung überkommener Bindungen und der Individualisierung in der bürgerlichen Gesellschaft profitierte zunächst – worauf das Stück mit Nachdruck hinweist – nur der Mann, auf den der

Lebensentwurf der Ehefrau komplementär ausgerichtet war. Ibsen verstand es allerdings, der Gegensätzlichkeit der Geschlechterrollen eine Antithese abzugewinnen. Im Februar 1879 – während der Arbeit am »Puppenheim« – stellte er im Skandinavischen Verein in Rom zwei Anträge auf Änderung der Statuten. Erstens sollten Frauen als Bibliothekarinnen zugelassen und zweitens sollte weiblichen Vereinsmitgliedern das Stimmrecht gewährt werden. Die Frauen hätten »etwas gemeinsam mit dem wahren Künstler, ebenso mit der Jugend überhaupt«, nämlich »diesen genialen Instinkt«, der unbewußt das Rechte treffe. Hingegen fürchte er die Männer mit ihren »kleinlichen Rücksichten und den kleinen Ängsten, die all ihr Denken und Tun nur darauf ausrichten, für ihre alleruntertänigsten kleinen Persönlichkeiten ein paar kleine Vorteile zu erreichen«. Mit Nora Helmer treibt Ibsen den »genialen Instinkt« auf die Spitze: Sie bricht das Gesetz und fälscht eine Unterschrift, um ihrem Mann die lebensrettende Kur zu ermöglichen. In der Überwindung der liebesfeindlichen Gesetze liegt der eigentliche Beweisgrund der Liebe.

## Verkommener Mensch

Während der Romanautor eine krisenhafte Entwicklung über Jahre und Jahrzehnte hinweg nuanciert zu schildern vermag, beschränkt sich der Dramatiker Ibsen auf den Ausbruch der Krise und das Ende der Ehe – in drei Akten und zwei Stunden Spielzeit. Die in der Vergangenheit verborgene Wahrheit setzt er mit Hilfe einer konventionellen Theaterintrige frei. Den Intriganten spielt der Rechtsanwalt Krogstad, ein Witwer, der für eine Kinderschar zu sorgen hat und sein Brot bei der Aktienbank verdient. Helmer will ihn feuern. Krogstad, so doziert er, habe Unterschriften gefälscht und sich mit Tricks und Kniffen einer

Bestrafung entzogen. Die Parallele zu Noras Liebestat ist offensichtlich. Indem Helmer den Winkeladvokaten verurteilt, fällt er, ohne sich dessen bewußt zu sein, auch das Urteil über seine Frau. Krogstad hat für seine Missetaten mit dem Verlust seines Rufs gebüßt. Eine Entlassung würde ihm die Lebensgrundlage entziehen. Ein Druckmittel hat er allerdings in der Hand: Er droht Nora mit der Enthüllung ihrer Unterschriftenfälschung, falls sie es nicht schafft, seine Kündigung zu verhindern. Doch Nora trifft mit ihrer Fürsprache auf den Widerstand des entrüsteten Helmer. Ein verkommener Mensch wie Krogstad sei gezwungen, eine Maske selbst gegenüber seiner eigenen Frau und den Kindern zu tragen. Krogstads Stelle verspricht er Frau Linde. Damit ist der Knoten geschürzt, der nicht mehr gelöst werden kann.

Die Ehe der Helmers wird auf eine Probe gestellt, die in einem Desaster endet. Nora wagt es nicht, sich ihrem Mann zu offenbaren, sondern versucht, ihn auf die bewährte Tour zugunsten Korgstads herumzukriegen. »Die Lerche würde in allen Zimmern herumzwitschern.« Das erotische Spiel verfängt diesmal nicht. Helmer, der in seinen Geschäften autonom entscheidet, fürchtet, das Gesicht zu verlieren, falls das Gerücht aufkäme, er ließe sich von seiner Frau beeinflussen. Der von Ängsten und Zwängen beherrschte Bankdirektor ist keine unabhängige und reife Persönlichkeit. Seit seiner Jugend, so klagt er, sei er mit Krogstad per du, was seine Stellung bei der Bank unerträglich machen würde. »Torvald, meinst du wirklich, was du sagst?« fragt Nora. Jetzt demonstriert er erst recht, wer Herr im Hause ist, und expediert unverzüglich die Kündigung. Im Gegenzug macht Krogstad seine Drohung wahr und legt den Brief, in dem er Noras Unterschriftenfälschung entlarvt, in den Briefkasten, zu dem nur Helmer den Schlüssel besitzt.

## Der Narziß

In Ibsens theatralischem Spiegelkabinett werden die in den Hauptfiguren unbewußt wirkenden Kräfte an den Nebenfiguren sichtbar. So gesehen, ist Krogstad der »dunkle Schatten« des »Idealisten« Helmer, der sich über die unfeinen Geschäftspraktiken des Winkeladvokaten erhaben dünkt. Der Saubermann, der alles Häßliche scheut – und deshalb Nora das Stricken verboten hat –, erträgt die Nähe dieses Mannes nicht. Indem er ihn entläßt, verdrängt er seinen »Schatten«, die häßliche Seite der eigenen Person. Die bittere Pointe dieser Männerbeziehung besteht darin, daß der »Idealist« Helmer sein Leben ausgerechnet Krogstad und der kriminellen Transaktion verdankt, die dieser vor acht Jahren mit Nora eingefädelt hat.

Die Spannung konzentriert sich in der Folge auf die Frage, wie Helmer auf die Enthüllung der Wahrheit reagiert. Nora hofft und bangt und malt sich das »Wunderbare« aus, das sich offenbaren werde, den Liebesbeweis. »Keinen Augenblick würde Torvald zögern, sein Leben für mich hinzugeben«, schwärmt sie dem Hausfreund Doktor Rank vor. In ihrer Erwartungshaltung schwingen religiöse Töne mit: »Und wenn jemand alles auf sich nehmen sollte, die ganze Schuld, weißt du –.« Das Stück spielt an Weihnachten, wenn die Christen die Geburt des Erlösers feiern, der durch seinen Tod die Schuld aller auf sich genommen hat. Helmer hatte versprochen, Leib und Leben für Nora einzusetzen. Aber als die Stunde der Wahrheit schlägt, läßt er die Maske fallen: »Mein ganzes Glück hast du vernichtet. Meine ganze Zukunft hast du verdorben«, brüllt er, nachdem er Krogstads Brief gelesen hat. Er beschimpft seine Frau, demütigt sie als »Verbrecherin«, der er die Erziehung der Kinder entziehen müsse, und zergeht in Selbstmitleid: »Oh, das zu der sagen zu müssen, die ich so von Herzen geliebt habe und die ich noch –.« Ein Mann

wie Helmer will von seiner Frau nicht gerettet, sondern be-
wundert werden. Der Idealist entpuppt sich als Narziß.

»Ein Puppenheim« ist ein Stück über enttäuschte Gat-
tenliebe. Nora erlebt Helmer als Mann, der sich und seine
moralische Unanfechtbarkeit weit mehr liebt als seine
Frau. Obwohl sie sich acht Jahre lang auf seine Eitelkeiten
einzustellen verstand, hat sie sich von ihm ein falsches Bild
gemacht. »Felsenfest« war sie überzeugt, daß er vortreten
und bekennen würde: »Ich bin der Schuldige.« Um ihm
den Opfergang zu ersparen, hätte sie sich umgebracht.
Helmer reagiert auch jetzt nicht als Liebender, sondern als
Mann, der an seine Karriere denkt: »Was würde es mir denn
nützen, wenn du nicht mehr bist [...]?« Ichbezogen reagiert er schließlich auch, als Krogstad, der zu seiner Jugendliebe Frau Linde zurückgefunden hat, auf Rache verzichtet und das Corpus delicti zurückschickt: »Ich bin
gerettet! Nora, ich bin gerettet!« Jetzt ist sein Ruf nicht
mehr bedroht, und er will die Ehe fortsetzen, als ob nichts
geschehen wäre. Zu spät.

Bisher gab allein die Familie Noras Leben Sinn und Ver-
ankerung. Jetzt fällt es ihr wie Schuppen von den Augen,
und sie erkennt, daß sie acht Jahre lang mit einem Mann zu-
sammenlebte, ohne mit ihm jemals ein ernstes Wort über
ernsthafte Dinge gewechselt zu haben. Schockartig wird ihr
klar, was sie in all den Ehejahren verdrängt hat, um ihrer
Frauenrolle zu genügen und den Gatten bei Laune zu halten: »Ich lebte davon, daß ich dir Kunststücke vormachte,
Torvald.« Als sie sich des wahren Status ihrer Ehe bewußt
geworden ist, sprengt sie die Fesseln. Sie verläßt die Familie
und will versuchen, »ein Mensch zu werden«, wie sie ihrem
verdutzten Mann eröffnet. Ob ihr das gelingt und wohin ihr
Weg sie führen wird, läßt Ibsen offen. Frau Lindes Schicksal
als alleinstehende, arbeitsuchende Frau läßt ahnen, wie
schlecht es um Noras Chancen bestellt ist. Ähnlich wie
Kristine bricht sie mittellos in ihren Heimatort auf, freilich

nicht als ehrbare Witwe. Daß sie aber Chuzpe und Durch-
setzungsvermögen besitzt, hat sie bewiesen, als sie den
Kredit für die Italienreise beschaffte und auch wieder zurückzahlte.

## Der utopische Funke

Daß sie ein Tabu verletzt, indem sie die Rolle der Ehefrau
und Mutter aufgibt, ist ihr bewußt. Justiz und Kirche dek-
ken die Position des Mannes, der sich auf die Religion, das
moralische Empfinden und das Gewissen beruft, um sie
zurückzuhalten. Nur seine Wertmaßstäbe zählen in dieser
Männergesellschaft, das ist Noras demütigende Erfahrung.
Sie wolle sich erziehen, sagt sie, Erfahrungen sammeln, das
rechte Verhältnis zur Umgebung finden. Sie erkauft ihre
Individualisierung um den Preis sozialer Desintegration.
Die Gesellschaft ist auf ihren Versuch einer neuen Selbst-
definition noch nicht vorbereitet. Um so greller blitzt in
ihrem Aufbruch ein utopischer Funke auf. Aufruhr gegen
die Autoritäten sei Aufruhr gegen Gott, deshalb sei der
moderne Radikalismus des Teufels, verkündete der Pastor
Thorvald Klaveness 1876, drei Jahre vor der Veröffentlichung des Stücks. Professor Gisle Jonnson, der maßgebliche Kopf der Staatskirche, wandte sich gegen demokratische Forderungen, indem er unter Berufung auf den
Römerbrief 13,3–5 behauptete, dem König, selbst dem
böswilligen, den Gehorsam zu verweigern wäre eine Sünde
gegen Gott. »Ich will sehen, ob das richtig ist, was Pastor
Hansen sagt, oder vielmehr, ob es für mich das Richtige
ist«, sagt Nora.

Als »böswilliges Verlassen« hätten die Juristen Noras
Auszug aus dem Puppenheim beurteilen müssen. »Wenn
ein Ehegatte in der Absicht, das Zusammenleben aufzu-
heben, den anderen gegen dessen Willen verläßt, kann der
Verlassene die Scheidung erreichen. [...] In [...] Nor-

wegen hat der verlasßene Ehegatte drei Jahre zu warten und zu beweisen, daß er dem anderen keinen hinreichenden Grund zum Verlasßen gegeben hat«, hält ein skandinavisches familienrechtliches Handbuch fest, das ein Jahr vor Ibsens Stück erschienen ist. Nora verläßt nicht nur ihren Mann, sondern auch drei kleine Kinder. Ibsen bereitet das Kindsopfer frühzeitig vor. Nachdem Helmer am Ende des ersten Aktes Nora belehrt hat, daß fast alle früh gestorbenen Menschen »lügenhafte Mütter« gehabt hätten, beginnt der zweite Akt mit einem Gespräch über die Mutterrolle. Nora fragt die Kinderfrau Anne-Marie, wie sie es übers Herz gebracht habe, ihr eigenes Kind fremden Menschen anzuvertrauen. »Aber das mußte ich doch, wenn ich Amme für die kleine Nora sein sollte«, antwortet sie. Und Nora lobt sie: sie sei ihr eine gute Mutter gewesen. Kinder können also auch ohne die Nähe der leiblichen Mutter gedeihen.

## Zu brenzlig für Deutschland

Die Kritiker der Uraufführung, die im Dezember 1879 im »Königlichen Theater« in Kopenhagen stattfand, ergriffen überwiegend für Helmer Partei. M. W. Brun warf die Frage auf, »ob es unter Tausenden von Müttern eine gibt, unter Tausenden von Ehefrauen eine, die sich wie Nora verhalten und Ehemann, Kinder und Heim verlassen würde, bloß um ›ein Mensch‹ zu werden«. Die Buchausgabe von 8000 Exemplaren war jedoch in weniger als einem Monat vergriffen. Auf die zweite Auflage von 4000 Exemplaren folgte bald schon eine dritte von 2000 Exemplaren. Daß ein Theaterstück zum Buchhandelsschlager wurde, das hatte es in Skandinavien bisher nicht gegeben. 8000, 10000, ja 12000 Exemplare betrugen künftig die Erstauflagen von Ibsens Stücken, die der Gyldendal-Verlag in Kopenhagen herausbrachte.

Wie vielschichtig die Nora-Figur ist – im Unterschied zu den anderen, die allesamt Typen sind –, zeigten schon die ersten Inszenierungen. Die »zärtliche Verwunderung«, mit der Betty Hennings in der Kopenhagener Uraufführung sagte: »Denk dir, mein Mann ist Direktor der Aktienbank geworden«, erinnerte den dänischen Schriftsteller Herman Bang an ein Kind, das ein aufgeschnapptes Wort stolz aufgreift, ohne recht zu wissen, was damit gemeint ist. Im Unterschied dazu habe Hedwig Niemann-Raabe in Hamburg die Bankdirektorsgattin als kluge, gebildete, ein wenig oberflächliche, ein wenig kokette Frau gespielt.

Allerdings kam es in Deutschland zu Schwierigkeiten. Als Ibsen erfuhr, daß eine Bearbeitung bevorstand, weil der Schluß zu brenzlig sei, entwarf er selber einen versöhnlichen Ausgang, der Nora in den Schoß der Familie zurückführte. Zugleich distanzierte er sich in der Kopenhagener »Nationaltidende« von dieser »barbarischen Gewalttat«. Aufgrund des Fehlens urheberrechtlicher Abkommen zwischen Deutschland und Dänemark hatte der Autor keine Handhabe, Bearbeitungen seiner Stücke zu verhindern. Der Reclam-Verlag in Leipzig, bei dem die deutsche Erstausgabe erschien, veränderte den Titel eigenmächtig in »Nora«, verlegte die Handlung nach Deutschland und erfand für einige der Figuren neue Namen. Aus Torvald wurde Robert, aus Krogstad Günther und aus Anne-Marie Marianne.

Die wichtige Berliner Erstaufführung fand im November 1880 im »Residenztheater« statt. Am Premierenabend spielte man den versöhnlichen, danach abwechselnd den versöhnlichen und den originalen Schluß. Das Stück traf auf ein unvorbereitetes Publikum. In Gestalt des Dänen Georg Brandes saß ein mit Ibsens Problemstellung vertrauter Kritiker im Parkett: »Der erste Akt wurde mit ungeteiltem Vergnügen aufgenommen, bis Krogstad – höchst mittelmäßig und melodramatisch gespielt – sich offenbarte. Von diesem Moment an kamen im Publikum eine

stetig steigende Unruhe, Unzufriedenheit und Mißbil-
ligung auf.« Im dritten Akt sei es »wegen des Gelächters
und der spöttischen Zwischenrufe« schwierig gewesen, die
Schauspieler zu verstehen. Bezeichnenderweise habe das
Publikum überall dort gejohlt und protestiert, »wo im
Stück etwas Wahres, etwas schneidend Wahres vorkam, so
z. B. wo Nora ihr Aussehen als Leiche beschreibt – das auf-
geschwollene Gesicht, das pudelnasse Haar – solches will
man nicht von der Bühne hören. [...] Man ist daran ge-
wöhnt, daß alles beschönigt und weggelogen oder umge-
bogen oder zu einem unschuldigen Spaß der sogenannten
Theaterpoesie gemacht wird, und man gerät in Raserei,
wenn die Wahrheit ihr Medusenhaupt zeigt.«

Bald schon wurde Nora zu einer begehrten Paraderolle
der Primadonnen. Als Eleonora Duse im Februar 1892 im
Wiener Carltheater gastierte, war der Kritiker des »Frem-
denblattes« voller Bewunderung: »Im dritten Akte [...] ist
das Spiel der Künstlerin ein in seiner Naturwahrheit gewal-
tig an das Herz greifendes. [...] man kann sich nichts
Verstörteres denken als dieses Antlitz, über das hie und da
ein müdes Lächeln zieht, ein Lächeln für die anderen, die
von dem Selbstmordgedanken nichts wissen, der hinter der
bleichen, von zerzausten Haaren umwehten Stirne sich
festgesetzt hat. [...] Jedes Wort quillt aus der Tiefe eines
kochenden Herzens, der ganze Mensch spricht, ein ganzes
Menschenleben plädiert in ungewollter Beredsamkeit für
seine Geltung. Nachdem der Kampf ausgekämpft und entschieden ist, bleibt von dem stahlharten Entschlusse nur
die Wehmut der von Haus und Kindern scheidenden
Mutter schweben.«

Von der Lebenskatastrophe einer Frau, die, anders als
Nora, ihren Mann nicht verläßt, sondern in der Lüge aus-
harrt, handelt Ibsens nächstes Stück, das Familiendrama
»Gespenster«.

# Recht auf Glück?
## »Gespenster«

Orthodoxie und Pietismus bildeten in den oberen Rängen der Gesellschaft, im Filz aus Wissenschaft und Wirtschaft, Politik und Kirche, noch immer ein Bollwerk. Allerdings befand sich das Land im Umbruch. »Alles zerfällt, die Familie, die Gesellschaft, der Staat, die Kirche, alles, alles zerfällt«, klagt in Bjørnsons Schauspiel »Das neue System« (1878) ein Generalkonsul, und der Pfarrer Thorvald Klaveness ereiferte sich: »Der moderne Unglauben der Zeit im Pakt mit der radikalen Politik ergreift unser Volk in einer Geschwindigkeit, die noch vor wenigen Jahren niemand für möglich gehalten hätte.« »Es kann schon sein, daß dieses Schauspiel in mehrfacher Beziehung etwas gewagt ist. Doch fand ich die Zeit gekommen, einige Grenzpfähle zu versetzen«, eröffnete Ibsen einem dänischen Kollegen, nachdem die Presse die »Gespenster« nach Strich und Faden verrissen hatte.

Ibsen führt uns in die westnorwegische Provinz. Schauplatz ist der Wintergarten von Helene Alvings Landsitz. Durch eine Glaswand blickt man auf die »düstere, von einem Regenschleier überzogene Fjordlandschaft«. Die Vorgeschichte des Stücks, dessen Bühnenhandlung sich im Laufe eines Tages und einer Nacht abspielt, reicht tief in die Vergangenheit zurück. Vor 29 Jahren heiratete Helene, von ihrer Mutter und zwei Tanten gedrängt, den Offizier und späteren Kammerherrn Alving, obwohl sie nicht ihn, sondern den mittellosen Pastor Manders liebte. »Ich heiratete einen gefallenen Mann. Der Preis war ein ganzes Vermögen.«

Mit dem Vermögen, das den Libertin und Frauenhelden zu einer guten Partie machte, hat Helene ein Kinderheim gebaut, das jetzt, zu Alvings zehntem Todestag, eingeweiht werden soll. Osvald, der Sohn des Paares, der in Paris als Kunstmaler lebt, ist deswegen angereist. Frau Alving, die ihm den Lebenswandel seines an Syphilis gestorbenen Vaters verheimlicht, hofft, durch das Kinderasyl »Hauptmann Alvings Gedenken« die Fassade der ehrbaren, ja noblen Familie ein für allemal aufrechtzuerhalten.

## *Fluch der Familie*

Die »Gespenster« spielen, wie »Ein Puppenheim«, vor dem Hintergrund eines Wandels des Familienmodells. In der alten, vorindustriellen Gesellschaft war bei Eheschließungen das Wohlbefinden der Partner Nebensache. Wichtig war der Fortbestand des Hofes, das Gedeihen der Familie, als deren Glied sich der einzelne verstand. »Vermählen sich die Fürsten, in der großen Mehrzahl der Fälle, nach Liebe? Heiratet man in den reichen Bauernhöfen aus purer Passion? Umgekehrt, alles ist Pakt und Übereinkommen. ›Die Liebe findet sich‹, und wenn sie sich nicht findet, so schadet es nicht«, befand Theodor Fontane anläßlich der Berliner Erstaufführung im Januar 1887. Gemeinsame Arbeit und geteilte Erfahrungen schweißten die Eheleute zusammen. Da bei den Alvings aber Geld in Hülle und Fülle vorhanden war, hatten sie keine gemeinsame Lebensaufgabe zu bewältigen. Der Kammerherr verbrachte die Tage, wenn er nicht trank oder hurte, auf dem Sofa, in alten Staatskalendern schmökernd, während sich Frau Helene in den Ausbau des Gutes stürzte. Auch Liebe als Kitt der neuen bürgerlichen Kleinfamilie gab es im Hause Alving nicht. Mit seiner Lebensgier und seinen erotischen Wünschen stieß der Kammerherr bei seiner Frau auf Unverständnis.

Pastor Manders, der die Finanzen der Hauptmann-Alving-Stiftung betreut, ist zur Einweihung des Kinderheims aus der nahen Stadt eingetroffen. Er und Helene stehen sich zum erstenmal seit 28 Jahren Aug in Auge gegenüber. Auf dem Landsitz hält sich auch der Schreiner Engstrand auf, um im Neubau letzte Arbeiten auszuführen. Das Muster der Alvingschen Kaufehe spiegelt Ibsen auf tieferer sozialer Stufe in der Ehe des Schreiners, der vor zwanzig Jahren gegen bares Geld eine von Alving geschwängerte Dienstmagd heiratete. Um Regine, den Sproß des kammerherrlichen Seitensprungs, dem Dunstkreis ihres zwielichtigen Pflegevaters zu entziehen, holte Frau Alving die junge Frau als Dienstmädchen auf das Gut, ohne sie über ihre wahre Identität aufzuklären. Vom Fjord besteht eine Schiffsverbindung zur Stadt, wo der Schreinermeister die Gründung eines als Seemannsheim kaschierten Freudenhauses vorantreibt. Lüge und Heuchelei bestimmen die Beziehungen der Menschen dieses – so der Untertitel – »Familiendramas«.

Das Verschwiegene wird durch Frau Alvings Konfrontation mit dem Pastor zutage gefördert. Schon nach einem Jahr hatte Helene versucht, aus der Ehehölle auszubrechen, und war zu Manders geflüchtet, dem ihr Herz gehörte. Heute, 28 Jahre später, erinnert sie ihn daran: »Haben Sie vergessen, wie grenzenlos unglücklich ich mich in jenem ersten Jahr fühlte?« Manders, der Züge des gelehrten Dummkopfs aus der Tradition Molières und Holbergs trägt, antwortet: »Das eben ist ja der Geist des Aufruhrs, hier, in diesem Leben, nach Glück zu verlangen. Haben wir Menschen denn ein Recht auf Glück? Nein, meine Liebe, wir sind da, um unsere Pflicht zu tun.« Helenes Hinweis auf Alvings wüstes Treiben stimmt den Pastor nicht gnädiger. »Es war Ihre Pflicht und Schuldigkeit, in Demut das Kreuz zu tragen, das ein höherer Wille Ihnen auferlegt hatte.«

In diesen Worten steckt weit mehr als die persönliche Ansicht eines Pfarrers. In ihnen klingt die Stimme des

Theologieprofessors und Bischofs von Kopenhagen, Hans Martensen, nach, der in seiner einflußreichen »Christlichen Ethik« schrieb: »Worin aber die Disharmonien [in einer Ehe] auch ihren Grund haben mögen, immer wird sich das eine zeigen: man hatte im ehelichen Zusammenleben allzusehr im Auge, daß man glücklich sein wollte, als ob dieses der einzige Zweck wäre, anstatt zu bedenken, daß die Ehe nicht allein um der Individuen willen da ist, sondern daß die Individuen ebensowohl um der Ehe willen da sind, um *Gottes Ordnung* zu erfüllen in Selbstverleugnung und Selbstaufopferung, ja in Leiden, zumal wenn dieses ein selbstverschuldetes ist.« Ähnlich dachten auch die Väter des deutschen »Bürgerlichen Gesetzbuches«, die Ende des 19. Jahrhunderts in ihrem Entwurf davon ausgingen, daß im Eherecht »nicht das Prinzip der individuellen Freiheit herrschen darf, sondern die Ehe als eine vom Willen der Gatten unabhängige sittliche und rechtliche Ordnung anzusehen ist«.

Heute, da fast jede zweite Ehe geschieden wird und nicht mehr klar ist, ob man das Kind mit dem Mann aufzieht, mit dem man zusammen lebt, oder mit jenem anderen, den man liebt, befindet sich die Familie erneut in einem Umbruch. Die Geschichte der Ehe ist gerade in Norwegen die Geschichte ihres Statusverlusts. Bis in die 1960er Jahre hinein bot die Ehe vielen Frauen ökonomische Sicherheit. Noch zwischen 1946 und 1950 waren fünfzig von hundert Bräuten bei der Hochzeit schwanger. Die Wende trat in den siebziger Jahren ein, als die Frauen die Bildungseinrichtungen stürmten, an gute Jobs gelangten und der Staat Alleinerziehenden finanziell den Rücken stärkte. Neben der traditionellen Ehe sieht das norwegische Recht heute auch den beliebten Status der eingetragenen Partnerschaft vor, einer »Ehe light«.

Obwohl zu Ibsens Zeit Ehen kaum geschieden wurden, wäre eine Auflösung der Ehe der Alvings möglich gewesen, da Ehebruch zu den wenigen Scheidungsgründen zählte, die das norwegische Recht anerkannte. Eine Scheidung war allerdings ein Skandal, den es mit allen Mitteln zu verhindern galt. Bjørnson zeigt in dem Roman »Auf Gottes Wegen« (1889), wie eine nach ihrer Scheidung wiederverheiratete Frau in einer Kleinstadt in den Tod getrieben wird, wobei sich der Pfarrer, der Ehen Geschiedener als »Hurerei« anprangert, unrühmlich hervortut. Frau Alving, die Meisterin des Vertuschens und Verdrängens, hat bis zum Tod des Kammerherrn durchgehalten. Als sie ihren Mann mit dem Dienstmädchen ertappte, isolierte sie Osvald von seinem Vater, indem sie den Siebenjährigen außer Haus gab.

## Sturmlauf des Unglaubens

Den Sperberblicken des neugierigen Pastors entgeht nichts. »Sagen Sie, Frau Alving, – wie kommen diese Bücher hierher?« fragt er mit ernster Miene. Er verurteilt die Schriften, die er im Wintergarten entdeckt hat, ohne sie, wie er freimütig zugibt, gelesen zu haben. Ähnlich hatte der Pastor und spätere Bischof J. C. Heuch 1879, zwei Jahre vor Erscheinen der »Gespenster«, in einer religiösen Zeitschrift »jedem Gläubigen, dessen Berufung es nicht erforderlich macht, an der Front zu stehen«, dazu geraten, »›feige‹ zu erscheinen und vor den Hervorbringungen des Unglaubens zu fliehen«. Zwar hat Frau Alving dank ihrer Lektüre Abstand von den landläufigen Moralvorstellungen und Konventionen gewonnen. Dennoch beruht ihr Tun und Lassen, ihr ganzes Leben auf Retuschen und Lügen. Was für Bücher mögen es gewesen sein? Titel nennt Ibsen nicht. Herbert Spencers pädagogische Schriften, John Stuart Mills »Subjection of Women« und Darwins Evolutionslehre, die mit dem Schöpfungsmythos aufräumte und den Menschen zum Enkel des Affen machte, wurden heftig diskutiert. Als das von »linken« Reformern beherrschte Parlament 1874 der konservativen Universität den Historiker Ernst Sars aufzwang, der darwinistische Ideen vertrat, warnte der Mediziner E. F. Lochmann in einer Immatrikulationsrede vor einer »eigenartigen Lehre, dem sogenannten Darwinismus, der nur ein Ausdruck für [...] Materialismus ist«. Daß die Universität zwei Jahre später dem Vordenker der »nordischen Freigeisterei« Georg Brandes einen Hörsaal für einen Vortrag über Kierkegaard verweigerte, war ein Ereignis mit Signalwirkung, das heftige Proteste auslöste. Der Pfarrerssohn Bjørnstjerne Bjørnson setzte sich Ende der 1870er Jahre mit Aplomb von der Kirche ab. Die Kirchenleitung fand kein Rezept gegen den »Sturmlauf des Unglaubens«.

In Deutschland bürgerte sich der Titel »Gespenster« ein – der Originaltitel »Gengangere« bedeutet jedoch Wiedergänger. Die »Untoten« des Volksglaubens, die im Grab keine Ruhe finden, müssen sich immer wieder den Lebenden zeigen. Leibhaftig betreten Wiedergänger die Bühne, als Osvald mit dem Dienstmädchen Regine anbändelt. Die beiden ahnen nicht, daß sie Halbgeschwister sind. Als Frau Alving sie entdeckt, wo sie einst ihren Mann mit Regines Mutter überraschte, reift in ihr die Erkenntnis, daß sie unrecht handelte, indem sie ihrem Sohn ein verlogenes Vaterbild vorgaukelte. Dennoch bringt sie den Mut zur Wahrheit nicht auf. Die Fassade der Ehrbarkeit jedoch, die sie unentwegt poliert, ist vom Einsturz bedroht. »Mir scheint fast, wir alle sind Gespenster«, sagt sie. »Nicht nur was wir von den Eltern geerbt haben, geht wie ein Spuk in uns um. Nein, alles mögliche, was man früher einmal gedacht und geglaubt hat. Es ist nicht mehr lebendig in uns, aber es haftet uns immer noch an, und wir können es nicht loswerden. Sobald ich nur eine Zeitung lese, jedesmal entdecke ich zwischen den Zeilen Gespenster. Es muß überall im Land von Gespenstern nur so wimmeln. Und daher kommt es wohl auch, daß wir alle so lichtscheu sind.« Wenn sie nicht feige wäre, würde sie Osvald zum Inzest raten, erklärt sie dem entsetzten Pastor: »Heirate sie, oder richtet euch sonst ein, wie ihr wollt; aber seid bitte ehrlich miteinander.«

## Torheit der Welt

In Paris hat Osvald einen von der bürgerlichen Norm abweichenden Lebensweg eingeschlagen. Er schockiert Manders mit seinen Ansichten über die Ehe. Man müsse nicht verheiratet sein, um ein glückliches Zuhause zu haben, sagt er, und er fragt, was einem jungen Künstler und einer Frau, die kein Geld besitzen, anderes übrigbleibe, als sich der freien Liebe hinzugeben. »Sie hätten einander von Anfang an meiden sollen, jawohl«, eifert sich der Pastor. Schließlich war es Pflicht des Bürgers, die lustbetonten Lebensäußerungen zu unterdrücken. So wurde in jener viktorianischen Zeit eine kollektive Normalität geschaffen, die auf der psychischen Unnormalität des einzelnen beruhte, der sich den Regeln des ökonomischen Aufschwungs unterzuordnen und auf unzweckmäßige Entfaltung zu verzichten hatte.

Die Moral der Askese, die Abtötung des Lebendigen, war es, die Osvald ins Ausland getrieben hatte: »hier bei uns predigt man den Leuten, Arbeit sei ein Fluch und eine Strafe, und das Leben sei eine schlimme Sache, ein wahres Jammertal – und je eher man es hinter sich hätte, desto besser«. Die düstere Stimmung, die Ibsen heraufbeschwört, entspricht der Atmosphäre, die Gisle Johnson, der maßgebliche Kopf der Staatskirche, verbreitete, der in seiner Lehre von einem fundamentalen Gegensatz zwischen dem Glauben und der Natur des Menschen ausging. Um sich Gottes Liebe hinzugeben, müsse der Mensch seine Neigungen und Triebe bezwingen, ja selbst auf Genüsse verzichten, gegen die wenig einzuwenden sei. Professor Johnson kümmerte sich um jeden Theologiestudenten persönlich und schritt die berüchtigten Straßen abends ab, damit keiner in Versuchung geführt würde. In seinen Memoiren erzählt der Journalist Olaus Arvesen eine Anekdote, der zufolge die Teilnehmerin eines religiösen Abendkränzchens beobachtete, wie Johnson auf offener Straße »mehrmals lachte«. In der Runde herrschte Betroffenheit, bis ein Kandidat der Theologie die Erklärung fand. »Es ist doch möglich«, sagte er, »daß es das Lachen des Christen über die Torheit der Welt war.« Im Psalm heiße es, Gott sitzt im Himmel und lacht über die Eitelkeit der Menschen.

Es gebe in Norwegen »keine 25 freien und selbständigen Persönlichkeiten«, seufzte Ibsen in einem Brief an Bjørnson. Es sei empörend, zu sehen, wie die Unterrichtszeit durch die »alte jüdische Mythologie und Sagengeschichte« und durch das »mittelalterliche Geplapper einer Morallehre« beansprucht werde. Ibsen spricht von Norwegen, als ob sich seit seinem Weggang im Jahre 1864 nichts verändert hätte. Neben Johnsons asketischer Lehre gedieh durchaus ein »frohes Christentum«, das auf den dänischen Pfarrer N. F. S. Grundtvig zurückging und politisch zur Reformbewegung der »Linken« tendierte. »Erst Mensch, dann Christ«, lautete Grundtvigs Losung. Die Grundtvigianer wurden zwar von Johnson bekämpft und nicht auf Pfarren berufen, doch betrieben grundtvigianisch geführte Volkshochschulen politische Aufklärung, die das Selbstbewußtsein der ländlichen Jugend stärkte. Die erste norwegische Volkshochschule war 1864 gegründet worden, als Ibsen das Land verließ. Und die pädagogische Arbeit zeitigte Wirkung. Ende 1882 murrte »Morgenbladet«, eine Bastion konservativer Gesinnung: »Wenn man hört, daß ein Lehrer einer [staatlichen] Amtsschule den Bauernburschen die Aufgabe stellte, über den Unterschied zwischen der Dichtung Bjørnsons und Ibsens zu schreiben, dann weiß man, auf welche Abwege wir geraten sind.«

Fern der Heimat, in Paris, fand Osvald, wonach er in Norwegen vergeblich gesucht hatte: »Lebenslust« und »Arbeitsfreude«. »Oh, dieses wunderbare Leben da drau-ßen, diese herrliche Freiheit – und hier wird das alles in den Dreck gezogen«, klagt er seiner Mutter. »Wie herrlich die Natur hier unten doch ist«, jubelte Ibsen aus Rom in einem Brief an Bjørnson, »in den Formen und in den Farben liegt eine unbeschreibliche Harmonie. Ich verbringe oft halbe Tage draußen zwischen Gräbern auf der Via latina oder der alten Via Appia und glaube, das ist ein Müßiggang, den man Zeitverschwendung nicht nennen kann.«

## »Mutter, gib mir die Sonne«

Allerdings sind die Tage der Pariser Lebenslust vorbei. Os-vald bekennt seiner Mutter, er leide an Syphilis. Zunächst habe der Arzt unterstellt, er habe die Krankheit geerbt: »Die Sünden der Väter werden heimgesucht an den Kin-dern.« Als er das kategorisch ausschloß, weil sein Vater ein Ehrenmann gewesen sei, erfuhr er »die unsägliche Wahr-heit! Das unbeschwerte, überschwenglich glückliche Leben im Kreis der Freunde – davon hätte ich mich fernhalten sol-len.« Seine einzige Rettung sieht er in Regine, die er als Frau nach Paris mitnehmen will. Vom Tod gezeichnet, läßt er die Champagnerkorken knallen. »Sieht sie nicht wunderbar aus? Diese prächtige Figur! Und so kerngesund.« Jetzt, da Inzest droht, hat Frau Alving keine andere Wahl. Sie *muß* reden – »doch sollen keine Ideale fallen«.

Da blitzt ein Feuerschein auf, Geschrei dringt in den Wintergarten: Das Kinderheim brennt! Der Lügenpalast wird vom Feuer vernichtet. Das Vermögen, das Alving vor 29 Jahren zu einer guten Partie gemacht hatte, geht inner-halb weniger Stunden in Rauch und Flammen auf. Nicht genug damit: Auf Manders Drängen hatte Frau Alving das

Anwesen nicht versichert. Der Pastor hatte befürchtet, man könne ihm andernfalls vorwerfen, er setze nicht das rechte Vertrauen in das Walten der Vorsehung.

Einige Stunden später – es geht auf den Morgen zu – wagt Frau Alving endlich den Schritt zum Bekenntnis der Wahrheit. Sie klärt ihren Sohn und Regine über die Geheimnisse der Familiengeschichte auf. Osvald hat die Syphilis von seinem Vater geerbt, sein Schicksal ist nicht selbstverschuldet und gleichwohl unabänderlich. Ibsens Determinismus zeigt den Menschen als Resultat vorgegebener Fakten und Gesetze – ohne transzendentalen Bezug.

Osvalds Ode auf das Lebensglück hat Frau Alving so tief berührt, daß sie ihre Ehe jetzt in neuem Lichte sieht. Alving »sprühte vor Lebensfreude«, erinnert sie sich. »Dein armer Vater wußte einfach nicht, wohin mit all der Lebenslust, die in ihm steckte. Und auch ich brachte leider keine Freude und Heiterkeit in sein Leben. [...] Ich fürchte, Osvald, ich habe unser Zuhause für deinen Vater unerträglich gemacht.« Von schlechtem Gewissen getrieben, bittet sie Osvald, den Vater trotz allem zu lieben. »Wenn aber ein Kind keinen Grund hat, seinem Vater dankbar zu sein?« fragt der Sohn. Der lebenslustige Alving gehörte zu jener vorviktorianischen Elite, der die strenge Körperkontrolle, die die bürgerliche Kultur zur Perfektion entwickelte, zeitlebens fremd blieb. Der norwegische Literat Conrad Nikolai Schwach (1793–1860) schildert diese Gesellschaftsschicht in seinen Erinnerungen, in denen er auch die erotische Lust der Frauen feiert.

Daß alle Hoffnung schwindet, als Frau Alving endlich der Wahrheit ins Auge blickt, ist die tragische Ironie dieses Stücks. Osvald fürchtet den Verlauf der Krankheit: »wieder ein ganz kleines Kind werden, das gefüttert werden muß«. Bei einem ersten Anfall in Paris habe der Arzt von »Weichheit im Gehirn« gesprochen, erzählt er seiner Mutter. Nach einem weiteren Anfall käme es zu Paralyse und Verblödung. Jetzt wird auch klar, daß er Regine nur deshalb heiraten will, weil er glaubt, sie würde ihm aktive Sterbehilfe leisten. Sie aber kehrt empört in die Stadt zu ihrem Pflegevater Engstrand zurück, der sein Bordell »Kammerherr-Alving-Heim« taufen möchte. Osvald bittet deshalb die Mutter um den Gnadentod, falls die Paralyse ausbrechen sollte. Die tödlichen Morphium-Pillen trägt er bei sich. Kaum hat er den Wunsch ausgesprochen, tritt der Ernstfall ein. Während die Sonne aufgeht und Gletscher und Gipfel in strahlendes Morgenlicht taucht, erstarrt Osvald. »Mutter, gib mir die Sonne«, lallt er dumpf. Frau Alving verliert die Fassung, und der Vorhang fällt, bevor sie sich entschieden hat, ob sie ihrem Sohn den Tod geben wird oder nicht.

## Vorhang zu …

Knapp zwei Jahrzehnte vor der Französischen Revolution schrieb Lessing sein bürgerliches Trauerspiel »Emilia Galotti«, das Ibsen 1852 in Dresden gesehen hat. Die Titelheldin fürchtet, den Verführungskünsten eines Prinzen, der sie entführt hat, nicht widerstehen zu können und zieht den Tod dem Verlust der Tugend vor. Ihr Vater, der zunächst zögert, erdolcht die Tochter, als ihn diese an das Beispiel des Römers Virginius erinnert: Er hat »eine Rose gebrochen, ehe der Sturm sie entblättert«. Osvalds Schlußwort »Mutter, gib mir die Sonne« klingt wie ein illusionsloses Echo auf die stolze Sentenz der Bürgertochter Emilia. Anders als Emilia und ihr Vater versucht Osvald hundert Jahre nach der Französischen Revolution, am Ende des bürgerlichen Jahrhunderts, nicht mehr, einen Wert oder eine Idee in den Tod zu retten. Das Wertegebäude seiner Welt ist eingestürzt, er will nur noch eins: dem Siechtum entgehen. Der englische Kritiker und Übersetzer William Archer fragte den Autor: »Gibt sie ihrem Sohn das Gift oder nicht?« Ibsen lächelte und sagte: »Das weiß ich nicht. Das muß jeder selber herausfinden.« Er hatte es verstanden, den an Tabus rührenden Inhalt in beklemmende szenische Realität umzusetzen, ohne das Publikum zu guter Letzt zu erlösen.

Das Stück verstörte und schockierte. Selbst die Kokotten in der Literatur jener Zeit starben nicht an Syphilis. Sie wurden von der Schwindsucht dahingerafft. Der Zensor des »Königlichen Theaters« in Kopenhagen, wo zwei Jahre zuvor die Uraufführung des »Puppenheims« stattgefunden hatte, unterband die geplante Inszenierung. Das Stück habe ein abstoßendes pathologisches Phänomen als Hauptmotiv. Pastor Manders als Vertreter der geltenden Moral sei als Heuchler dargestellt, während »die einzige respektable Person des Stücks«, Frau Alving, sich skeptisch über Sinn und Wert der Pflicht äußere. Das »freie geschlechtliche Zusammenleben von Künstlern und ihren Geliebten in Paris (mit den dazugehörenden Kindern)« werde als »Muster der Ehrbarkeit« gepriesen, während die gesetzliche Ehe in »zwei abschreckenden Zerrbildern« in Erscheinung trete. Die großen Bühnen mieden das »Familiendrama«, das seine Uraufführung im Mai 1882 in Chicago erlebte. Die europäische Erstaufführung inszenierte der junge Schwede August Lindberg für eine Skandinavien-Tournee mit Premiere in Hälsingborg im August 1883. Der Skandal blieb aus, Lindberg telegrafierte einem Kollegen: »Der Eindruck war tief. Die Stimmung glich einem neuen Oberammergau.«

Fast vier Jahre dauerte es, bis die »Gespenster« auf einer deutschen Bühne erschienen. Im April 1886 zeigte das Stadttheater Augsburg das Stück als »Generalprobe« vor geladenen Gästen, da eine öffentliche Aufführung polizeilich verboten wurde. Als Kuriosität mutet es an, daß eine der ersten Aufführungen auf einem Hoftheater in Szene ging, und zwar am 20. Dezember 1886 in Meiningen. »Es waren zumeist Herren erschienen, da es kein Stück für Pensionatstöchter ist«, berichtete die Darstellerin der Regine in einem Brief. »Einige frei denkende Damen waren aber trotzdem da und dort zu sehen.« Der Abend war ein gesellschaftliches Ereignis. Prinzen und Prinzessinnen, Schriftsteller und Journalisten gaben sich ein Stelldichein. Ibsen, der mit dem Erbprinzen in einer Loge saß, wurde bereits zum zweitenmal mit einem meiningenschen Orden dekoriert. In der Stadt herrschte freilich keine Feststimmung. Die Untertanen bekundeten ob der Extravaganz ihres Herzogs Betroffenheit und Unruhe, ja Unmut und verschworen sich zu einem Theaterstreik. Das Hofmarschallamt beorderte deshalb Hofbeamte und Bedienstete mit dem Hinweis in das Theater, der Herrgott habe die Hände zum Klatschen geschaffen. Die Claque habe unter dem persönlichen Kommando des Herzogs gestanden.

Knapp drei Wochen später, am 9. Januar 1887, stellte das Berliner »Residenztheater« den Schocker in einer Matinee vor. Aus Angst vor einer Blamage hatte Josef Kainz die Rolle des Osvald abgelehnt. Allen Befürchtungen zum Trotz wurde die Aufführung ein Triumph. Paul Schlenther pries Ibsen in der »Vossischen Zeitung« als neuen Shakespeare, wovon sich die Redaktion allerdings in einer Fußnote distanzierte. Alfred Kerr schwärmte vom »belangvollsten Theaterdatum des letzten Jahrhundertviertels«, wogegen das »Magazin für die Literaturen des In- und Auslandes« mäkelte: »Diese Krankenstuben-Bulletins gehören nicht in die Dichtung, sondern in die Pathologie.« Zwei Jahre später eröffnete der Theaterverein »Freie Bühne« unter Otto Brahms Vorsitz mit den »Gespenstern«. Selbst jene, die sich über Brahms »Ausländerei« mokierten, hatten schließlich der Wahl des Stücks zugestimmt. Ibsen war endgültig in Deutschland angekommen. Ein Jahr darauf eröffnete die SPD-nahe »Freie Volksbühne« ihr Programm mit »Stützen der Gesellschaft«. Während die Originalausgabe der »Gespenster« mit Absatzproblemen zu kämpfen hatte, wurde die 1884 bei Reclam veröffentlichte deutsche Übersetzung ein Verkaufsschlager. Bereits 1890 hatte sie eine Auflage von 69 000 Exemplaren erreicht, zehn Jahre später waren es 159 000 und 1914 394 000 Exemplare.

Eine herbe Enttäuschung bereitete Ibsen die Reaktion der radikalen norwegischen Presse. »Vollkommenes Schweigen wäre unseres Erachtens die treffendste Rezension«, befand »Opplandenes Avis«, während in »Dagbladet«, dem Hauptorgan der Reformkräfte, ein anonymer Rezensent – der Schriftsteller Arne Garborg – schrieb: »Es ist, als ob sich Ibsen ein Vergnügen daraus gemacht hätte, nur das Schlimmste auszusprechen, und dies so übertrieben, wie er nur konnte.« Ibsen war konsterniert. »Man macht mich für die Ansichten einzelner Dramenpersonen verantwortlich, und doch kommt in dem Buch keine einzige Ansicht, keine einzige Äußerung auf das Konto des Verfassers. Davor hütete ich mich. Die Methode, die Technik dieser dramatischen Arbeit verbot ganz von selbst, daß der Verfasser in den Repliken auftauchte. Meine Absicht war, beim Leser den Eindruck hervorzurufen, daß er beim Lesen ein Stück Wirklichkeit erlebe. Aber nichts würde dieser Absicht mehr entgegenlaufen als ein Dialog als Mundstück des Autors.« »Und was soll man zu dem Verhalten der sogenannten liberalen Presse sagen?« ärgerte er sich in einem Brief an Georg Brandes. »Von diesen Führern, die von Freiheit und Freisinn reden und schreiben und sich gleichzeitig zu Sklaven der vermuteten Abonnentenmeinung machen? Nie werde ich mich einer Partei anschließen können.«

In seinem nächsten Stück »Ein Volksfeind«, in dem die »linken« Journalisten ihr Fett abbekommen, wird er sich den Frust von der Seele schreiben.

# Stadt im Sumpf
## »Ein Volksfeind«

Schneller als üblich, ein Jahr schon nach den »Gespenstern«, lag Ibsens neues Stück in den Schaufenstern der
Buchhandlungen. »Ein Volksfeind« handelt von Filz, Op-
portunismus und pervertierter Demokratie am Beispiel
eines Kurortes.

In dieser politischen Tragikomödie verläßt Ibsen den intimen Raum der Wohnstube. Sein Stück gewährt Einblick
in die Ränkespiele einer Zeitungsredaktion und zeigt mit einer »Volksversammlung«, die den Arzt Tomas Stockmann
zum »Volksfeind« erklärt, eine groteske Massenszene. Im
Brennpunkt steht jedoch ein Bruderzwist: Dr. Tomas
Stockmann und sein Gegenspieler, der konservative Bürgermeister Peter Stockmann, vertreten gegensätzliche politische Konzepte. Nicht Gespräche über Vergangenes wie in
den »Gespenstern«, sondern zielgerichtete Aktionen der
beiden Protagonisten treiben die Handlung voran. Ibsen
schrieb den »Volksfeind« in jenem turbulenten Jahr 1882,
als das Land vom »morbus politicus« befallen war – wie ein
aus biedermeierlicher Behaglichkeit aufgeschreckter Professor stöhnte.

### Politisch infiziert

Seit dem Jahr 1814 lenkten die »Rechten« die Geschicke
des Staates. Daß die »linken« Reformkräfte im Storting die
Mehrheit besaßen, tat nichts zur Sache. Das Beamten-
Regime war nicht dem Parlament, sondern dem König in
Stockholm verantwortlich. Hauptziel der »Linken« war die

Einführung eines echten Parlamentarismus. Der Konflikt gipfelte in den Jahren nach 1880 in einem rabiaten Streit über die Frage, ob der König vom Parlament beschlossene Verfassungsänderungen durch sein Veto verhindern könne, wie die »Rechten« behaupteten. Das Lage war derart angespannt, daß beide Lager ihre »Schützenvereine« unterhielten, die Wehrübungen veranstalteten. Und auch die Staatskirche stritt heftig mit. Gisle Johnson erklärte, »Volkssouveränität« – ein Schlüsselbegriff der »Linken« – sei »unchristlich«, weil sie zur Folge hätte, daß nicht Gottes Gebote, sondern Mehrheitsentscheide die gesellschaftliche Entwicklung steuerten. »Aufruhr gegen die Obrigkeit ist Aufruhr gegen Gott«, verkündete der Professor und verwies auf den Römerbrief 13,3–5 und die »göttliche Berufung der Obrigkeit«. Johnsons von 450 Persönlichkeiten unterzeichnetes Manifest wurde mit finanzieller Unterstützung aus Wirtschaftskreisen im ganzen Land verbreitet. Die 14 Emissäre und 3 000 Kontaktstellen richteten jedoch wenig aus. Die Menschen ließen sich von solchen »Gespenstern« nicht mehr einschüchtern.

Viel, fast alles stand auf dem Spiel, als die Wahlberechtigten im Herbst 1882 das Parlament bestellten. Falls die »Linke« eine Zweidrittelmehrheit eroberte, konnte sie ein kompliziertes politisch-juristisches Verfahren, das »Reichsgericht«, einleiten und das Kabinett aus Amt und Würden vertreiben, was auch geschah. Im Juni 1884 hatte dann der König keine andere Wahl, als Norwegens erste parlamentarische Regierung unter dem »linken« Parteichef Johan Sverdrup zu akzeptieren. Damit war den Norwegern der Systemwechsel zum Parlamentarismus geglückt – worauf Schweden und Dänen noch lange warten mußten.

In diesen Jahren des erbitterten Kampfes eroberten die »Linken« den öffentlichen Raum. Sie gründeten Zeitungen, brachten Flugschriften unter die Leute und hielten Volksversammlungen ab. 5 000 Menschen strömten im Juli

1882 bei strahlendem Sonnenschein auf das Schlachtfeld von Stiklestad zu einem zweitägigen politischen Volksfest, auf dem Bjørnson als Hauptredner auftrat. Demgegenüber hielten es die Verwalter der Macht mit der Ruhe. Ein konservativer Politiker entschuldigte sich sogar bei seinen Gesinnungsgenossen, weil er an einem Wahlmeeting teilnahm. Ibsen mißtraute nach den Erfahrungen mit den »linken« Kritikern der »Gespenster« den Exponenten beider politischen Richtungen. Sein Stück taucht das Aufflammen der neuen politischen Kultur bereits in ein ironisches Licht. Dem verblüfften Bjørnson soll er erklärt haben: »Dr. Stockmann. Das bist du.«

## Ein Angestellter als Held?

Seit einem Jahr schon diagnostiziert der Kurarzt bei den Badenden besorgniserregende Krankheitsfälle, weshalb er die Universität mit der Analyse des Badewassers betraute, deren niederschmetternder Befund zu Beginn des Stücks eintrifft: Das Wasser, das aus einem Sumpf stammt und Gewerbeabwässer aufnimmt, auch aus der Gerberei von Stockmanns Schwiegervater Kiil, ist gesundheitsgefährdend.

In der aufblühenden Kurstadt herrscht Hochkonjunktur, der Wert des Haus- und Grundbesitzes steigt von Tag zu Tag, die Arbeitslosigkeit nimmt ab. »Als wäre rings um uns eine ganze Welt im Entstehen!« freut sich Dr. Stockmann. Früher, als die Familie, zu der außer seiner Frau und der erwachsenen Tochter Petra zwei halbwüchsige Jungen gehören, in Nordnorwegen lebte, ging es spartanisch zu. Jetzt will er »leben wie ein großer Herr«. Realist und Zahlenmensch ist er freilich nicht. Er verdient fast genausoviel, wie die Familie verbraucht. In einer Eingabe an die von seinem Bruder, dem Bürgermeister, präsidierte Badeverwaltung schlägt er vor, die Anlage zu sanieren. Von zwei

Mitarbeitern des linken »Volksboten« hofiert, schätzt er seine Möglichkeiten allerdings grundfalsch ein: »Jetzt befehle ich einfach.« »Sie werden der erste Mann unserer Stadt!« schmeichelt ihm der Journalist Billing. Dr. Stockmann ist Angestellter der Badeverwaltung. Ein Angestellter, der einen Skandal in der Firma seines Arbeitgebers aufdeckt, als erster Mann und Held?

Redakteur Hovstad, der den »Volksboten« übernahm, um den Klüngel halsstarriger Reaktionäre in Schlüsselpositionen auseinanderzusprengen, verspricht sich von Stockmanns Aktion eine »Befreiung der Masse, der kleinen Leute, der Unterdrückten«. Druckereibesitzer Aslaksen, der auch Präsident des Hauseigentümerverbandes ist und im Mäßigkeitsverein mitwirkt, weiß, daß Stockmann die Kleinbürger gewinnen muß, wenn er reüssieren will: Wir bilden »die kompakte Majorität hier in der Stadt«. Vom Bad wollen alle leben, »vor allem wir Hauseigentümer«. Er schlägt eine Dankadresse der Bürger an Stockmann vor, mahnt aber zugleich den Redakteur, die Obrigkeit nicht zu verunglimpfen. Die Autoritätsgläubigkeit müsse ausgerottet werden, entgegnet dieser keck.

Nachdem die Meinungsmacher abgezogen sind, tritt die Obrigkeit in Person des Bürgermeisters auf den Plan. Peter Stockmann ist ein Asket, wie Ibsen einem Theaterdirektor erläuterte, »ein Mann, der den Gedanken nicht erträgt, ein warmes Abendessen einzunehmen, der einen empfindlichen Magen hat, eine schlechte Verdauung und von dünnem Teewasser lebt« – während sein lebensfroher Bruder dem Mitglied des Mäßigkeitsvereins schon vormittags einen Sherry anbietet. Anders als Tomas erwartet, spendet der Bürgermeister der Enthüllung des Umweltskandals keinen Beifall. Nein, er fährt das Einschüchterungs- und Drohpotential auf, das Arbeitgebern unbotmäßigen Angestellten gegenüber zu Gebote steht, und wirft ihm Übertreibung, Kompetenzanmaßung und Geschäftsschädigung vor. Die Untersuchung des Badewassers sei hinter seinem Rücken vorgenommen worden. Eine Sanierung der Anlage wäre zu teuer. Um Gerüchte im Keim zu ersticken, verlangt er von Tomas einen Widerruf. »Als Angestellter bist du nicht berechtigt, eine Sondermeinung zu haben.«

Der Arzt figurierte in der Literatur jener Zeit als Personifikation des aufgeklärten Geistes. Als kühler Diagnostiker und illusionsloser Realist war er eine positive Epochenfigur. Dr. Stockmann weicht insofern von diesem Muster ab, als er zwar die Wahrheit vertritt, aber kein Realist, sondern ein Phantast ist. Er läßt sich vom Bürgermeister nicht einschüchtern, worauf ihm dieser Redeverbot erteilt und die Entlassung androht. Der Aufschwung der Stadt gründe in einer Lüge, ereifert sich der Arzt. Wer die eigene Vaterstadt beschimpfe, sei ein Feind der Gesellschaft, höhnt der Bürgermeister. »Und wenn die ganze Welt einstürzen sollte, ich beuge den Nacken nicht unter das Joch«, beendet Dr. Stockmann die Diskussion.


## Die Meinungsmacher

Nachdem die Stellungen bezogen sind, wechselt die Szene in die Redaktionsstube des »Volksboten«. Im Hintergrund erblickt man das Reich des eigentlichen Meinungsmachers, des Druckereibesitzers Aslaksen. Triumphierend schwenkt Journalist Billing Stockmanns Manuskript, das den Umweltskandal öffentlich machen soll. Jedes Wort treffe wie ein Vorschlaghammer. Redakteur Hovstad möchte die Affäre nutzen, um den Lesern einzubleuen, wie unfähig der konservative Bürgermeister sei. Dr. Stockmann, nach der Konfrontation mit seinem Bruder außer Rand und Band, will dem »Volksboten« fortan täglich skandalträchtige Geschichten liefern. Freilich schätzt er die Standfestigkeit der Zeitungsleute falsch ein, wenn er glaubt, die Affäre werde »glatt verlaufen, wenn wir nur fest zusammenhalten«. Wie denn? Solidarität der Lokalzeitung mit dem Aufrührer, der die Kreise der Hausbesitzer und Gewerbetreibenden stört?

Der Druckereibesitzer Aslaksen, der sich die Hände reibt, wenn der »Volksbote« die Regierung in der fernen Hauptstadt angreift, befürchtet von Attacken auf die Lokalgrößen eine Gefahr für die herrschenden Männerbünde: »Wenn die Herren der kommunalen Verwaltung abgesetzt werden, kommen andere, und daraus kann für die Hauseigentümer und andere unermeßlicher Schaden entstehen.« Journalist Billing möchte sich des Spießers entledigen, wird aber von Redakteur Hovstad an die Abhängigkeit des Blattes erinnert: »Kennen Sie einen anderen, bei dem wir das Papier und den Druck auf Kredit bekommen?« In dem Moment betritt der Bürgermeister die Redaktionsstube, um persönlich die Veröffentlichung des brisanten Manuskripts zu verhindern. Hovstad verhält sich angesichts des mächtigen Mannes opportunistisch: »Ich bin kein Fachmann; außerdem habe ich den Artikel nur flüchtig überlesen.« Der Bürgermeister entwirft ein Schreckensszenario für den Fall, daß die Anlage saniert würde. Das Bad wäre gezwungen, bei der Stadt eine Anleihe aufzunehmen, was auf die kleinen Steuerzahler zurückfiele. Zwei Jahre müßte geschlossen werden. Ohne zu zögern, wechselt Aslaksen die Fronten: »Wovon sollen wir Hauseigentümer so lange leben?« Der Bürgermeister hat eine kurze Darstellung des Sachverhalts von einem, wie er sagt, »nüchternen Standpunkt« aus parat.

Nach der kampflosen Kapitulation der Meinungsmacher erscheint der Badearzt auf der Redaktion, um sich nach dem Schicksal seines Manuskripts zu erkundigen. In exaltierter Stimmung setzt er sich die Dienstmütze des Bürgermeisters auf, der sich versteckt hält. Wie ein Komödienheld, der sich in eingebildeten Welten bewegt, spielt er mit den Insignien der Macht, während die Zuschauer bereits

ahnen, daß er den Kampf verlieren wird. Als der Bürgermeister mit zorngerötetem Gesicht aus dem Versteck her-
vorspringt, versteigt sich Dr. Stockmann in überbordender
Siegerlaune zu dem irrealen Satz: »Aber jetzt entlasse ich
dich – aus allen deinen Ämtern.« Und der »Volksbote« werde
dazu die Begleitmusik trommeln. Von »Trommeln« kann indes keine Rede mehr sein. Der »linke« Redakteur lehnt
Stockmanns Manuskript ab, ist aber bereit, die Erklärung des
»rechten« Bürgermeisters zu drucken. Dr. Stockmann, der
den Ernst der Lage noch immer nicht erfaßt, entgegnet, als
Redakteur könne Hovstad doch den Inhalt der Zeitung bestimmen, worauf ihn der Druckereibesitzer eines Besseren
belehrt: »Oh nein, Herr Doktor, [...] was in der Zeitung
steht, bestimmen die öffentliche Meinung, das aufgeklärte
Publikum, die Hauseigentümer und alle die anderen.«

In Norwegen war mit dem Grundgesetz von 1814 die
Zensur abgeschafft worden. Früher und umfassender als in
den meisten Ländern wurde das Recht der freien Meinungsäußerung im Paragraph 100 der Verfassung gewährleistet,
wo es ausdrücklich heißt: »Freimütige Äußerungen über die
Staatsführung und jedweden anderen Gegenstand sind jedermann erlaubt.« Aus Rücksicht auf die, wie er sagt, öffentliche Meinung duldet Aslaksen auch keinen Privatdruck
des Artikels, worauf sich der Badearzt entschließt, den Text
auf einer »Volksversammlung« zu verlesen. Ibsen kritisiert
die erstarrte Gesellschaft eines Bürgertums, das die Parole
Freiheit, Gleichheit, Brüderlichkeit durch die Losung Ruhe,
Ordnung und Wachstum um jeden Preis ersetzt hat.

## Tumult unter Bürgern

Dr. Stockmann hält die »Volksversammlung« in Kapitän
Horsters Saal ab. Der Doktor müsse im Unrecht sein, raunt
ein Bürger dem anderen zu: weder der Hauseigentümer-

verband noch der Bürgerclub habe ihm einen Saal zur Verfügung gestellt. Als der Badearzt das Manuskript aus der
Tasche zieht, fährt Aslaksen dazwischen: Zunächst müsse
ein Vorsitzender gewählt werden. Stockmann wehrt sich, er
habe die Versammlung einberufen, um einen Vortrag zu halten. Dem Druck der Menge ist der naive Einzelkämpfer jedoch nicht gewachsen. Eine Stimme im Saal schlägt Aslaksen als Versammlungsleiter vor, der die »Wahl« annimmt. Er
ruft den Badearzt zu Mäßigung auf, erteilt aber nicht ihm,
sondern dem Bürgermeister das Wort, der den Antrag stellt,
Stockmann zu verbieten, den stark übertriebenen Bericht
vorzutragen. Der Vorschlag des Badearztes ziele darauf ab,
den Steuerzahlern eine vermeidbare Last aufzubürden.
Aslaksen unterstützt den Bürgermeister, der Doktor habe
ganz anderes im Sinn, nämlich eine »Revolution«, er wolle
die Macht in andere Hände überführen.

Redakteur Hovstad, der als nächster das Wort ergreift,
hat von erfahrenen Männern gelernt, daß eine Zeitung in
lokalen Fragen behutsam vorgehen müsse, die vornehmste
Pflicht eines Redakteurs sei es, »die Interessen seiner Leser
zu vertreten«. Die Menge spendet Beifall. Aslaksen will
über den Antrag des Bürgermeisters abstimmen. Nicht nötig, ruft Dr. Stockmann in den Saal: »Ihr sollt etwas ganz
anderes zu hören bekommen.« Der Informationshunger
der Versammlung ist jedoch gering. »Viele Stimmen
(schreiend): Nicht vom Bad reden! Wir wollen das nicht
hören!« Stockmann verliert die Beherrschung und spricht
von seiner Entdeckung, daß die Quellen des geistigen
Lebens vergiftet seien und die bürgerliche Gesellschaft auf
dem verpesteten Boden der Lüge stehe: »Hohe Herren in
führenden Positionen«, »alle diese alten Knacker«, die
»Zeugen einer sterbenden Epoche«, sie seien »wie Ziegen-
böcke in einer Schonung; überall richten sie Unheil an und
stehen dem freien Mann auf Schritt und Tritt im Weg. Das
beste wäre, sie auszuräuchern und auszurotten – wie Un-

geziefer oder anderes schädliches Getier.« Stockmanns
Brandrede gegen die Autoritäten parodiert die (im vorigen
Kapitel erwähnte) Immatrikulationsrede des konservativen
Professors Lochmann von 1874, in der dieser eine Quaran-
täne für geistige Krankheitserreger aus dem Ausland gefor-
dert hatte. Fünfzig Jahre später werden Faschisten und
Stalinisten ihre Feindbilder ebenfalls mit dämonologischen
Metaphern belegen.

»Gefährlichster Feind der Wahrheit und der Freiheit« sei
»die kompakte Majorität«, ruft der Arzt den aufgebrach-
ten Bürgern zu. »Jawohl, die verdammte kompakte, liberale Majorität.« Die Publikumsbeschimpfung löst einen
Tumult aus, es wird gejohlt, getrampelt und gepfiffen. Der
Vorsitzende Aslaksen fordert Stockmann auf, die »unbe-
sonnenen Äußerungen« zurückzunehmen. »Nie und nim-
mer«, schreit dieser. »Es ist die erdrückende Mehrheit, die
mich meiner Freiheit beraubt und mir verbieten will, die
Wahrheit auszusprechen.« Redakteur Hovstad krächzt:
»Das Recht ist immer bei der Mehrheit«, worauf Stockmann unter Gegröle und Gelächter brüllt: »Niemals! Das
Recht ist niemals bei der Mehrheit!«

Vom eigenen Bruder diffamiert und bedroht, von seinen
einstigen Verbündeten, den Zeitungsleuten, verraten, versteigt sich Stockmann zu Tönen geistesaristokratischer
Arroganz. »Die Mehrheit hat die Macht, leider; im Recht
ist sie nicht. Im Recht bin ich und noch ein paar« – die wenigen, die mit neuen Gedanken auf vorgeschobenem Posten kämpfen. Eine »normal gebaute Wahrheit« werde in
der Regel »na, sagen wir – 17 oder 18, höchstens 20 Jahre
alt, selten mehr. Und solche altersschwachen Wahrheiten
sind dann auch immer entsetzlich dürr.« Die Wahrheiten,
denen die Menge heute anhänge, seien die der »Avantgar-
disten in den Tagen unserer Großväter« gewesen.

## »Werft ihn in den Fjord!«

Nachdem Ibsen erlebt hatte, wie selbst die »linke« Presse über die »Gespenster« hergefallen war, schrieb er am 3. Januar 1882 aus Rom an Georg Brandes: »Es hat etwas Demoralisierendes, sich mit Politik zu beschäftigen und sich Parteien anzuschließen. [...] Bjørnson sagt: Die Mehrheit hat immer recht. Und als praktischer Politiker muß er das wohl sagen. Ich hingegen muß notwendigerweise sagen: die Minderheit hat immer recht.«

Allerdings wußte auch Ibsen, daß in Norwegen gerade 10 Prozent der Bevölkerung das Wahlrecht besaßen, das durch das Grundgesetz von 1814 auf Beamte, Handelsbürger und Bauern mit Grundbesitz beschränkt war. Bjørnson, der sich für die Einführung des allgemeinen Wahlrechts – auch für Frauen und Arbeiter – in die Bresche warf, begegnete dem Einwand, er wolle »das Schicksal des Volkes Unwissenden übertragen«, indem er zwischen »Verstand« und »Bildung« unterschied. Der Bildungsvorsprung der Beamten werde durch die »Schule des Lebens« wettgemacht. In jenen Wochen und Monaten, als Ibsen am »Volksfeind« arbeitete, versuchte Bjørnson, Ängste (auch seiner »linken« Parteigänger) vor dem allgemeinen Wahlrecht zu zerstreuen. Er argwöhnte, konservative Kreise beabsichtigten, ein »Oberhaus« und damit ein Zweikammerparlament einzuführen, um ein allzu fortschrittliches Storting auszubremsen (»Verdens Gang«, 9. 5. 1882). Doch würde ein Oberhaus »unsere Gesellschaft in politischer Hinsicht von einer demokratischen in eine aristokratische verwandeln (oder genauer, in eine plutokratische, in der das Geld das Bürgerrecht verleiht), und noch mehr Geld, noch mehr Bürgerrecht«. Die Entwicklung müsse in die entgegengesetzte Richtung führen. »Unsere Generation muß erreichen können, daß der Mehrheit unbedingte Gefolgschaft geleistet wird.« Und weiter: »Keine Mehrheit ist im Recht, weil sie die Mehrheit ist, niemand opfere ihr seine Überzeugung; aber allein die Mehrheit kann in einem modernen Staat die Regierungslegitimation erteilen, deshalb muß ihr gehorcht werden.« Nach einer Erweiterung des Wahlrechts nach der Regierungsübernahme der »Linken« 1884 wurde das allgemeine Wahlrecht 1898 für Männer und 1913 auch für Frauen eingeführt.

Während Bjørnson für die Respektierung des Mehrheitswillens im Staat kämpfte, warf Ibsen im »Volksfeind« bereits einen kritischen Blick auf diese Lehre. Stockmann zieht in seiner Rede gegen die Volkssouveränität, einen Kerngedanken Bjørnsons, vom Leder, wenn er die »Irrlehre« verurteilt, »daß die Masse der eigentliche Kern des Volkes, ja das Volk selbst sei; daß diese unwissenden und ungehobelten Leute das gleiche Recht haben sollen, zu wählen und zu bestimmen, wie der geistig vornehme einzelne, die Persönlichkeit«. Wie bei Tieren sei bei Menschen der Unterschied zwischen einem Köter und einem Rassehund groß, wobei die Kultiviertheit nicht von der Klassenzugehörigkeit abhänge. »Seht euch nur euren eigenen prächtigen Herrn Bürgermeister an!«

Als der Antrag gestellt wird, dem Redner das Wort zu entziehen, droht er, die Wahrheit auf den Straßen und in auswärtigen Zeitungen herauszuschreien. Redakteur Hovstad bemerkt trocken, es mache den Eindruck, »als habe der Herr Doktor die Absicht, die Stadt zugrunde zu richten«. Stockmann verliert nun vollends die Kontrolle und setzt zu einem verbalen Amoklauf an. Seine Vaterstadt bedeute ihm so viel, ruft er in den Saal, daß er sie »lieber zugrunde richten würde, als mit anzusehen, wie sie auf dem Boden einer Lüge wächst und gedeiht«. Das korrupte Bürgertum müsse dem Erdboden gleichgemacht werden. »Ausgerottet müssen sie werden wie Ungeziefer, alle, die in der Lüge leben!« Durch diese unbeherrschte Rede des Wahrheitsboten desavouiert Ibsen erstmals die »Wahrheit«

als emphatischen Wert der gesellschaftskritischen Literatur.

Eine Massenhysterie bricht aus. Nur ein Feind des Volkes könne solche Reden führen, grölt ein Bürger. »Alle (schreiend): Ja, ja, ja! Er ist ein Volksfeind!« Der Begriff »Volksfeind« wird später zu Stalins Vernichtungsrhetorik gehören. In dem von ihm mitverfaßten und redigierten »Kurzen Lehrgang« der Geschichte der KPdSU werden die realen und fiktiven »Feinde« – »Kulaken«, »Sozialrevolutionäre«, »Weißgardisten«, »Bucharinleute«, »Trotzkisten« – zu einer »gemeinsamen Bande von Volksfeinden« erklärt. In Kapitän Horsters Saal hat der Vorsitzende Aslaksen leichtes Spiel: »Die Versammlung erklärt, daß sie den Badearzt Dr. Tomas Stockmann als Feind des Volkes betrachtet.« Die mit stürmischem Beifall bedachte Entschließung wird einstimmig bei nur einer Gegenstimme angenommen. Die Menge bildet einen Kreis um ihr Opfer. Erregte Rufer fordern: »Schlagt ihm die Scheiben ein! Werft ihn in den Fjord!« 75 Jahre später werden in Friedrich Dürrenmatts Komödie »Besuch der alten Dame« die Bürger einen der Ihren per Abstimmung zum Tode verurteilen, um die Bedingung einer Milliardärin zu erfüllen, die bereit ist, den Ort ökonomisch zu sanieren.

## Boykott

Der Schlußakt spielt am Morgen nach der turbulenten »Volksversammlung« in Stockmanns Arbeitszimmer. Die Fensterscheiben sind zerschlagen. Damals herrschten rauhe politische Sitten. Im März 1879 hatte der Mob Bjørnson nach einer politischen Rede die Scheiben eingeworfen. Die Steine will Stockmann, Opfer und sentimentaler Komödienheld zugleich, für seine beiden Söhne »wie ein Heiligtum verwahren«. In der Stadt formiert sich eine Boykottbewegung. Der Hauswirt kündigt Stockmann die Wohnung. »Er könne nicht umhin – der Leute wegen – er müsse Rücksicht nehmen auf die öffentliche Meinung.« Die Schule kündigt der Tochter Petra die Lehrerinnenstelle. Und auch Kapitän Horster wird entlassen. Der Bürgermeister überbringt die Kündigung der Badeverwaltung – »mit sofortiger Wirkung«, er fordert den Bruder auf, seinen Irrtum mit einigen Worten des Bedauerns einzugestehen. Der Hauseigentümerverband läßt eine Liste zirkulieren: Die Bürger sollen auf Stockmanns ärztliche Hilfe verzichten.

Während der Ausgestoßene überlegt, wie er künftig sein Brot verdienen werde und ob er nach Amerika auswandern solle, nimmt eine neue Intrige ihren Lauf. Der Bürgermeister fragt ihn, ob er nichts von der testamentarischen Verfügung seines Schwiegervaters, des Gerbermeisters Kiil, wisse, der sein Vermögen den Stockmanns und ihren Kindern überschrieben habe. Er begreift die Aktion seines Bruders jetzt als Gegenleistung für das Testament, mit dem Zweck, den Kurs der Bade-Aktie zu drücken und es Kiil so zu ermöglichen, für billiges Geld ein großes Aktienpaket zu kaufen. Kiil erscheint persönlich: Wenn Stockmann weiterhin behaupte, die Gerberei vergifte das Wasser, schneide er »aus der Haut von Katrin und den Kindern breite Riemen«. Dann würden die Aktien an eine Stiftung gehen.

Das Gerücht von Kiils Aktiencoup bringt den städtischen Filz in Bewegung. Der als Erbe der Aktien mit einemmal potentiell wohlhabende Stockmann soll in die Krämerlogik des Männerbundes einbezogen werden. »Warum haben Sie uns nicht rechtzeitig einen Wink gegeben – nur so ein Wörtchen zu Herrn Hovstad oder mir?« fragt der Druckereibesitzer Aslaksen und verspricht, den Hauseigentümerverband und den Mäßigkeitsverein auf Kurs zu bringen. »Sie hätten mich ins Vertrauen ziehen sollen«, meint auch Redakteur Hovstad, der Stockmann als Kolumnist für den »Volksboten« gewinnen möchte. Es gelte jetzt zu handeln, um den Aktienkurs wieder kräftig nach oben zu treiben. »In einer freien Gesellschaft ist die Presse eine Macht, Herr Doktor.« Im gleichen Atemzug fordert der Redakteur eine kräftige Finanzspritze für das Blatt, andernfalls werde er Stockmann vernichten. Der zeigt jedoch Charakter und jagt Druckereibesitzer und Redakteur mit dem Regenschirm zum Teufel. Das Vermögen des Erpressers Kiil schlägt er aus. Die Auswanderungspläne läßt er fahren, er will sich der »Idioten hier« annehmen und ihnen einhämmern, »daß unsere Liberalen die ärgsten Feinde jedes freien Mannes sind – daß die Parteiprogramme allen jungen, lebensfähigen Wahrheiten den Hals umdrehen«.

Die ausweglose Lage, in die sich der Wahrheitsbote hineinmanövriert hat, wird dem Publikum, nicht aber Stockmann selber bewußt. »Hier sind die Fronten, hier müssen wir kämpfen«, verkündet er. Doch schon mit dem nächsten Satz gibt Ibsen ein Ironiesignal: »Ich warte jetzt nur, bis meine Hose geflickt ist, dann gehe ich in die Stadt und suche uns eine Wohnung.« Für Furore sorgte Stockmanns Kleidungsstück im Petrograder Künstlertheater, wie Konstatin Stanislawski in seinen Memoiren berichtet. Ihm zufolge war der »Volksfeind« 1905 das Lieblingsdrama der Revolutionäre, der Aufrührer Stockmann war ihr Mann. Das Stück stand am Tag des Massakers vom Kasaner Platz auf dem Spielplan. Stanislawski hatte Stockmanns Hose durch einen Mantel ersetzt. Die Stimmung war angespannt, im Publikum saß die Intelligenzija. Als Stockmann beim Aufräumen seines Arbeitszimmers der Mantel, den er auf der »Volksversammlung« getragen hat, in die Hände fällt und er einen Riß bemerkt, sagte er zu seiner Frau: »Man sollte nie seinen besten Mantel tragen, wenn man für Recht und Wahrheit kämpft.« Das Publikum brachte die Worte in Verbindung mit dem Blutbad und applaudierte so heftig, daß die Vorstellung abgebrochen wurde. Als das Stück 1898, auf dem Höhepunkt der Dreyfus-Affäre, in

Paris gespielt wurde, identifizierten die Zuschauer den Badearzt mit Zola (»J'accuse!«), dem einzelnen, der seinem Gewissen folgte und sich mutig den korrupten Machthabern entgegenstellte. Die Vorstellung wurde immer wieder von »Vive Zola!«-Rufen unterbrochen.

Stockmann denkt, anders als die Männerbündler der kleinen Stadt, die nach der Devise »Nach uns die Sintflut« handeln, an die künftige Generation, er will in dem Saal, »wo sie mich einen Volksfeind geschimpft haben«, eine Schule gründen. Die Frage ist nur, wer dem boykottierten Aufrührer seine Kinder anzuvertrauen bereit ist. Für den Anfang will er zwölf Schüler unterrichten – so viele, wie Jesus Jünger hatte. Er will mit »Straßenkötern« experimentieren und sie zu freien und anständigen Menschen erziehen. »Was dann?« fragt sein Sohn. »Dann sollt ihr die Wölfe aus unserm Land vertreiben.« Und er zitiert Schillers »Wilhelm Tell«: »Seht ihr, die Sache ist die: der stärkste Mann hier auf dieser Welt, das ist der, der ganz für sich allein steht.« Daß er sich täuscht, ist die Ironie des Stücks. Als ein Kritiker Ibsen vierzehn Jahre später auf die Replik ansprach, knurrte er: »Ich bin nicht verantwortlich für all den Unsinn, den er rausläßt.«

Ein gutes Jahr nach der Veröffentlichung des »Volksfeinds« schrieb Ibsen an Bjørnson: »Ginge es nach mir, so müßten sich bei uns alle Unterprivilegierten zusammentun und eine starke, resolute und draufgängerische Partei gründen, deren Programm ausschließlich auf praktische und produktive Reformen, auf eine deutliche Erweiterung des Wahlrechts, eine Regulierung der Stellung der Frau, die Befreiung des Volksschule von allerhand mittelalterlichem Kram usw. ausgerichtet wäre. [...] Käme eine solche Partei zustande, so würde sich die jetzige Linke bald als das zeigen, was sie tatsächlich ist und aufgrund ihrer Zusammensetzung sein muß – eine Zentrumspartei.«

# Glückspille Lebenslüge
## »Die Wildente«

Mit dem Ausblick auf eine künftige Schule, die »freie und anständige Menschen« heranbilden werde, schloß der »Volksfeind«. Daß Ibsen auf der Linie von John Stuart Mills »Civilisation« lag, wonach die Übel der Zeit durch moralische und intellektuelle Stärkung des Individuums, besonders in der Kindererziehung, zu heilen seien, bemerkte ein norwegischer Kritiker. Zwei Jahre später unterläuft sein nächstes Stück, »Die Wildente«, die pädagogische Hoffnungsvariante. Hedvig Ekdal erschießt sich an ihrem 14. Geburtstag auf dem Dachboden mit der Pistole ihres Großvaters. Übrig bleiben die Älteren und Alten, die Banditen, Opfer, Zyniker und Versager. »Die Wildente« ist die Tragikomödie des bürgerlichen Zeitalters, ein Stück ohne autonomen Helden.

Ibsen verknüpft zwei Familiengeschichten: Die Aufdeckung der Wahrheit, der finanziellen und verwandtschaftlichen Abhängigkeiten, führt den Kollaps herbei. Daß sich der Kapitalist Håkon Werle als Hedvigs leiblicher Vater entpuppt, der das Kind mit dessen Mutter Gina dem Fotografen Hjalmar Ekdal untergeschoben hat, bringt das Kleinbürgeridyll der Ekdals zum Einsturz.

Das Stück beginnt im großbürgerlichen Ambiente Werles, der für seinen nach anderthalb Jahrzehnten aus dem Højdal-Werk im hohen Norden in die Stadt zurückgekehrten Sohn Gregers ein Fest gibt. Der Werk-, Gruben- und Waldbesitzer thront auf der sozialen Stufenleiter des Stücks zuoberst. Der reich verheiratete Emporkömmling hat es ein Leben lang verstanden, Geld und Menschen

seinen Zwecken dienstbar zu machen. Werles Erfolgsge-
schichte ist zugleich die Geschichte der Deklassierung von
Hjalmars Vater. Als die kriminellen Geschäfte der beiden
rechtliche Folgen hatten, landete der alte Ekdal im Gefängnis, das er nach Jahren als gebrochener Mann verließ, während der clevere Werle, der seinem Kompagnon eine Falle
gestellt hatte, mangels Beweisen freigesprochen wurde.

»Die politischen Verwicklungen in Norwegen haben
mich den Winter über daran gehindert, mich ungeteilt meiner dramatischen Arbeit zu widmen«, schrieb Ibsen seinem
Verleger im April 1884 aus Rom. 1884 war ein norwegisches Schicksalsjahr. Die Mitglieder des Beamten-Regimes
waren im März durch das »Reichsgericht« des Amtes ent-
hoben worden. Konservative Kreise sprachen von einer
Revolution, der Schriftsteller Bjørnson vom »Urteil des
Volkes«.

Die kulturelle Kluft zwischen den Beamten als Säulen
des Staates und den Bauern, die die große Mehrheit der
Bevölkerung bildeten und mit der »Linken« im Juni 1884
an die Macht gelangten, war tief. 1883, im Jahr vor dem
Erscheinen der »Wildente«, beschreibt der Sohn eines armen Kleinbauern in Arne Garborgs Roman »Bauernstu-
denten« die gesellschaftliche Pyramide zu Beginn der sech-
ziger Jahre: »Das Prächtigste und Stolzeste, das es gab, war
jener große, strahlende – Turm, gleichsam von Macht und
Glanz, der sich im Lande vom Lehnsmann und Schulmei-
ster über den Pfarrer und den Vogt und den Schreiber und
den Amtmann immer höher und höher, strahlender und
strahlender aufbaute, ganz hinauf bis zum König, der oben
auf der Spitze stand und in reines Gold gekleidet war.«

## Kaputte Menschen

Im November brachte der Gyldendal-Verlag in Kopenhagen das Stück heraus, in dem die politischen Turbulenzen ihre Spuren hinterlassen hatten. Der erste Akt verabschiedet das alte System. Die Kammerherren, die sich bei Großhändler Werle zum Fest einfinden, sind Repräsentanten von Hof und Bürokratie. Nach siebzig Jahren war ihr Regime am Ende. Sie versammeln sich am Tisch des Kapitalisten und Emporkömmlings, der sich im verblassenden Glanz ihres Standes sonnt. Kapitalisten und Großbürger vom Schlage Werles lösten die Bürokraten an der Spitze der »Rechten« ab. Die Gecken, die einen Stand vertreten, der auf seine Lebensart und Kultur einst stolz war und aus der Bildung die Legitimation seiner Herrschaft abgeleitet hatte – der »Fette«, der »Kahlköpfige« und der »Kurzsichtige« –, sie sind an Werles Reichtum schmarotzende Vertreter einer Welt, die sich selbst überlebt hat.

Auf Gregers' Wunsch hat sein Vater auch den Fotografen Hjalmar Ekdal zum Fest geladen. Vor siebzehn oder achtzehn Jahren waren sich die beiden Jugendfreunde zum letztenmal begegnet. Hjalmar rollt seine Lebensgeschichte auf: »Vaters großes Unglück« habe die Familie »fast in den Ruin getrieben« – »durch die Schmach, Gregers, und die Scham«. Hjalmar brach das Studium ab und wurde Fotograf. Der alte Werle bezahlte die Ausbildung und die Einrichtung des Labors. Er arrangierte aber auch Hjalmars Ehe mit seiner damaligen Hauswirtschafterin Gina Hansen. Aus Hjalmars Erzählung macht sich Gregers seinen Reim. Wie ein Feudalherr nutzte der alte Werle die schwache Lage der Ekdals aus, um seine illegitime Tochter Hedvig unterzubringen. Zugleich band er Hjalmar durch ein enges Abhängigkeitsverhältnis an sich. Hjalmar seinerseits besitzt die Gabe, der Wahrheit auszuweichen. Betrogen wird, wer betrogen sein will.

Der dünkelhaften Konversation und den süffisanten Sprüchen der Kammerherren ist Hjalmar nicht gewachsen. Ob er denn keine Fotos mitgebracht habe, fragen sie ihn. »Das würde ein Scherflein zur Unterhaltung beigetragen haben.« Als plötzlich ein sonderbarer Alter über die Bühne huscht, entsteht eine peinliche Situation. Lachen und Geplauder verstummen, Hjalmar zuckt zusammen und wendet sich ab. Der Alte, der nicht aufschaut und sich nach allen Seiten verbeugt, ist sein Vater. Werles Hauswirtschafterin, Frau Sørby, flüstert einem Diener zu: »Stecken Sie ihm draußen noch etwas zu, etwas richtig Feines.« Zum Trinker geworden, verrichtet der alte Ekdal Schreibarbeiten für seinen ehemaligen Geschäftspartner, die er ihm weit über Gebühr bezahlt. Der alte Werle hält die Familie Ekdal, deren Rache er fürchten muß, unter strenger Kontrolle.

Nachdem die Gäste abgezogen sind, stellt Gregers seinen Vater zur Rede: »Wie ist es möglich, daß diese Familie so jämmerlich zugrunde gehen konnte?« Hjalmar wisse nicht, daß »das, was er sein Heim nennt«, auf einer Lüge fuße. Werle wiegelt ab und schlägt seinem Sohn vor, als Teilhaber in die Firma einzutreten. »Wenn ich auf deine Taten zurücksehe, dann scheint es mir, als würde ich auf ein Schlachtfeld schauen mit zerschlagenen Menschenschicksalen am Wegrand«, antwortet der Sohn, der sich entschließt, das Haus des Vaters zu verlassen. Zum erstenmal sieht er eine Aufgabe, für die es sich zu leben lohnt. Ähnlich wie Dr. Stockmann im »Volksfeind« will er den »Sumpf« der »Lüge« austrocknen. Anders als der joviale und lebensfrohe Badearzt ist er ein asketischer und verbissener Wahrheitsapostel. Im Gegensatz zu Dr. Stockmann fehlt ihm ein mächtiger Gegenspieler, da sich Werle von den Geschäften zurückziehen und Frau Sørby heiraten möchte. Die Frage ist, wie die mit der Wahrheit über ihr eigenes Leben konfrontierten Ekdals damit zu Rande kommen werden.

## Wie im Theater

Mit dem zweiten Akt wechselt die Szene in Hjalmars
Atelier. Fotoapparate, Flaschen und Phiolen, Schachteln
und Chemikalien füllen den Raum, den hinten eine breite
Schiebetür vom Dachboden trennt. Drei Generationen
Ekdal leben in dieser Wohnung. Im Haus logieren außerdem zwei deklassierte Akademiker – heute eine häufige
Erscheinung, damals ein seltenes Phänomen: der herunter-
gekommene Arzt Dr. Relling und der ehemalige Kandidat
der Theologie Molvik, der sich mit Stundengeben über
Wasser hält. Hjalmars Frau Gina und Hedvig sparen sich
das Brot vom Munde ab. Sie verzichten auf eine warme
Mahlzeit, weil Hjalmar nicht mitißt. Statt, wie versprochen, eine Leckerei vom Tisch der Reichen mitzubringen,
speist er seine Lieben mit der Menükarte des Festmahls ab.
Ob er sich die Wurst, den Käse und die dicken Butterbrote,
die er genüßlich verzehrt, ohne die Geldspritzen des alten
Werle für seinen Vater leisten könnte? Das Fotoatelier, das
eine Familie ernähren könnte, floriert nicht. Man nimmt
zwar acht Kronen und 50 Øre ein, gibt aber allein für
Butter 1 Krone und 65 Øre aus. Im Jahre 1880 betrug der
durchschnittliche Tageslohn von Dienstboten und Tagelöhnern in norwegischen Städten 2,22 Kronen, während
sich Dienstbotinnen mit 1,21 Kronen begnügen mußten.

Ein Fotograf war damals etwas Besonderes. Wer fotogra-
fierte, verfügte über chemische Kenntnisse, handwerk-
liches Geschick, einen künstlerischen Blick und das nötige
Geld für die Investitionen. Die Fotografie war ein junges
Handwerk. Seit 1866 gab es in Berlin Fachkurse für Fotografen. 1894 wurde der Norwegische Fotografenverband
gegründet. 1883, ein Jahr bevor die »Wildente« erschien,
veröffentlichte Prof. Dr. H. W. Vogel, Dozent der Photographie und Spektralanalyse an der Königlich Technischen
Hochschule zu Berlin, ein Buch mit dem vielsagenden Titel

»Die Fortschritte der Photographie seit dem Jahre 1879«.
»In keiner Periode ihres so hochinteressanten Entwicklungsganges hat die Photographie so großartige Fortschritte aufzuweisen als im Verlauf der letzten vier Jahre«, schreibt der Gelehrte in seiner Vorrede. Vier Jahre nach der »Wildente« kam mit Eastmans Kodak-Kamera ein Apparat auf den Markt, der dem fotografischen Dilettanten Neuland erschloß. Man hatte nur noch auf einen Knopf zu drücken und die Kamera mit der belichteten Rolle in die Fabrik zu schicken, wo die Bilder entwickelt wurden. August Strindberg, der einen solchen Apparat besaß, war – im Unterschied zu Ibsen – ein leidenschaftlicher Fotopionier, der später sogar erwog, ein Atelier zu eröffnen, da man damit besser verdiene als mit dem Schreiben. Er argwöhnte, Ibsen habe ihn in der Figur Hjalmars karikiert.

Während Hjalmar seiner Familie von Werles Fest erzählt, klopft es an die Tür. Gregers, der sein Elternhaus verlassen hat und in ein Hotel gezogen ist, betritt den Raum. Er lädt den alten Ekdal, der eine Militäruniform trägt, nach Højdal ein: »ein Mann wie Sie, der sich immer zu allem hingezogen gefühlt hat, was frei und wild ist –«. Statt zu antworten, ziehen Vater und Sohn die Schiebetür an der Rückwand des Ateliers beiseite. Man sieht einen langgestreckten, verwinkelten Dachboden. »Sie halten ja Hühner, Leutnant Ekdal!« entfährt es Gregers.

Ibsen sprach im Entwurf von Hjalmar als einem »mißglückten Dichter«. Er spielt die Flöte, die in der Bukolik das Instrument der Poeten war. Vor der Arbeit im Atelier flieht er in die Phantasiewelt des Dachbodens, wo eine alte Uhr steht, die nicht mehr tickt. Der Dachboden ist ein verfremdeter Nachklang auf den »lieblichen Ort« der Tradition, der nicht dem Nutzen dient, sondern dem Genuß – dem Dichten unterm Baum, am Quell, auf dem Rasen. Auf Hjalmars Dachboden wachsen weder Pinien noch Zypressen, dort stehen ein paar verdorrte Weihnachtsbäume herum. Zur Ausstattung gehören ein Wasserbottich und Stroh. Während der liebliche Ort vom Gesang der Nachtigall und der Lerche erfüllt ist, tummeln sich auf dem Dachboden Tauben, Hühner und eine Wildente, die Titelfigur des Stücks, die das Publikum während des ganzen Theaterabends nicht zu Gesicht bekommt.

Der Vorhang in der Dachbodentür, der wie der Vorhang im Theater die Grenze zwischen der wirklichen und der imaginären Welt markiert, ist Hjalmars Erfindung, »denn Gina duldet keine Kaninchen oder Hühner im Atelier«. Wenn Hjalmar an der Schnur zieht und der Vorhang fällt, verwandelt sich der Dachboden in einen theatralischen Zauberwald, einen Fluchtort, an dem sich Vater und Sohn Ekdal den Zumutungen des Lebens entziehen.

Die Wildente, klagt Hjalmar, habe auf dem Dachboden, wo sie fett geworden sei, das »wilde Leben« vergessen. Wie das meiste in seinem Haushalt stammt auch sie vom alten Werle, der sie auf der Jagd unter dem Flügel getroffen hatte, worauf sie auf den Grund des Meeres tauchte, sich in Tang und Algen festbiß, doch von Werles Hund wieder heraufgeholt wurde. Der Diener, der den Auftrag hatte, die Ente zu töten, überließ sie dem alten Ekdal. Jetzt gehört sie Hedvig. Gregers ist perplex. Hjalmars Vegetieren erinnert ihn an das Schicksal der Wildente, sich selber sieht er in der Rolle des Retters. Er macht es sich zur »Lebensaufgabe«, »Hjalmar wieder an die Oberfläche zu bringen«. Hjalmar soll erkennen, wie wenig autonom und wie abhängig er von Werle ist. Der Junggeselle will ihm die Augen für Ginas Vergangenheit öffnen und eine geläuterte, »wahre Ehe« begründen. Zu diesem Zwecke mietet er sich bei den Ekdals ein.

Ibsen nutzt die Pause zwischen dem zweiten und dem am folgenden Morgen spielenden dritten Akt, um den neuen Untermieter als weltfremden Gesellen bloßzustellen. Beim Anzünden des Ofens schraubt er die Lüftungsklappe zu, so daß sich das Zimmer mit Rauch füllt. Danach schüttet er, um das Feuer zu löschen, Waschwasser in den Ofen. Der ganze Dreck aus dem Ofen schwimme auf dem Fußboden, berichtet Gina entgeistert. Der Arbeitstag im Atelier bricht an. Während Hedvig trotz ihrer schlechten Augen mit dem Pinsel fotografische Feinarbeiten ausführt, macht sich Hjalmar im Dachboden bei der Wildente zu schaffen. Inzwischen erfährt Gregers von Hedvig, daß sie die Schule nicht mehr besucht. »Vater hat nämlich Angst, daß ich mir dort die Augen verderbe.« Er habe versprochen, sie zu unterrichten, dafür aber noch keine Zeit gefunden. Auch Kandidat Molvik, der ihr ab und zu helfe, habe wenig Muße, da er oft betrunken sei. Der Vater wünsche, daß sie lerne, Körbe zu flechten. Danach bringt sie das Gespräch auf die Wildente. Sie sei »ein echter wilder Vogel«, der einem leid tun könne: »Niemand kennt sie genau, und niemand weiß, woher sie eigentlich stammt.« Zudem sei sie »auf dem Grund des Meeres« gewesen, womit Hedvig den Dachboden assoziiert. Der Grund des Meeres ist in der Tradition ein Ort des Geheimnisses, wo die Dämonen gebannt sind. Wer auf den Grund des Meeres abgetaucht ist, kommt üblicherweise nicht mehr hoch. Während Gina und Hedvig den Tisch für das Frühstück decken, wird auf dem Dachboden ein Schuß abgefeuert. Gina erklärt dem erschreckten Gregers: »Sie gehen auf Jagd.«

### Warten auf die Eingebung

Für gewöhnlich überläßt Hjalmar die laufenden Arbeiten Gina, um sich ins Wohnzimmer zurückzuziehen und »über Dinge nachzudenken, die wichtiger sind«. Hjalmar weiht Gregers in sein Projekt ein. »Hat dir noch keiner von der Erfindung erzählt?« Er habe sich geschworen, das Handwerk der Fotografie mit einer bahnbrechenden Erfindung

zu einer Kunst und Wissenschaft zu erheben. Auf Gregers'
Frage, worin die Erfindung bestehen solle, antwortet er:
»Nach solchen Details darfst du jetzt noch nicht fragen.«
Die »Erfindung« sei seine »Lebensaufgabe«, wenn er sie
vollbracht habe, werde sein Vater die Uniform wieder in
aller Öffentlichkeit tragen dürfen.

Die Pistole, die man für die Kaninchenjagd auf dem
Dachboden benutze, habe in der Familie eine wichtige
Rolle gespielt. Bevor sein Vater ins Gefängnis kam, hielt er
die Waffe in der Hand, war aber zu feige, sich zu erschießen. »Er, ein Soldat, der neun Bären erlegt hat und von
zwei Oberstleutnants abstammt.« Damals richtete auch
Hjalmar die Pistole gegen seine Brust. »Du kannst dir vorstellen, wieviel Mut dazu gehört, unter solchen Umständen
am Leben zu bleiben.« Dank der »Erfindung« will Hjalmar
auch seine Schulden begleichen und die Zukunft der er-
blindenden Hedvig sichern. Nach seinem Tod soll Gina als
»wohlhabende Witwe des Erfinders« zurückbleiben. Auf
die Frage, wann er mit der »Erfindung« fertig sein werde,
sagt er, alles hänge von der »Eingebung« ab – »und es ist
fast unmöglich, im voraus zu berechnen, zu welchem Zeitpunkt sie einsetzt«.

Jetzt hat Gregers genug gehört: »Du hast auch etwas
von einer Wildente«, befindet er. »Du bist in einen vergif-
teten Sumpf geraten, Hjalmar, du hast dich mit einer
schleichenden Seuche angesteckt, und dann bist du auf den
Boden gesunken, um im Dunkeln zu sterben.« »In meinem
Haus wird nie über unangenehme Dinge geredet«, sagt
Hjalmar rasch. Bevor Gregers die Gelegenheit hat, seinen
Jugendfreund einer Kur zu unterziehen, treten Dr. Relling
und Kandidat Molvik zum Frühstück ein. Gina und
Hedvig tragen Bierflaschen und eine Schnapskaraffe herbei. In der Folge ist es Relling, der Gregers Paroli bietet.
Der Arzt, der eine Zeitlang in Højdal gearbeitet hat, er-
zählt, Gregers sei zu den Tagelöhnern gelaufen und habe

ihnen eine »ideale Forderung« präsentiert, die niemand erfüllen konnte.

Doch Ibsen unterbricht die Auseinandersetzung: Der
alte Werle erscheint, um zu erkunden, was sein Sohn im
Schilde führt. Er wolle Hjalmar die Augen öffnen, sagt dieser. Deutlich wird, daß Gregers' moralischer Rigorismus
von einem unausgetragenen Vaterkonflikt herrührt: »Du
hast mein ganzes Leben verdorben«, wirft er dem Alten
vor. Mit seiner »idealen Forderung« begehrt er gegen die
väterliche Macht auf, von der er sich, auch als Angestellter,
nicht befreien konnte. Dem Vaterhaß entspricht eine enge
Mutterbindung. Werle hatte seine Frau kontinuierlich betrogen und sie, die er für nervös und überspannt erklärte,
zugrunde gerichtet. Gregers leidet unter Schuldgefühlen.
Als Werle seinem Kompagnon jene Falle stellte, die die
Ekdals in den Ruin trieb, fehlte ihm der Mut, gegen den
Vater aufzutreten. »Wenn ich weiterleben will«, sagt er
jetzt, »brauche ich eine Medizin für mein krankes Gewissen.« Deshalb verläßt er die Firma des Vaters und lehnt
auch dessen Angebot einer Vermögensteilung ab. Während
der alte Werle unverrichteterdinge abzieht, um Frau Sørby
zu heiraten, lädt Gregers seinen Schulfreund zu einem
Spaziergang ein. »Tu's nicht, Hjalmar«, warnt Gina.

Auf diesem Spaziergang – dem Wendepunkt des Stücks
zwischen dem dritten und vierten Akt – klärt ihn Gregers
über einige Familiengeheimnisse auf und redet sich dabei die
Seele frei. Doch anders als im Sprechzimmer des Psychiaters
– den es in der uns bekannten Art damals noch nicht gab –
ist der Adressat der Enthüllungen kein Unbeteiligter, und
das hat fatale Folgen. Dem Selbstwertgefühl des »Erfinders«
und »Familienernährers« wird ein herber Schlag versetzt.
Die Abhängigkeit von Werle, an dem er sich durch die
»Erfindung« für die Schmach seines Vaters hatte rächen wollen, wird ihm schmerzlich bewußt. Hjalmar ist der Wahrheit
nicht gewachsen und reagiert die Frustration an seiner

Familie ab. Ab morgen, verkündet er, werde er die Arbeit im Atelier allein erledigen und keinen Fuß mehr auf den Dachboden setzen. »Ich hätte nicht übel Lust, dieser verdammten Wildente den Hals umzudrehen!«, doch bringt er es nicht übers Herz – »deinetwegen, Hedvig. Aber ich habe das Gefühl, daß ich es machen sollte. Unter meinem Dach sollte ich keine Kreatur dulden, die in *den* Händen gewesen ist.« Das Kind, das die Pose nicht als Pose zu deuten vermag, nimmt den Vater beim Wort, was Angst- und Schuldgefühle auslöst. Hjalmars Erregung steigert sich, als die Nachricht eintrifft, Werle habe dem alten Ekdal eine Pension ausgesetzt, die nach dessen Tod auf Hedvig übertragen werde. Gregers mahnt: »das ist eine Falle, die man dir stellt«, worauf Hjalmar die Schenkungsurkunde zerreißt. »Ich will wissen, ob dieses Kind das Recht hat, unter meinem Dach zu leben«, fährt er Gina an. »Ich weiß es nicht«, antwortet sie.

## Hedvigs Selbstmord

Und nochmals hat Ibsen eine Steigerung parat: Hjalmar verläßt die Seinen, wie einst Nora aus ihrem Puppenheim ins Ungewisse zog. Nichts ist indes zu spüren von Noras Enttäuschung und Schmerz. Hjalmars Abmarsch trägt farcenhafte Züge. In Begleitung von Dr. Relling und Kandidat Molvik begibt er sich auf eine Kneipentour und kehrt bereits am folgenden Tag in das Atelier zurück. Hedvigs Anblick erträgt er nicht: »Weg, weg, weg! (Zu Gina) Schaff sie fort von mir!« Der abrupte und unerklärliche Liebesverlust nimmt Hedvig den Halt und läßt sie ins Bodenlose stürzen, während Hjalmar Butterbrote vertilgt, Bier trinkt und Gina anweist, ihm die Koffer zu packen. Dabei zeigt sich, daß die technischen Zeitschriften, die er für seine »Erfindung« so dringend benötigt, nicht einmal aufgeschnitten sind.

Die Katastrophe ist dem Wahrheitsboten Gregers zu verdanken, der aus der Sicht Dr. Rellings an »Rechtschaffenheitsfieber« leidet, was eine Szene in Büchners »Dantons Tod« in Erinnerung ruft. Danton sagt zu Robespierre, dem »Unbestechlichen«, der im Namen der Tugend den Schrecken herrschen läßt: »Robespierre, du bist empörend rechtschaffen. Ich würde mich schämen, dreißig Jahre lang mit der nämlichen Moralphysiognomie zwischen Himmel und Erde herumzulaufen, bloß um des elenden Vergnügens willen, andere schlechter zu finden als mich.« Der Arzt Relling hingegen preist die »Lebenslüge«, die er kranken Menschen als Überlebenstherapie verordnet. Die »Lebenslüge« ist die Antithese zu Gregers' »idealer Forderung«. Relling nennt Hjalmar »glücklich«, weil er eine »Lebensaufgabe« – »die Erfindung« – gefunden habe und eine tüchtige Frau. Auch der alte Ekdal, der seine Phantasie auf dem Dachboden auslebt, wo er seine Offiziersuniform trägt, ist Rellings Patient. Dem Kandidaten Molvik hat er eingeredet, »dämonisch« zu sein, um den Trinker vor Selbstverachtung und Verzweiflung zu bewahren. Relling behauptet: »Wenn Sie einem Durchschnittsmenschen seine Lebenslüge rauben, dann nehmen Sie ihm gleichzeitig sein Glück« – und spricht damit ein vernichtendes Urteil über den Selbstverwirklichungsanspruch des autonomen bürgerlichen Individuums, den noch Nora für sich beansprucht hatte, als sie ihre Familie verließ. Empfiehlt Ibsen nach dem Debakel Dr. Stockmanns im »Volksfeind« jetzt müden Pragmatismus statt Idealismus? Auch in der »Wildente« gilt, daß keine der Figuren dem Autor als Sprachrohr dient. Zwar wirkt die »Lebenslüge« bei Hjalmar als Glückspille, doch zwingt sie die Familie, an dem Erfinder-Mythos mitzuweben. Opfer des Erfinders Hjalmar ist die langsam erblindende Hedvig, um deren ökonomische Sicherheit er sich nicht kümmert und deren Schulbildung er vernachlässigt.

Gregers redet Hedvig ein, sie gewinne Hjalmars Liebe zurück, wenn sie ihm ihr Liebstes, die Wildente, opfere. Indem er der Vierzehnjährigen weismacht, sie müsse die Familie durch ein Opfer retten, treibt er sie in den Selbstmord. Sie verschwindet auf den Dachboden, den Ort der Illusionen und der systematisierten Lebenslüge, wo sie ein Gespräch ihres vermeintlichen Vaters mit Gregers belauscht, in dessen Verlauf Hjalmar sagt: »Wenn ich sie fragen würde: ›Hedvig, willst du um meinetwillen auf dieses Leben verzichten?‹ (Lacht höhnisch.) Vielen Dank, da würdest du schon die Antwort hören!« In dem Augenblick fällt ein Pistolenschuß. Hedvig hat Hjalmar das Opfer gebracht, doch hat sie nicht die Wildente, sondern sich selbst erschossen.

»Die Wildente« ist eine Tragikomödie, und Hedvigs Selbstmord ist kein Tragödientod, sondern die Folge eines simplen Mißverständnisses. Hjalmars Gespräch mit Gregers, das Hedvig belauscht, dreht sich um die Schenkung des alten Werle. Nicht ob Hedvig seinetwegen zu sterben bereit wäre, erregt Hjalmar, sondern ob sie seinetwegen auf Werles Schenkung und ein materiell besseres Leben verzichten würde.

An Hedvigs Leiche ballt er die Faust und schaut nach oben: »Oh, du da oben ... Warum hast du mir das angetan?« Hjalmar werde sich wieder beruhigen, sagt Relling voraus: »In einem Dreivierteljahr ist die kleine Hedvig für ihn nichts anderes als eine wunderschöne Gelegenheit zum Deklamieren.« Mit parodistischen Bibelzitaten schafft Ibsen ironische Distanz. Der betrunkene Theologe Molvik lallt: »Das Kind ist nicht tot, es schläft«, womit er Jesu Worte bei der Erweckung der Tochter des Jairus zitiert (Lukas 8,52). Als Hedvigs Leiche durch die Küchentür hinausgetragen wird, breitet er die Arme aus und murmelt einen Spruch aus Psalm 89,53, gefolgt von einer Formel des Begräbnisrituals: »Gelobet sei der Herr; zu Erde sollst du werden, zu Erde sollst du werden ...«

Hedvigs sinnloser Selbstmord ist kein Erlösungstod. Auf dem Dachboden, wo sie sich erschossen hat, liegt das Gerümpel eines früheren Bewohners, des »fliegenden Holländers«. Die Sage erzählt von einem Kapitän, der Gott verflucht hat und deshalb dazu verdammt ist, bis zum Jüngsten Tag auf den Meeren zu kreuzen, es sei denn, eine Frau würde ihn durch ihre Liebe erlösen. Richard Wagner machte das romantische Erlösungsmotiv zum tragenden Thema seiner vor Norwegens Küste spielenden Oper. Alle sieben Jahre darf der Holländer an Land. Wenn er eine Frau findet, die ihm die Treue hält, wird er erlöst. Senta gelobt ihm Treue, der Holländer zweifelt, Senta stürzt sich in die Fluten. Auch Hedvig liebt den Mann, den sie für ihren Vater hält, Hjalmar zweifelt, sie nimmt sich das Leben. Doch erlöst der Selbstmord des mißbrauchten und verstoßenen Kindes niemanden. Auf Hjalmar, der seine Hand nie gegen eine höhere Instanz erhob, lastet kein Fluch. Er hat es nur versäumt, sein Leben selbst zu bestimmen.

Im Schicksalsjahr 1884, in dem sich der Parlamentarismus in Norwegen durchsetzte, tauchte Ibsen das auf die freie Entfaltung der Kräfte bauende liberale Menschenbild in ein düsteres Licht. Vom zukunftsfrohen Geist, den Bjørnsons Kampf für den Parlamentarismus versprühte, ist in der »Wildente« nichts zu spüren. Der Mittelstand als Träger des Aufbruchs wirkt in der Person des Fotografen Hjalmar Ekdal kraftlos und ohne Selbstvertrauen, am ökonomischen Gängelband des Kapitalisten Werle und geistig betreut von dem verkommenen, aller Illusionen beraubten Arzt Relling, dem es nur noch darum geht, seine Patienten vor dem Zusammenbruch zu bewahren. Die ideale Kraft, der moralische Impetus und der Veränderungswille sind in Gregers Werle konzentriert, dessen Engagement für Wahrheit und Offenheit vor allem eines bewirkt: daß sich ein Kind an seinem 14. Geburtstag erschießt.

Die erste Auflage von 8000 Exemplaren war schon nach

vier Tagen vergriffen, obwohl sich die Kritik reserviert verhielt. »Das Publikum weiß weder ein noch aus«, klagten die »Christiania Intelligenssedler«, während »Norsk Månedsskrift for Literatur« sich maßlos ärgerte: »Ein Trauerspiel, in welchem lauter Idioten und dekadente Menschen auftreten, ohne daß selbst die Katastrophe [...] zu einer spürbaren Verbesserung der Atmosphäre führt, erfrischt den Geist nicht.« Theodor Fontane brachte es auf den Punkt: »Das Gebäude der überkommenen Ästhetik kracht in allen Fugen. [...] Es ist wahr, ein Stück wie die ›Wildente‹ entläßt uns ohne Erhebung. Aber muß es denn Erhebung sein?«

# Liebestod statt Liebeslust
## »Rosmersholm«

Im Sommer 1885 reiste Ibsen zum erstenmal seit elf Jahren nach Norwegen. In Kristiania riß man sich um den prominenten Gast, der schon am Tag nach der Ankunft seine neugierigen Landsleute enttäuschte und in »Dagbladet« mitteilen ließ, er sei müde und gedenke, nicht lange in der Stadt zu bleiben. Im Oktober richtete sich die Familie in München ein, an der noblen Maximilianstraße in einer großen Wohnung mit hohen Räumen, die halb so teuer war wie ihr römisches Logis. Sohn Sigurd war in Rom mit einer Schrift über »La Camera Alta nel governo rappresentativo« (Das Oberhaus im repräsentativen System) zum Doktor der Rechte promoviert worden. Nachdem er die Disputation auf italienisch hinter sich gebracht hatte, spendeten die achtzehn anwesenden Professoren stehend Applaus. »Er ist Roms jüngster juristischer Doktor«, freute sich der Vater in einem Brief an Bjørnson, der Sigurds Taufpate war. Ende 1885 kam er in den Genuß eines Stipendiums für einen auf zwei Jahre befristeten Aufenthalt als Attaché an der schwedisch-norwegischen Botschaft in Washington.

Derweil heckte Ibsen in München die Liebestragödie aus, die sich zwischen dem 43jährigen früheren Pastor Johannes Rosmer, dem letzten Sproß einer großbürgerlich-puritanischen Familie, und der dreizehn Jahre jüngeren Rebekka West, einer rothaarigen Frau dubioser Herkunft, abspielt. Um Liebe und Triebverzicht, Schuld und Sühne, um das Verbergen und Aufdecken von Gefühlen kreist das selten aufgeführte Kammerspiel. Strindberg rühmte, »Rosmersholm« sei »für das Theaterpublikum unbegreiflich, für den Halbgebildeten mystisch, für den jedoch, der sich in der modernen Psychologie auskennt, völlig klar«.

## Nicht weinen, nicht lachen

Aus der archaischen »heidnischen« Finnmark war Rebekka nach Rosmersholm gekommen, um als Gesellschafterin von Rosmers schwermütiger Frau Beate ihr Glück zu machen. Anderthalb Jahre vor Beginn des Stücks stürzte sich Beate nach einer unglücklichen Ehe in den Wasserfall beim Haus. Rosmer, der sich keiner Schuld bewußt ist, erklärt den Todessprung als Tat einer Geisteskranken. Daß ihm Beates Tod zu schaffen macht, ist von Anfang an klar. Zwar zieht es ihn immer wieder in die Nähe des Todesstegs, doch wagt er nicht, ihn zu überschreiten.

Es ist Rebekka, die auf Rosmersholm die Fäden zieht. Aus Lust auf Rosmer und um den Platz an seiner Seite einzunehmen, trieb sie Beate in den Tod. Als »Seelenmord« beschrieb Strindberg ihre Tat: Sie tötete im Stile Jagos, der Othello nicht mit dem Dolch ermordet, sondern indem er den Argwohn des Mohren schürt. In selbstquälerischen Beichten und Bekenntnissen rollt Ibsen die Geschichte auf. Rebekka spielte Beate, die keine Kinder bekommen konnte und mit der das Geschlecht der Rosmer zu Ende ging, ein medizinisches Buch in die Hand, das Kinder als den Zweck der Ehe feiert. Danach ließ sie ihre Rivalin wissen, daß sich Rosmer vom Glauben der Väter löse und dem Kulturradikalismus zuwende, um ihr schließlich fälschlicherweise zu verstehen zu geben, sie erwarte von ihm ein Kind.

Der Herrensitz Rosmersholm, der in der Nähe einer kleinen Stadt an einem Fjord liegt, ist seit je ein Hort der Orthodoxie und des Konservatismus. Wie Totems hängen die Gemälde der Ahnen, Porträts von Geistlichen, Offizieren und hohen Bürokraten, an den Wänden. Hier schreien die kleinen Kinder nicht, und wenn sie älter werden, lachen sie nicht. »Haben Sie jemals gesehen oder gehört, daß der Herr Pfarrer auch nur ein einziges Mal gelacht hätte?« fragt die Hauswirtschafterin, Frau Helseth. »Die Menschen auf Rosmersholm hängen lange an ihren Toten«, sinniert die ungeduldige Rebekka. Nein, korrigiert die abergläubische Frau Helseth, die Toten hängen lange an Rosmersholm. Seit Beates Selbstmord jagen die »weißen Pferde« um das Haus. Die »weißen Pferde« – so auch Ibsens Arbeitstitel – sind Todesboten und Todeskünder, sie lassen die Lebenden nicht in Ruhe. Das weiße Pferd ist im norwegischen Volksglauben eine Erscheinungsform des Nökk, jenes bösartigen Dämons, der im Wasserfall hockt und Menschen zu sich in den Abgrund lockt. Der Wasserfall, in dem Beate starb und in den sich am Ende auch Rosmer und Rebekka stürzen, ist der dämonische Ort des Stücks. Wenn der Name Rosmer tatsächlich, wie kluge Köpfe behaupten, mit dem Wort Roß etymologisch verwandt ist, wäre eine symbolische Identifikation des früheren Pastors mit den weißen Pferden und dem Wasserfall gegeben.

Rosmer versucht, dem bösen Geist des Ortes zu entrinnen. Das Zusammenleben mit Rebekka verlieh ihm die Kraft, den Pfarrdienst zu quittieren und dem Glauben abzuschwören, wovon die Öffentlichkeit allerdings noch nichts weiß. Er ist ein Zauderer, der sich von Rosmersholms Zucht und Ordnung, die das Glück ersticken, noch nicht befreit hat. Rebekka versucht, ihre Vitalität und Lebenslust der puritanischen Welt des Herrensitzes einzuimpfen. Blumen und frisches Birkengrün bilden den Kontrast zu den finsteren Ahnengemälden.

## Politik ade!

Ein letztes Mal geht Ibsen in einem Stück auf die norwegische Tagespolitik ein. Auf Rosmersholm geben sich die
Meinungsmacher die Klinke in die Hand. Beates Bruder,
Rektor Kroll, vertritt die »Rechten«, Redakteur Mortensgård die »Linken«. Kroll, der mit seinen konservativen Gesinnungsgenossen eine Zeitung gekauft hat, möchte Rosmer als Redakteur oder Galionsfigur gewinnen. Daraufhin
bekennt dieser seinen Abfall vom Glauben: Er verfolge jetzt
ein eigenes Projekt und strebe eine »wahre Volksherrschaft«
an, erklärt er seinem entsetzten Schwager. Mit dem Begriff
»Volksherrschaft« befindet er sich in der Vorstellungswelt
der »linken« Reformer, während das Beiwort »wahr« andeu-
tet, daß seine Ideen von besonderer Art sind. Durch »die
Befreiung des Denkens und die Läuterung des Wollens«
sollen die Menschen zu »Adelsmenschen« erzogen werden.
»Glück für alle – geschaffen durch alle!« Edle Worte, hehre
Ziele, doch über konkrete Projekte, soziale Programme und
kluge Gesetzgebungsinitiativen schweigt sich der Ex-
Theologe aus, dessen Verknüpfung von »Volksherrschaft«
und »Adelsmenschentum« vor dem Hintergrund der erreg-
ten Debatten jener Zeit mutig und weltfremd zugleich erscheint. Ob es die Verquickung von Moral und Lebens-
kunst ist, die er anstrebt? Im Schlußakt, nachdem er, von
Schuldgefühlen überwältigt, die Utopie wieder verworfen
hat, faßt Rebekka sein Programm in die Worte: »Freiheit
von Schuld, ja. Darin liegt das Glück und die Freude.«

»Rosmersholm« erschien, zwei Jahre nachdem die
»Linke« 1884 die Macht erobert hatte. Viele glaubten, mit
dem Regierungswechsel und dem Parlamentarismus würden andere Zeiten anbrechen. Auf eine erste schwere Probe
wurden die neuen Machthaber gestellt, als das Parlament
am 10. Juni 1885 über Redefreiheit und Religion debat-
tierte, wobei die »Linken« keine gute Figur machten. Die

»Linke« war eine heterogene Partei, die von atheistischen Schriftstellern ebenso gewählt wurde wie von staatskirchenkritischen Christen. Ibsen verfolgte den Wortwechsel in der Presseloge. Der Romancier Alexander Kielland hatte die Regierung um die Gewährung einer »Dichtergage« ersucht. Obwohl die »Linke« über eine Zweidrittelmehrheit verfügte, wurde der Antrag abgelehnt. Grund war Kiellands religionskritische Haltung. Während die ängstliche Regierung Sverdrup keine Stellung bezog und die »Rechten« genüßlich schwiegen, lieferten sich der moderate und der radikale Flügel der »Linken« eine Redeschlacht. Lars Oftedal, Pfarrer, Verleger und Chef eines Fürsorgekonzerns, warf dem »gottlosen« Kielland vor, er behandle das Christentum »mit Leichtsinn und Verachtung« und untergrabe so die »Grundlage eines gesunden Staatslebens« – einige Jahre später verlor der hitzige Theologe nach einem Sex-Skandal seine Machtstellung. Nach dem Debakel äußerte Bjørnson seinen »Zorn« darüber, daß die »Linke«, kaum war sie an der Macht, nichts Eiligeres zu tun hatte, als »sich ihrer Dichter zu entledigen«! Die Kielland-Affäre, die sich in den folgenden beiden Jahren in ähnlicher Weise wiederholte, gab den Anstoß zur Spaltung der »Venstre«-Partei in eine »radikale« und eine »moderate Linke«. Sie bestätigte nur, was Ibsen im »Volksfeind« auf der Bühne gezeigt hatte. Ibsen selber war schon vier Jahre vor Kielland auf den Widerstand christlicher Politiker gestoßen, als er sich erfolglos um eine Erhöhung der »Dichtergagen« bemüht hatte. Er und Bjørnson seien »keine Christen«, donnerte damals der Abgeordnete Schiørn, der fürchtete, »die Vergütung erwecke den Eindruck, daß ›der Staat eine schädliche Betätigung fördere‹«.

## Der Geistesaristokrat

Vier Tage nach dem Kielland-Debakel wurde Ibsen von einem Fahnenzug des Arbeitervereins in Trondheim begrüßt, während das Bürgertum den Verfasser der »Gespenster« ignorierte. In einer Rede bekundete er sein Entsetzen, daß »eine Mehrheit der Regierenden dem einzelnen weder Glaubens- noch Redefreiheit außerhalb einer willkürlich gezogenen Grenze« einräume. Viel sei zu tun, rief er den Arbeitern zu, »bevor wir sagen können, daß wir eine wirkliche Freiheit erreicht haben«. Die »jetzige Demokratie« werde die Aufgabe kaum bewältigen. Dem Gesellschaftsleben, der Regierung, dem Parlament und der Presse müsse ein »adliges Element« beigegeben werden. »Ich denke natürlich nicht an den Geburtsadel und auch nicht an den Geldadel, nicht an den Bildungsadel und nicht einmal an den Adel der Talente und Begabungen. Aber ich denke an den Charakteradel, den Geistesadel und den Willensadel«, der von jenen Gruppen kommen werde, »die noch keinen irreparablen Schaden durch das Parteiwesen genommen haben« – den Frauen und den Arbeitern. Konkreter wurde er nicht. Ob Ibsens Rede »wie üblich ironisch oder prophetisch« gewesen sei, fragte sich Strindberg. Ibsen sagte, was er dachte, und seine Prognose bewahrheitete sich in gewisser Weise. Die Arbeiter- und die Frauenbewegung prägten Norwegen und die Mentalität seiner Menschen, bevor gegen Ende des 20. Jahrhunderts das Erdölzeitalter neue Akzente setzte. Noch im März 1884 hatte Ibsen in einem Brief an Bjørnson die Gründung einer Partei der Unterprivilegierten, einer Partei links von der »Linken«, angeregt und einige Reformprojekte angeführt. Jetzt suchte er bei einem eher vagen Geistesaristokratentum Zuflucht. Den Respekt vor den Politikern, den hatte er vollends verloren.

Vor dem Hintergrund der Kielland-Debatte gewinnt auch die Figur des Redakteurs Mortensgård in »Rosmers-

holm« Konturen. Wie bereits die Herren Hovstad und Billing im »Volksfeind« offenbart er, was in ihm als »linkem«
Journalisten steckt. Der Zeitungsmann, der zunächst seine
Hilfe zur Lancierung des »Adelsprogramms« anbietet,
weicht sofort zurück, als Rosmer beabsichtigt, in dem Blatt
seinen Bruch mit der Kirche bekennen zu wollen. Er unter-
stütze nichts, sagt er, »das sich gegen die Kirche richtet«.

Rosmer befindet sich in einer schwierigen Lage, zwischen Scylla und Charybdis, als der Landstreicher Ulrik
Brendel an die Tür klopft. Ibsen wirft ein ironisches Licht
auf die Träume des Ex-Pastors, indem er den Vagabunden
auf einen vergleichbaren Weg schickt. Bei der Ausgestal-
tung dieser Figur mag die Tatsache mitgespielt haben, daß
während Ibsens Norwegen-Besuch im Sommer 1885 in den
Kneipen Kristianias ein Trunkenbold und Schürzenjäger als
Ibsen-Imitator mit derben Witzen und Parodien Verwir-
rung stiftete. Brendel war der Hauslehrer des jungen Johannes. Als er den Sprößling mit liberalem Gedankengut füt-
terte, wurde er von dessen Vater mit der Peitsche aus dem
Haus gejagt. Wie Rosmer ist er ein Denker ohne feste
Anstellung. Der Unterschied liegt im sozialen Niveau.
Brendel ist der Typus des proletarisierten Intellektuellen,
der als junger Mann radikale Schriften verfaßte, dann aber
schwieg und sein Leben im Zirkus und der Arbeitsanstalt
fristete. Jetzt, da er eine »Lebenswende« verspürt, will er
mit Vorträgen sein Scherflein auf den »Altar des Fort-
schritts und der Freiheit« legen. Rosmers gestelzte Diktion
spiegelt Ibsen im bizarr-pathetischen Tonfall Brendels, der
sich von seinem ehemaligen Schüler Geld und Kleider
borgt, dann aber in der Gosse landet, um kurz vor dem
Ende des Stücks nach Rosmersholm zurückzufinden und
den Hausherrn zu fragen, ob er ein paar Ideale zu verkaufen
habe. Nach Brendels erstem Besuch entschließt sich Rosmer, sein »Adelsprogramm« zu verkünden. Doch bleibt
auch ihm der öffentliche Auftritt versagt.

## *Sexuelles Scheitern*

Nachdem sich der parteipolitische Konfliktstoff verflüch-
tigt hat, wird die Vergangenheit Rosmers und Rebekkas lebendig und löst das Drama aus, das die beiden in den Tod
treibt. Rebekka dürfe nichts »Gebieterisches« an sich haben, instruierte Ibsen einen Theaterdirektor. »Sie zwingt
Rosmer nicht vorwärts, sie lockt ihn.« Er, der in ihrer Beziehung eine reine Seelenfreundschaft sieht, wurzelt in
einem asketischen Christentum, dem die Loslösung des
Geistes vom Fleisch zugrunde liegt. »Um der Hurerei
willen habe ein jeglicher sein eigen Weib, und eine jegliche
habe ihren eigenen Mann«, schrieb Paulus an die Korinther (I,7), und »welcher verheiratet, der tut wohl; welcher
aber nicht verheiratet, der tut besser«. Nietzsche vermutete deshalb, daß »durch ganze Zeitalter hindurch die
Christen mit bösem Gewissen Kinder zeugten«. Anders
Rebekka, die von ihrem Adoptivvater, dem Freigeist
Dr. West, die liberale Gesinnung auch hinsichtlich der
Sexualität übernommen hat.

Während Ibsen das Stück schrieb, hielt ein Disput über
die Sexualmoral Skandinavien in Atem. Bjørnson hatte in
dem Schauspiel »Ein Handschuh« (1883) voreheliche Ab-
stinenz nicht nur von der Frau, worüber ohnehin Konsens
bestand, sondern auch vom Mann gefordert. Demgegenüber vertrat Hans Jæger in dem Roman »Von der Kristia-
nia-Bohème« (1885) die These, daß die Ehe die Seelen zer-
störe. Der Justizminister ließ das Buch, in dem die freie
Liebe als Ideal beschworen wird, am Tag seiner Ausliefe-
rung beschlagnahmen. Bjørnson hatte Jæger, wie dieser in
dem Roman erzählt, mit grimmiger Miene abgekanzelt:
»Nein, es ist diese Brunst, deren wir uns entledigen müssen« – »Die Brunst *muß* weg!« Auch Ibsen fühlte sich von
Jægers Programm abgestoßen. In einem Brief äußerte er
1887 über die Boheme: »Das ist eine reizende Literatur, die

man zur Zeit in Kristiania hervorbringt! Hans Jægers rohes Buch hat man mir seinerzeit zugeschickt, und ich habe es so ungefähr durchgelesen. ›Albertine‹ [von Christian Krohg] kenne ich nicht, und ich habe auch kein Interesse, das Buch kennenzulernen. Im übrigen ist es sicherlich so, daß dieses literarische Pöbelwesen nur eine vorübergehende Verirrung ist. Deutlich wird aber, daß unser Volk noch bei weitem nicht reif für die Ideen der Freiheit ist.« Während die Debatte in der dünnen Luft großer Höhe geführt wurde, sah die Wirklichkeit in jenen Schichten, in denen sich weder die christliche Askese noch die Körperkontrolle der bürgerlichen Kultur durchgesetzt hatte, anders aus. So waren noch Mitte des 19. Jahrhunderts im Bistum Trondheim, in dessen Grenzen man sich das Gut Rosmersholm vorstellen kann, 48,5 Prozent aller Geburten außerehelich.

Als Symptom von Beates Geisteskrankheit deutet Rosmer »ihre Zügellosigkeit, ihre hemmungslose Leidenschaft, deren Erwiderung sie von mir verlangte«. Beate wurde das Opfer von Rosmersholms puritanischem Geist, der die Menschen unglücklich macht. Die Psychologie Ibsens, der bis zum Lebensende keine Zeile von Freud gelesen hatte, war ihrer Zeit voraus. Dem sexuellen Scheitern der Frauen in der ihnen von der patriarchalen Gesellschaft oktroyierten Rolle, wie sie die »Traumdeutung« aufzeigt, entspricht das sexuelle Scheitern der Männer, von dem »Rosmersholm« Kunde gibt.

## Beates Rache

Der Geist der Verstorbenen liegt drückend auf Rosmersholm und bestimmt den Fortgang des Stücks. In Beate haben sich alle getäuscht. Es zeigt sich nämlich, daß sie ihren Selbstmord als Vendetta inszenierte, die nun die Wende des

Stücks einleitet. Kurz vor ihrem Selbstmord ließ sie Kroll und Mortensgård brisante Informationen zukommen, die beide gegen Rosmer aufbringen mußten. Dem »linken« Redakteur und einstigen Lehrer offenbarte sie per Brief, seine Entlassung aus dem Schuldienst verdanke er dem Sittenwächter Rosmer. (Er hatte mit einer verheirateten Frau, die ihren Mann verlassen hatte, ein Kind.) Doch möge er, bitte schön, Edelmut beweisen und auf Rache verzichten. Gerüchten über sündhafte Vorfälle auf Rosmersholm sei kein Glauben zu schenken. Ihrem Bruder Kroll teilte sie zwei Tage vor ihrem Todessprung mit, sie werde sterben, weil Rosmer und Rebekka heiraten müßten.

Die Intrige verfehlt ihre Wirkung nicht. Beate müsse »gemerkt haben, wie glücklich ich mich zu fühlen begann seit der Stunde, da du zu uns kamst«, raunt Rosmer seiner Rebekka zu. Der von Skrupeln gepeinigte Theologe versucht einen Befreiungsschlag. Um die »Leiche auf dem Rücken« abzuwerfen und die bösen Erinnerungen »in Freiheit, Freude und Leidenschaft zu ersticken«, trägt er Rebekka die Ehe an. Sie jubelt auf, hält aber sogleich inne und droht, falls Rosmer noch einmal von Heirat spreche, »den Weg zu gehen, den Beate gegangen ist«.

Weshalb lehnt Rebekka Rosmers Werbung ab? Ist sie nicht am Ziel ihrer Wünsche? Nun, Rosmer gleicht eher einer lebenden Mumie als einem feurigen Liebhaber, wenn er murmelt: »Das Vakuum, das die Tote hinterlassen hat, muß ausgefüllt werden.« Heiraten, um eine Schuld zu ersticken? Rebekka hatte versucht, den keuschen Mann zu erobern, indem sie ihn von den Fesseln seines asketischen Christentums befreite. Rosmers Werbung antwortet jedoch nicht auf ihre Wünsche, sondern auf Beates Intrige. Mit einemmal findet sich Rebekka in die erstickende Atmosphäre von Rosmersholm hineingezogen, die ihre Leidenschaft lähmt. »Für mich ist die Zeit vorbei, da ich alles wagen durfte. Ich habe die Energie zum Handeln verloren,

Rosmer.« Die Lebensanschauung der Rosmers »adelt, aber
sie tötet das Glück«. Rebekka hat einen ähnlichen Weg wie
Beate durchlaufen, deren Lust von Rosmer in eine Krankheit umgedeutet wird.

## Blutschande

Und es kommt noch schlimmer: Als Rebekka von Kroll
erfährt, daß ihr vermeintlicher Adoptivvater Dr. West ihr
leiblicher Vater ist, der sie nach dem Tod ihrer Mutter
adoptiert hat, verliert sie jeden Halt: »Das ist nicht wahr«,
stöhnt sie und ringt die Hände. Rebekka war die Geliebte
Dr. Wests, der sie liberal erzogen und zum Genuß der
freien Liebe stimuliert hatte – sie war die Geliebte ihres
eigenen Vaters. Was sie für Liberalität hielt, entpuppt sich
als Lug und Trug. Die vom Vater sexuell Mißbrauchte sieht
sich jetzt selbst in der Rolle der Täterin. Hatte nicht auch
sie im Zeichen liberaler Gesinnung auf den weltabgewand-
ten Theologen Rosmer eingewirkt, nur weil sie ihn besitzen wollte? Der idealen Hülle entkleidet, bleibt von ihrem
aufklärerischen Projekt nichts als die Lust, der wilde Brand
des Blutes. Von Schuldgefühlen überwältigt, gesteht sie
Rosmer und Kroll den an Beate verübten »Seelenmord«:
»Ich fand, daß hier zwei Menschenleben auf dem Spiel
standen, zwischen denen ich die Wahl zu treffen hatte.«
Für Sigmund Freud hatte Rebekka von Anfang an
eine Ahnung vom Verhältnis zwischen ihrer Mutter und
Dr. West. Es müsse ihr imponiert haben, der Mutter im
Bett dieses Mannes nachzufolgen. Als sie nach Rosmersholm kam, habe sie »die innere Gewalt jenes ersten Erleb-
nisses« dazu angetrieben, »durch tatkräftiges Handeln die-
selbe Situation herbeizuführen, die sich das erstemal ohne
ihr Dazutun verwirklicht hatte, die Frau und Mutter zu be-
seitigen, um beim Manne und Vater ihre Stelle einzuneh-

men«. Das an den Inzest gebundene unbewußte Schuld-
gefühl habe sie dann aber davon abgehalten, die Früchte
ihres Wirkens zu ernten und Rosmers Werbung anzuneh-
men. Sie schildert Rosmer und Kroll, wie sie sich, ohne
etwas dagegen tun zu können, genötigt sah, Beate zu be-
seitigen:

»Aber glaubt ihr denn, ich ging und handelte mit kühler
Überlegung! Damals war ich noch nicht, was ich heute
bin, wo ich vor euch stehe und erzähle. Und dann gibt es
doch auch, sollte ich meinen, zwei Arten Willen in einem
Menschen. Ich wollte Beate weghaben! Auf irgendeine
Art. Aber ich glaubte doch nicht, es würde je dahin kommen. Bei jedem Schritt, den ich tat, den ich wagte in
Richtung auf mein Ziel, meinte ich eine Stimme in mir zu
hören, die mir zurief: Halt! Nicht weiter! Keinen Schritt
mehr! – Und doch konnte ich es nicht lassen. Ich mußte
einfach – mußte versuchen, das gefährliche Spiel ein ganz
klein wenig weiterzutreiben. Noch einen kleinen Schritt,
den allerletzten. Und dann noch einen.«

Rebekka packt die Koffer, und Rosmer legt das »Adelsprogramm« ad acta. Seine Ideale hatten genau so lange Bestand, wie sich der verliebte Mann damit in Rebekkas
Augen spiegeln konnte. Auch er steht vor den Ruinen seines Lebens. Indem er seine Schuldlosigkeit verliert, büßt
er seine Freiheit ein und damit die Fähigkeit, Glück zu erleben. Die »Leiche auf dem Rücken« läßt sich nicht mehr
abwerfen. »Gib mir meinen Glauben zurück«, fleht er.
Rebekka spricht von »stiller Liebe«. Rosmer verlangt Be-
weise – und auf diesem Höhepunkt der Spannung platzt
Ulrik Brendel herein, der im ersten Akt in Rosmers Kleidern ausgezogen war, um Freiheit und Fortschritt zu pre-
digen, doch statt dessen in der Gosse landete. Er wendet
sich Rosmers »Lebensaufgabe«, dem »Adelsprogramm«, zu
und weist mit einem bizarren Bild den einzuschlagenden
Weg. Der Sieg sei gewiß, sagt er, wenn sich die geliebte

Frau »freudig« ihren kleinen Finger abhacke und das linke Ohr abschneide. Danach bricht er auf in die »dunkle Nacht«, geleitet von der Sehnsucht nach dem »großen Nichts«. In Strindbergs Trauerspiel »Fräulein Julie« treibt zwei Jahre später der Diener Jean die gebrochene Julie mit suggestiver Kraft in den Selbstmord. Er hackt ihrem Zeisig den Kopf ab und schiebt ihr das Rasiermesser zu.

## Sprung ins Wasser

Für Rosmer und Rebekka gibt es jetzt nur noch den Weg zum Wasserfall, wo sie der Nökk erwartet. Rebekka ist bereit, für den »Seelenmord« mit ihrem Leben zu sühnen. Sie versteht den Selbstmord aber auch als letzten Liebesbeweis. Rosmer ist bereit, ihr zu folgen. Bevor sie ins Wasser gehen, erklärt er: »Rebekka, ich lege nun meine Hand auf deinen Kopf (tut es). Und nehme dich zur Frau.« Worte und Handlung sind die der Trauungszeremonie. »Der Mann soll seiner Frau folgen, so wie die Frau ihrem Mann«, sagt der frühere Pastor. »Denn jetzt sind wir zwei eins«, und Rebekka stimmt zu. Damit spielt er auf das 1. Buch Mose 2,24 an, wonach Mann und Frau »*ein* Fleisch« sein sollen – eine Antithese zu dem oben zitierten Brief des Paulus an die Korinther. Die tragische Ironie des Stücks will es aber, daß sie die Vereinigung nur im Tod vollziehen können, da der Gedanke an die ermordete Beate ein Zusammenleben für immer ausschließt.

Während Ibsen noch vor zwei Jahren Hedvigs Selbstmord in der »Wildente« durch parodistische Anspielungen auf die Bibel aus dem Mund eines betrunkenen Theologen verfremdete, lassen Rebekkas und Rosmers Ernsthaftigkeit und Verzweiflung keine Groteske mehr zu. Mit glänzenden Augen suggerieren sie einander in den Liebestod. Angesichts des Todes ist Rosmer in der Lage, den Steg zu betreten, von dem Beate gesprungen war. Eng umschlungen stürzen sich die beiden in den Wasserfall.

Frau Helseth, die die Szene durch das Fenster beobachtet, flüstert: »Die Tote hat sie beide zu sich geholt.« Die Bilanz des Stücks ist finster: Es überlebt die Hauswirtschafterin, und es überleben die Politiker, der »rechte« und der »linke« – die immer und alles überleben.

»Verschrobene Gestalten« bevölkerten Ibsens Bühne, spottete der Kritiker der konservativen »Aftenposten«, »die Gedanken, die sie denken, könnten sie gerne für sich behalten.« Demgegenüber pries der Däne Edvard Brandes die »Mischung von Menschenliebe und Menschenverachtung«, die den Kern des Werks bilde. Dennoch lehnte das »Königliche Theater« in Kopenhagen das Stück ab. Die Uraufführung in Bergen im Januar 1887 traf auf kühle Reaktionen. Die deutsche Erstaufführung drei Monate später in Augsburg geriet zum Fiasko. Mit der deutschen Übersetzung eröffnete S. Fischer 1886 in Berlin seinen Verlag.

# Ewig verloren
## »Die Frau vom Meer«

In der »Frau vom Meer« erzählt Ibsen die alte Geschichte von der unbegreiflichen Macht der See über die Seele der Menschen. Kulissen und Requisiten holte sich der 57jährige aus der Fjordstadt Molde, wo er sich im Sommer 1885 vom Ärger der Kielland-Affäre erholte. Molde zählte damals 2500 Einwohner.

Wie in »Rosmersholm« erprobt Ibsen auch in der »Frau vom Meer« eine Dreieckskonstellation. 1886 schrieb er das Drama, das uns mit der Familie des blassen Distriktarztes Dr. Wangel bekannt macht, der nach dem Tod seiner ersten Frau vor bald sechs Jahren Ellida heiratete, die man in der Stadt bloß »die Frau vom Meer« nennt. Zu Bolette und Hilde, Wangels Töchtern aus erster Ehe, hat sie keinen Zugang gefunden. Bolette ist nicht viel jünger als ihre Stiefmutter. Ellida lebt von der Sehnsucht nach einem rätselhaften Matrosen, den sie vor zehn Jahren getroffen hat. Der »fremde Mann«, wie ihn das Personenverzeichnis lapidar nennt, ist ein Kväne.

Die Kvänen, eine finnischstämmige Minorität im Norden des Landes, galten zu Ibsens Zeit als unheimlich und verwegen. Statistisch erfaßt wurden sie zum letztenmal in der Volkszählung von 1950. Damals nannten 1439 Personen »Kvänisch« als ihre Umgangssprache. Allerdings betrieb der Staat bis weit nach dem Zweiten Weltkrieg eine Politik der Norwagisierung. So war in den nordnorwegischen Provinzen Troms und Finnmark der Besitz von Grund und Boden bis 1964 der norwegischsprachigen Bevölkerung vorbehalten. Ob Kvänisch als Sprache oder als finnischer Dialekt zu gelten hat, war lange umstritten. Wörterbücher und Grammatiken gibt es nicht. Ein auf Anregung des Europarates kürzlich verfaßter Bericht definiert Kvänisch als Sprache. In Vadsø an der Nordspitze des Landes werden neuerdings Pläne für ein Kvänenmuseum geschmiedet. Für Ibsen war der hohe Norden, aus dem auch Rebekka West nach Rosmersholm gezogen ist, eine wilde und archaische, von bürgerlichen Moralvorstellungen unberührte Welt.

Ellida ist als Tochter des Leuchtturmwärters von Skjoldviken am offenen Meer aufgewachsen. Sie, die einen alten Schiffsnamen trägt und sich in der Stadt nicht zu akklimatisieren vermochte, betritt die Bühne »mit einem großen, leichten Umschlagtuch und nassem, über die Schultern fallendem Haar«. »Ach Gott«, sagt sie, »hier ist das Wasser nie frisch. So lau und so abgestanden. Uh! Das Wasser ist krank hier in den Fjorden. [...] Und ich glaube, es macht auch krank.« Der modrige Karpfenteich im Garten, der über keine Frischwasserzufuhr verfügt, veranschaulicht Ellidas Eingesperrtsein. Ohne sie einzubeziehen, kultiviert Wangel mit seinen Töchtern die Erinnerung an seine erste Frau. Im ersten Akt feiern die drei als heimlich Verschworene mit dem Hissen der Flagge den Geburtstag der Verstorbenen. Gleichzeitig versucht Wangel, seine Frau zu stärken und aufzumuntern, ohne jedoch ihre Schwermut ergründen zu können.

## Was zieht und lockt

Schon der Titel verbindet die Heldin mit den Meerfrauen der Tradition, halb Mensch, halb Fisch, wie sie aus Hans Christian Andersens Märchen von der »Kleinen Seejungfrau« bekannt sind. Die Meerfrau, ein gespaltenes Amphibienwesen mit zwei möglichen Daseinsformen, sehnt sich nach einem Menschen, durch dessen Liebe sie eine unsterbliche Seele zu gewinnen sucht. Die unglückliche Ellida glaubt hingegen, daß die Menschen auf oder im Meer leben sollten: dann »wären wir auf eine ganz andere Art und Weise vollkommen als jetzt, besser und glücklicher«. Sie hat »Heimweh nach dem Meer, das zieht und lockt«, nach der unberechenbaren und gefährlichen See, und das heißt auch nach dem mysteriösen Fremden, der für ihre unerfüllten Sehnsüchte steht. Im Volksglauben war das Meer mit seiner geheimnisvollen Tiefe ein Ort des Grauens, der Sitz der Dämonen, das Sinnbild einer furchtbaren höheren Gewalt, der das Menschenleben ausgeliefert ist und die zu bezwingen nur wenigen gelingt.

Ibsen kannte die Thesen des Jenenser Naturforschers Ernst Haeckel, der in seiner »Natürlichen Schöpfungslehre« (1868) den Fisch als frühes Glied einer Entwicklungsreihe beschrieb, die zum Menschen führte. »Die Entwicklung des Menschengeschlechts ist von Anfang an auf Irrwege geraten«, konstatierte Ibsen in einem Brief. Die Menschen hätten sich zu Seegeschöpfen entwickeln sollen. Als er sich an die Arbeit machte, notierte er: »Die Anziehungskraft des Meeres. Die Sehnsucht nach dem Meer. Möchten dorthin zurück. Eine Fischart bildet ein Urglied der Entwicklungsreihe. Finden sich Rudimente davon in der Menschenseele? In der Seele einzelner? Bilder vom pulsierenden Leben im Meer und vom ›ewig Verlorenen‹. Das Meer beherrscht die Macht der Stimmungen, eine Macht, die wie ein Wille wirkt. Das Meer kann hypnotisieren.« Die Erinnerung an die See, das Fernweh entrückt Ellida dem bürgerlichen Alltag im Arzthaushalt. Als sie vor drei Jahren schwanger war und ihr Kind kurz nach der Geburt starb, steigerten sich ihre Unruhe und Nervosität ins Unerträgliche. Seitdem hat sie sich von Wangel zurückgezogen, dem sie sich verweigert, ohne den Grund zu nennen. Und Wangel, der darunter leidet, hat sie nie danach gefragt.

Ibsen schafft Bezüge, indem er gleich zu Beginn von zwei Kunstwerken berichtet, die Motive des Stücks anklingen lassen. Der Theaterdekorateur Ballested malt ein Bild, das eine Meerfrau darstellt, die stirbt, weil sie an Land gegangen ist, während der Bildhauer und frühere Matrose Lyngstrand die Skulptur einer treulosen jungen Seemannsfrau schaffen will, die träumt, ihr ertrunkener Mann stehe, vor Nässe triefend, als Rächer an ihrem Bett. Zu diesem Projekt habe ihn ein Erlebnis seiner Matrosenzeit inspiriert, erzählt der Künstler. Eines Tages sei der Zweite Steuermann, ein Amerikaner, in einer norwegischen Zeitung auf die Nachricht von der Heirat seiner Frau gestoßen. Sie sei sein und werde sein bleiben, habe er in wilder Raserei gerufen. Sie werde ihm folgen, und wenn er sie als Ertrunkener zu sich holen müsse.

Wangel, der begriffen hat, daß sich Ellida in der Stadt nicht wohl fühlt, schlägt vor, hinaus ans offene Meer zu ziehen. Doch sie wehrt ab. Sie könne es auch dort draußen nicht abwälzen: »das Grauenvolle« – »diese unbegreifliche Macht über die Seele«. Sie fürchtet, daß es »nie aufhören wird. Niemals in diesem Leben!« Und sie kommt auf den wahren Grund des ehelichen Desasters zu sprechen, den »fremden Mann«. Schon bei der Heirat hatte sie Wangel offenbart, daß sie vor ihm einen anderen liebte – wen, gesteht sie ihm jetzt: den Zweiten Steuermann eines amerikanischen Schiffs. Vor zehn Jahren, als der Kahn vor Skjoldviken strandete, hätten sie sich kennengelernt. Wangel, der sofort im Bilde ist, reagiert entsetzt. Der Kväne, der sich bald Friman, bald Johnston nannte, habe den Kapitän ermordet und sei danach verschwunden. Ellida verteidigt ihren Seemann, der nur getan habe, was getan werden mußte. Näheres weiß auch sie nicht. Während Wangel fest auf dem Boden der bürgerlichen Welt und ihrer Gesetze steht, wirft sich Friman alias Johnston zum selbsternannten Richter auf. Das Unbestimmte und Diffuse dieser

Figur war Ibsen wichtig: »Niemand soll wissen«, wies er einen Theaterdirektor an, »was er ist, ebensowenig, *wer* er ist oder wie er eigentlich heißt. Gerade diese Ungewißheit ist die Hauptsache meiner diesmal gewählten Methode.« Mit der »Frau vom Meer« setzte er fort, was er mit »Rosmersholm« begonnen hatte: Die irrationalen Bezüge wurden für sein Schreiben zunehmend wichtig.

Nachdem das Verhältnis offengelegt ist, kommt Ellida auf das Wesentliche zu sprechen: Der fremde Mann, gesteht sie, habe eine unbegreifliche Macht über sie ausgeübt. In seiner Nähe hatte sie keinen eigenen Willen mehr. Auch wenn ihr vor ihm graute, mußte sie ihm gehorchen. Am Morgen nach dem Mord, bevor er sich auf und davon machte, habe er ihr auf einer einsamen Landzunge die Tat gestanden und sie gezwungen, »sich gemeinsam dem Meer zu versprechen«, indem sie ihre zusammengebundenen Ringe ins Wasser warfen. Sobald der Fremde verschwunden war, sei der Zauber gewichen. Er schrieb ihr und bat sie, auf ihn zu warten. Sie ließ seine Briefe unbeantwortet, bis auch er verstummte.

Die Frage, wie ein Mensch Macht über einen anderen gewinnen kann, fesselte Ibsen. Suggestion und Hypnose waren en vogue. In Paris setzte Jean-Martin Charcot, auch »Napoleon der Neurosen« genannt, die Hypnose zur Behandlung von Hysterikerinnen ein. In seinen »Dienstagsvorlesungen« an der Salpêtrière, zu denen sich tout Paris einfand, erprobte der Professor die Kunst der Hypnose an Kranken. In Norwegen brachte Bjørnson das Thema 1883 in seinem Erfolgsstück »Über die Kraft I« auf die Bühne, das die Behandlung einer Hysterikerin durch Hypnose zeigt. Ein Jahr später setzte er im Roman »Flaggen über Stadt und Hafen« die Hypnose als Kunstgriff eines Verführers ein. Neuerdings hat Per Olov Enquist in dem »Buch von Blanche und Marie« Charcots Klinik zu neuem Leben erweckt. Im Winter 1885/86, zwei Jahre bevor Ibsen die »Frau vom Meer« schrieb, studierte der 29jährige Freud bei Charcot in Paris. Auch er nutzte die Hypnose, bevor er den Weg zur Psychoanalyse fand. Wie illusionär die Vorstellung, unsere Handlungen würden ausschließlich von unserem rationalen Ich gesteuert, tatsächlich ist, wußte auch Ibsen.

## Der Mann mit den Fischaugen

Die Jahre gingen dahin, und Ellida glaubte, den fremden Mann vergessen zu haben. Doch dann, als sie schwanger wurde, schien es ihr mit einemmal, als ob er zurückgekehrt sei. Sie verweigerte Wangel den sexuellen Verkehr wegen »des Grauens«, das der Fremde ausstrahlte und das sie genau zu dem Zeitpunkt erneut überwältigte, als der Zweite Steuermann auf hoher See aus der Zeitung von ihrer Heirat erfuhr. Seit jenem Tag steht er wieder vor ihr, der Mann, dem sie verfallen ist. Klar und deutlich sieht sie an seiner Brust die Nadel mit einer blauweißen Perle, die einem toten Fischauge gleicht, das sie anstarrt. Ihre Erotik ist an ihn gebunden: »Im Grunde – in ihrer unwillkürlichen Vorstellung – ist er es, mit dem sie ihr eheliches Leben vollzieht«, reflektierte Ibsen.

Wangel ist bestürzt. Sie sei noch kränker als angenommen. Er ist enttäuscht, daß sie sich ihm nicht längst schon anvertraut habe. Dann hätte sie ihm auch das »Unaussprechliche« offenbaren müssen, sagt sie: »das Geheimnisvolle der Augen des Kindes«, die »ihre Farbe wie die See wechselten«: Wangels Sohn hatte die Augen des fremden Mannes. Jetzt werde er verstehen, weshalb sie nicht mehr mit ihm schlafen könne. Ellida befindet sich in einer von lähmenden Ambivalenzen bestimmten psychischen Lage: Als untreue Braut fühlt sie sich dem Fremden gegenüber schuldig, den sie begehrt und zugleich fürchtet. Weil aber ihr Verlangen auf den Fremden fixiert ist, fühlt sie sich auch ihrem Mann gegenüber schuldig, den sie ebenfalls zu lieben vorgibt. Der Konflikt der gespaltenen Gefühle und der doppelten Schuld martert sie so sehr, daß sie glaubt, wahnsinnig zu werden. Sie sehnt sich nach einem wahren Verhältnis, in dem sie ganz und gar sie selbst sein kann.

Während der Prozeß der Selbstvergewisserung im Gange ist, fährt ein englischer Dampfer vorüber – und plötzlich steht er da, der Mann mit den Fischaugen. Ellida taumelt mit einem halbunterdrückten Schrei zurück: »Die Augen, die Augen!« Sie will fliehen, kann sich aber nicht vom Fleck rühren. Er, der eine eisige Ruhe ausstrahlt, sagt, er sei gekommen, um sein Versprechen einzulösen und sie zu holen. Er spricht so, als ob es sich um eine unabwend-bare Naturnotwendigkeit handele. Ellida, außer sich vor Erregung, bittet Wangel, sie von dem Eindringling zu be-freien. Der Fremde entgegnet, sie müsse ihm freiwillig fol-gen oder gar nicht, und gibt ihr einen Tag Bedenkzeit. Wenn sie ihm nicht folge, werde sie ihn nie wiedersehen. Nachdem er sich entfernt hat, verstärkt sich Ellidas Ner-vosität. Leise fleht sie: »Oh Wangel – erlös mich von mir selbst.« Wangel blickt sie voller Angst an: »Ellida! Ich ahne es, – da steckt etwas dahinter.« »Was lockt und zieht, das steckt dahinter«, sagt sie. »Dieser Mann ist wie das Meer.« Das Stück hat seinen Höhepunkt erreicht. Wie wird sie sich entscheiden, die Frau vom Meer? Löst sie sich von Doktorhaus und Karpfenteich? Wagt sie den Schritt hin-aus zur offenen See?

### »… wie ein Wunder«

Im Gespräch mit Wangel bekennt sie sich zu dem fremden Mann. Nicht freiwillig und nach eigener Wahl habe sie ge-heiratet, sondern um versorgt zu sein. Wangel will sie nicht freigeben, wisse sie doch nicht einmal, wer er sei, dieser

Mann. Ob sie den Fremden liebt, weiß sie nicht, sie weiß nur eins, daß sie ihm angehört. Wangel bereitet seine Töchter auf die Trennung vor: Morgen schon werde Ellida an die offene See, nach Skjoldviken, zurückkehren. Damit bringt er Bewegung in die starren Familienfronten. Erstmals artikulieren die Stieftöchter Gefühle für Ellida. Hilde habe von Anfang an nach einem lieben Wort von ihr gedürstet, sagt Bolette, worauf ihre Stiefmutter in sich geht: »Oh – sollte ich *hier* eine Aufgabe haben!« Die Szenenanweisung verlangt, daß sie »unbeweglich, durchströmt von sich widerstreitenden Gedanken, vor sich hin sieht«.

Die Spannung steigt, als der Fremde am folgenden Tag zum zweitenmal die Wangels besucht. Weshalb er unverrückbar an ihr festhält, will Ellida wissen. »Weil ich nicht anders kann«, sagt er. Schon glaubt er, sie habe sich für ihn entschieden, als Wangel vortritt und droht, ihn verhaften zu lassen. Er beruft sich auf das bürgerliche Recht und markiert den Hausherrn: »Meine Frau hat hier keine Wahl. Es ist meine Aufgabe, für sie zu entscheiden und sie zu beschützen.« Ellida jedoch stellt sich auf die Seite des Fremden: »Oh Wangel, wie kannst du nur –.« Dann geht es Schlag auf Schlag: Der Eindringling zieht den Revolver, und Ellida wirft sich schützend vor ihren Ehemann. Und dennoch: Wangel könne sie zwar zurückhalten, sagt sie, »aber meine Seele – meine Gedanken – meine Sehnsucht und Lust – kannst du nicht fesseln«. In dieser verzweifelten Lage nimmt Wangel die Drohgebärde zurück und stellt es ihr anheim, sich in eigener Verantwortung zu entscheiden. Dies ist der verblüffende Wendepunkt des Stücks kurz vor dessen Ende. Ellida greift sich an den Kopf: »auch in eigener Verantwortung? – das ist etwas Neues«. Wie von einem Bann erlöst, weist sie mit kraftvoller Stimme den fremden Mann ab. »Also vorbei?« fragt der. »Ja, vorbei für alle Zeiten, für mich sind Sie ein toter Mann.«

»Vergib mir, Herr Jesus! Empfange mich, tiefes Meer!«

ruft, ganz anders, die Titelheldin am Schluß von Hans Christian Andersens dramatischem Gedicht »Agnete und der Meermann«, die wie Ellida eine Frau zwischen den Welten, zwischen Sehnsucht und Geborgenheit ist. Weshalb hat in Ibsens Stück die Magie des fremden Mannes ihre Wirkung so plötzlich verloren? Weil Wangel Ellida freigibt und so als eigenständige Persönlichkeit respektiert? Oder wäre Wangels Verzicht jener Liebesbeweis, der Ellida – in der Sprache des romantischen Märchens – zu einer unsterblichen Seele verhülfe? Oder sollte das atemberaubende Tempo der Wandlung dem dramatischen Genre geschuldet sein, in dem Entwicklungen nicht reifen können?

Oder ist alles ganz anders? »Das große Dampfschiff gleitet lautlos über den Fjord weg«, heißt es in der letzten Szenenanweisung geheimnisvoll. Dann fällt der Vorhang. An Bord des Dampfers befindet sich der fremde Mann. Sollte das Schlußbild als Hinweis darauf zu deuten sein, daß die hypnotische Kraft des Fremden, die Faszination der unberechenbaren und gefahrvollen See noch immer nachwirkt und die von Wangel versprochene »Freiheit in Verantwortung« konterkariert?

Ellidas plötzliche Wandlung wirke »wie ein Wunder, an das wir nicht glauben«, notierte bereits der Kritiker Lars Holst (»Dagbladet«, 16. 2. 1889), und er fragte, ob Ellida nicht schon am folgenden Tag einen Rückfall erleiden und ihr Sehnen sich in anderer Weise auf das Unerreichbare richten werde.

Ellida aber, nachdem sie den Fremden abgewiesen hat, bleibt nichts anderes, als sich abzufinden und im Hafen der Ehe auszuharren. Ibsen zeichnet ein düsteres Bild von der sozialen Lage der jungen Frauen in den 1880er Jahren. So sieht sich Bolette veranlaßt, aus ökonomischen Gründen eine Ehe mit ihrem alten Lehrer einzugehen. Alles in allem endet das Stück in stiller Freude darüber, daß die Ehekrise noch einmal gelöst ist. »Jetzt komme ich zu dir zurück. Jetzt kann ich es«, beteuert Ellida. Das helle Ende ist auch eine Antwort auf »Rosmersholm«, wo Rebekka und Rosmer sich nur im Tod vereinen können, weil der Schatten der ermordeten Beate zwischen ihnen steht. Was jedoch aus Ellida, was aus ihrer Ehe wird, erfahren wir nicht. In seinem nächsten Stück bringt Ibsen mit Hedda Gabler eine Frau auf die Bühne, die auf ihr Eingesperrtsein anders reagiert und zur Waffe greift.

Ibsen war inzwischen ein älterer Herr geworden, der am 20. März 1888 seinen 60. Geburtstag feierte. 54 norwegische Parlamentarier schickten ihm ein gemeinsames Glückwunschtelegramm, während Bjørnson einen einzigen Satz nach München kabelte: »Heute kommt die Welt zu dem Einsamen.« Trotz allem galt er noch immer als »linker« Autor, weshalb das konservative Hauptorgan »Morgenbladet« den Tag mit keiner Silbe erwähnte. Auf dem Gabentisch lag auch eine Biographie Henrik Jægers, der Ibsen als Menschen schilderte, dessen Leben nach dem Zifferblatt ausgerichtet und von Routine bestimmt sei. »Nach jedem Mittagessen, sobald wir uns vom Tisch erheben, geht er zum Fenster hinüber und sieht auf das Thermometer, das außen hängt. Dies zu tun, bevor er sich zu Tisch begibt, oder den Kellner zu fragen, wie warm es ist, würde ihm nicht einfallen.«

Auch Ibsens Bruder Ole Paus, mit dem er seit Jahr und Tag keinen Kontakt hatte, meldete sich bei seinem »lieben Bruder Henrik«. Ole Paus, der sich als Leuchtturmwärter beworben hatte, bat Henrik, seinen Einfluß beim Ministerpräsidenten geltend zu machen, da Leuchtturmwärter Staatsdiener waren. »Euer Exzellenz!« schrieb Ibsen wie gewünscht. »Mein einziger noch lebender Bruder Ole Paus Ibsen, wohnhaft auf Tjømø, bewirbt sich um eine Stelle als Leuchtturmwärter und bittet, daß ich mich in dieser Sache für ihn bei Euer Exzellenz verwende. Darf ich Euer

Exzellenz aus diesem Anlaß um wohlwollendes Durch-
lesen der beigelegten Briefe und Zeugnisse ersuchen?
Selbst habe ich dem nichts weiter hinzuzufügen.« Ole Paus
Ibsen erhielt den Posten, den er siebzehn Jahre lang mit
großem Geschick versah.

# Glut unterm Eispanzer
## »Hedda Gabler«

In »Hedda Gabler« rollt Ibsen die letzten Tage und Stunden einer frischverheirateten Frau auf, die ihr Leben durch einen Schuß in die Schläfe beendet. Er schrieb das Stück, das er zuerst »Hedda« nennen wollte, 1890 in München. Eigentlich ist Hedda eine Frau Dr. Tesman. Erst gegen Ende des Schreibprozesses fiel dem Autor der schlagende Titel »Hedda Gabler« ein. Hedda, so beschied er dem russischen Diplomaten Maurice Prozor, der das Stück ins Französische übersetzte, sei eher als Tochter ihres Vaters, des Generals Gabler, denn als Frau ihres Mannes aufzufassen.

»Hedda Gabler« spielt im großbürgerlichen Westend einer wie stets bei Ibsen nicht genannten Stadt, bei der es sich nur um Kristiania, das heutige Oslo, handeln kann. Die norwegische Hauptstadt hatte sich seit Ibsens Auswanderung vor 26 Jahren von einer beschaulichen Kleinstadt zu einer wuchernden Metropole entwickelt, deren Einwohnerzahl in der zweiten Hälfte des 19. Jahrhunderts von 55 000 auf 220 000 explodierte.

Im Herbst 1890, als »Hedda Gabler« erschien, lag in den Buchhandlungen auch der erste norwegische Großstadtroman aus, Knut Hamsuns »Hunger«, der mit dem Satz beginnt: »Es war in jener Zeit, als ich in Kristiania umherging und hungerte, in dieser seltsamen Stadt, die keiner verläßt, ehe er von ihr gezeichnet ist.« Hamsuns Buch machte das neue Lebensgefühl der Vereinzelung und Entfremdung erfahrbar. Ein beispielloser Bauboom hatte in Kristiania dazu geführt, daß sich die Zahl der Häuser zwischen 1875 und

1900 von 3302 auf 8021 fast verdreifachte. Die in den 1880er Jahren installierte Straßenbeleuchtung brachte das Nachtleben in Schwung, das auch in »Hedda Gabler« eine Rolle spielt. Das verschlafene Kristiania verwandelte sich in eine hektische anonyme Metropole, und dennoch erschien die Stadt dem aus Paris heimgekehrten Schriftsteller Arne Garborg klein, als er im April 1886 seinem Kollegen Jonas Lie von einem Sonntagsspaziergang berichtete: »Ich mußte 400mal den Hut ziehen und mich 350mal für 350 Willkommensgrüße bedanken, und ebenso viele Male ›ausgezeichnet gut‹ auf die ebensooft gestellte Frage, wie es mir auf der Reise ergangen sei, antworten.« In Kristiania, wo sich jeder und keiner um den anderen kümmerte, funktionierte die soziale Kontrolle, und die Gerüchteküche brodelte, die Stadt war ein ideales Biotop für Skandale. 1887 hatte der Däne Herman Bang eine ähnliche Stadtentwicklung im Roman »Stuck« eingefangen, dessen Figurengewimmel das bürgerliche Kopenhagen in seinem Größenwahn und seinem Selbsterhaltungskampf vor Augen führt. Ibsen konzentriert sich auf Hedda Gablers Salon und einen Totentanz für sechs Personen.

## Die Generalstochter

Die Bühne ist zweigeteilt: Der dunkel gehaltene großzügige Salon wird durch eine Glastür mit zurückgeschlagenen Portieren von dem dahinter liegenden Alkoven getrennt. Edvard Munch entwarf das Bühnebild für Max Reinhardts Berliner Inszenierung von 1907. Ihm gelang es, so Siegfried Jacobsohns Kritik, Heddas »Dämonie und Schicksal« in die Ausstattung zu transponieren: »In schaurig schwarze Vorhänge und Sofabezüge sind gellend rote Pflanzen gestickt, während die übrige Einrichtung von angejährter Alltäglichkeit ist.« An der Rückwand des Alkovens prangt das Porträt eines »schönen älteren Herrn in

Generalsuniform«. Als General Gabler starb, hinterließ er seiner Tochter nichts außer dem Gemälde und zwei Pistolen. Über Heddas Mutter fällt kein einziges Wort. Da sich der General einen Sohn gewünscht hatte, erzog er seine Tochter wie einen Jungen. Sie lernte reiten und schießen. Hedda ist fast dreißig und heiratete vor einem halben Jahr den bei zwei Tanten aufgewachsenen Stipendiaten der Kulturgeschichte Jørgen Tesman.

Wenn sich der Vorhang hebt, sind Hedda und Tesman in ihr neues Heim eingezogen. Schon die langen Flitterwochen hatten die Mesalliance offenbart. Während sich Hedda langweilte, nutzte Tesman die Zeit, um in verstaubten Archiven Stoff für ein Buch über das Kunstgewerbe im Mittelalter zu sammeln. »Nein«, freut sich Tante Julle, »wenn man bedenkt, daß du jetzt verheiratet bist, Jørgen! Und daß ausgerechnet du Hedda Gabler heimgeführt hast. Die reizende Hedda Gabler, – denk nur! Sie, die so viele Kavaliere um sich hatte!« Die reizende Hedda weiß schon jetzt, daß sie sich an der Seite des gutmütig-stupiden Stubengelehrten nicht wird entfalten können. In gereizter Stimmung kränkt sie die wohlmeinende Tante, indem sie den häßlichen Hut, den sich diese zu Ehren der Generalstochter zugelegt hat, für den des Dienstmädchens hält. Schon diese Szene birgt den Kern des Stücks. Hedda lebt die Verzweiflung über die neue Rolle als Ehefrau aus. Ihr Aufruhr gegen das Bürgerliche artikuliert sich als Demütigung und Herbwürdigung und zeigt so seine Begrenztheit.

Heddas Mann spekuliert auf eine Universitätsprofessur, die ihm die Möglichkeit gäbe, die Familie standesgemäß zu versorgen. Das Ehepaar führt in seiner Villa ein Leben auf Vorschuß. Der Status der Familie ist labil, zumal Hedda im zweiten Monat schwanger ist, was Tante Julle rasch entdeckt, während Tesman vermutet, die Gewichtszunahme sei auf die Tiroler Gebirgsluft zurückzuführen. Schon ein halbes Jahr nach der Trauung herrscht verzweifelte Kommunikationslosigkeit. Als sich Tante Julle entfernt hat, hebt Hedda die Arme und ballt die Fäuste. Sie ist durch die Schwangerschaft doppelt an diesen Mann gefesselt, den sie nicht liebt.

Dabei haben Tesmans ein Traumhaus nach Heddas Wünschen bezogen. Assessor Brack, der Hausfreund, hatte in Tesmans Auftrag die Villa der Staatsrätin Falk erworben. Für Möbel und Teppiche gab Tante Julle Sicherheit, wofür sie ihre und Tante Rinas Rente verpfändete. Zufrieden ist Hedda gleichwohl nicht. Das alte Klavier passe nicht zum Interieur, mäkelt sie. »Wenn ich mein erstes Gehalt bekomme«, verspricht der brave Tesman, »wollen wir's umtauschen.« Hedda will jedoch das Instrument ins Hinterzimmer stellen und für den Salon ein neues anschaffen. Anspruch und Wirklichkeit klaffen in den großbürgerlichen Kulissen der kleinbürgerlichen Familie Tesman weit auseinander.

»Es ist das Fehlen eines Lebensziels, das sie quält«, notierte Ibsen, als er am Stück arbeitete, und: »Tesman ist eigentlich kein Fachmann, nur Spezialist. Das Mittelalter ist tot.« Norwegens einstige aristokratische Oberschicht, für die noch zu Beginn des 19. Jahrhunderts Arbeit ein angenehmer Zeitvertreib war, wandelte sich zu einer von protestantischer Ethik und dem Geist des Kapitalismus (Max Weber) geprägten Elite. Hedda als Möchtegern-Oberschichtfrau hängt in ihrer Phantasiewelt jenen Zeiten nach, als Kultur und Politik, Musik und Amateurtheater in den Salons der Wohlhabenden beheimatet waren und die Dame des Hauses als Gastgeberin eine prominente Rolle spielte. Diese Frauen wurden Opfer des Verfalls der halböffentlichen Familienkultur. Vom Leben, das sich außerhalb der Salons entfaltete, blieben sie ausgeschlossen. Wie Hedda saßen sie in ihren Villen, und auch untereinander pflegten sie kaum Kontakte. Am Markt der Möglichkeiten, den das neue Kristiania Menschen mit Ambitionen bot, konnten sie nicht teilnehmen.

Hedda leidet unter ihrer Ohnmacht als Ehefrau und künftige Mutter, als ihre Schulfreundin Thea Elvsted unerwartet in der Stadt eintrifft. Vor fünf Jahren war sie eine Versorgungsehe mit einem zwanzig Jahre älteren Mann eingegangen. Statt im tristen Ehealltag zu resignieren, verliebte sie sich in den Privatlehrer und Schriftsteller Ejlert Løvborg. In der Einsamkeit des Nordens habe er mit ihrer Hilfe ein Buch geschrieben, sie habe Macht über ihn gewonnen, ihretwegen habe er vom Trinken gelassen. Als Thea das erzählt, unterdrückt Hedda ein unwillkürliches Hohnlachen. Allerdings – so fährt Thea fort – stehe »der Schatten einer Frau« zwischen Løvborg und ihr. Wer diesen Schatten wirft, ahnt sie nicht. Ein einziges Mal habe er die Frau erwähnt, sie habe ihn mit einer Pistole erschießen wollen, als sie sich trennten.

Løvborg ist als brillanter Sachbuchautor der Gegenpol zum Faktensammler Tesman. Sein soeben erschienenes Werk über die Kultur der Zukunft sei Stadtgespräch, berichtet der Hausfreund Brack. Løvborg wolle sich nun ebenfalls um die Professur bewerben. Diese Nachricht irritiert Tesman. Er und Hedda hatten auf die Aussicht der Professur hin geheiratet und eine Menge Schulden gemacht. Mit einem Male ist die Zukunft unsicher und offen, und schon artikuliert Hedda »langsam und müde« erste Vorwürfe: »Es war doch abgemacht, daß wir gesellig leben – ein großes Haus führen wollten.« Auf den Diener in Livree und das Reitpferd müsse sie fürs erste wohl verzichten. »Das Reitpferd?« fragt Tesman ängstlich. Sie blickt ihn »mit unterdrücktem Hohn« an und meint süffisant, zur Erheiterung blieben ihr jetzt nur noch ihre Pistolen.

## Ein Schimmer von Liebe

Løvborgs Rückkehr in die Arena bringt Spannung in das Stück. Der Wettbewerb um Heddas Gunst ist wieder offen. Zu Beginn des zweiten Akts lädt sie die eine ihrer beiden Pistolen. Als sie Brack nahen hört, feuert sie einen Schuß ab, ohne den eintretenden Hausfreund zu treffen. Die Tochter des Generals will nicht nur in der von Männern beherrschten Welt dominieren, sie spielt auch die Männerrolle. Ohne Aussicht auf Selbstverwirklichung als Ehefrau sucht sie Zuflucht bei riskanten Pistolenspielen. Der Schuß über Bracks Kopf hinweg erscheint als Ersatztötung und zugleich als sexueller Ersatzakt. Der Destruktionstrieb wird zur Maske der Lust.

Auf Bracks Frage, warum sie den Stümper Tesman geheiratet habe, antwortet sie, er sei ihr als korrekter Mensch und fleißiger Sammler erschienen, weshalb sie gedacht habe, er könne es weit bringen. Sein Angebot habe alles, wozu andere Verehrer bereit waren, übertroffen. Der Junggeselle Brack versteht Heddas Reden als Aufforderung zum Tanz und malt ihr die Wonnen eines Dreiecksverhältnisses aus, worauf Hedda nickt: sie habe auf der Hochzeitsreise tatsächlich den Dritten vermißt. Auf Bracks Avancen steigt sie aber nicht ein. Gleichwohl lodert unter dem Eispanzer der Entsagung die Lust.

In einer Notiz betonte Ibsen das Typische an Hedda als »Dame in ihrer Stellung und mit ihrem Charakter. Man heiratet Tesman, aber beschäftigt seine Phantasie mit Ejlert Løvborg. Man lehnt sich im Stuhl zurück, schließt die Augen und stellt sich Løvborgs Abenteuer vor.« Und schon betritt Løvborg im eleganten Abendanzug die Bühne. In der reinen Luft des hohen Nordens angeblich von der Alkoholsucht kuriert, will er sich in der Stadt eine Position erobern und zieht zur allgemeinen Verblüffung das Manuskript seines zweiten Buches über die kulturelle

Entwicklung der Zukunft aus der Tasche. Kann dieser Mann, den Hedda einst erschießen wollte, ihre Lebenslust wieder wecken? Im Blick auf ihre Ehe seufzt er: »Ach, Hedda, Hedda, – wie konntest du dich so wegwerfen!« Sie liebe Tesman nicht, Untreue komme für sie aber nicht in Frage, sagt sie, wohl wissend, daß mit Løvborg jener Mann vor ihr steht, den sie einst begehrt hat und der auch sie begehrte. Auf dessen Frage, ob in ihrem Verhältnis nicht doch ein Schimmer von Liebe gewesen sei, sagt sie: »Ja, wer kann das schon sagen?«

Die beiden schwelgen in Erinnerungen. Gebrochen habe sie mit ihm, »als die Gefahr drohte, es könnte Wirklichkeit in unser Verhältnis kommen«. Sie griff zur Pistole, schoß aber nicht, aus Angst vor dem Skandal. Daß ihr der Mut gefehlt habe, ihn zu erschießen, sei nicht die ärgste Feigheit an jenem Abend gewesen, sagt sie. Er versteht und flüstert »leidenschaftlich«: »Oh Hedda! Hedda Gabler! [...] Du und ich –! Es war *doch* die Lebensgier in dir.« Noch immer lodert die Lust, und noch immer schreckt Hedda zurück und zischt »leise mit einem wütenden Blick«: »Nehmen Sie sich in acht! Glauben Sie nur so was nicht!« Die Umwandlung der gehemmten Erotik in kulturelle Leistung bleibt ihr als zur Untätigkeit verurteilter Ehefrau mit großbürgerlichen Ambitionen verwehrt – im Unterschied zu Baumeister Solness, der Hauptfigur des nächsten Stücks, der nicht lebt, aber baut. Die Entsagung führt in Heddas Fall zu Zerstörung und Selbstzerstörung.

Als Thea erneut in der Villa auftaucht, verfügen die beiden unerlöst Sichsehnenden über einen Katalysator. Løvborg schürt Heddas Eifersucht, indem er sich Thea zuwendet, die er eben noch als »dumm« bezeichnet hat. »Wir beiden sind zwei richtige Kameraden. Wir glauben unbedingt aneinander.« Thea ihrerseits schmiegt sich an Hedda und säuselt: »Denk nur, – er sagt, ich hätte ihn inspiriert.« Løvborg gibt noch eins drauf: »Und dann ist es der Mut zur Tat, den sie besitzt, Frau Tesman!« Der Mut zur Tat ist genau das, was Hedda fehlt, während Thea den Skandal nicht gescheut und ihren Mann verlassen hat.

Hedda, tief getroffen, »verändert sich schlagartig«. Dies ist der Augenblick, in dem sie ihr destruktives Spiel in Gang setzt. Zunächst zerstört sie das Vertrauen zwischen Løvborg und Thea, danach vernichtet sie ihren Bewunderer: sie offeriert dem angeblich kurierten Trinker ein Glas Punsch. Als er ablehnt, lacht sie ihm zu: »Man könnte ja auf den Gedanken kommen, daß Sie sich – so im Grunde – nicht so richtig unbefangen fühlten – daß Sie sich Ihrer selbst nicht allzu sicher sind.« Løvborg ergreift das Glas, leert es in einem Zug, leert ein zweites und begibt sich in Begleitung Bracks und Tesmans zu einem Herrenabend. Hedda sieht ihn bereits vor sich, »mit Weinlaub im Haar. Heiß und keck.«

## Weinlaub im Haar

Weinlaub ist das Zeichen des Rausches, vor dem Hedda unter ihrem Eispanzer zurückschreckt. Berühmt ist Caravaggios Bild, das den Weingott Bacchus mit Trauben in den Händen und Weinlaub im Haar zeigt. Der Traum vom Glück? Der Traum von der Vereinigung mit Løvborg? »Weinlaub im Haar« bezeichnet aber auch das Gegengift zum häßlichen Hut der gütigen Tante Julle als Chiffre bürgerlichen Anstands und Respekts. Daß Hedda sich selbst im Rausch nicht vorstellen kann, sondern nur den anderen, den sie begehrt und zugleich abweist, verweist auf ihre Selbstentfremdung. Ibsen, der in Zurückhaltung und Askese lebte, konnte den Rausch und die Schönheit im Schreibprozeß erfahren, der zur Sucht und zum Ersatzleben wurde. Hedda bleibt nur die Phantasie.

Am nächsten Morgen berichtet Tesman von einem Bacchanal. »Hatte er Weinlaub im Haar?« fragt Hedda schnell.

Das Gegenteil trifft zu. Auf dem Heimweg fand Tesman das Manuskript von Løvborgs zweitem Buch, das dieser im Rausch verloren hatte. Daß er es an sich nahm, wisse niemand. Er vertraut das Paket Hedda zur Aufbewahrung an. Daß Løvborg am Ende der turbulenten Nacht die Damen in Fräulein Dianas Salon beschuldigte, ihn bestohlen zu haben, erfährt Hedda von Brack. Dabei sei es zu einer Schlägerei gekommen, in deren Verlauf Løvborg den herbeigerufenen Polizisten geohrfeigt habe.

Völlig derangiert taucht Løvborg in der Villa auf, wo er auf Thea trifft. Mit ihm sei es aus, er brauche sie nicht mehr, das Manuskript habe er vernichtet, lügt er. Thea ist schockiert, als habe er ihr gemeinsames Kind ermordet. Später vertraut er sich Hedda an: Töten sei nicht das Schlimmste, was ein Vater seinem Kind antun könne, wohl aber zu seiner Frau zu kommen und zu sagen: »Das Kind ist mir abhanden gekommen. Es ist spurlos verschwunden. Weiß der Henker, in was für Hände es geraten ist.« Verloren sei doch nur ein Buchmanuskript, wirft Hedda ein. Løvborg erwidert: »Theas reine Seele war in dem Buch.« Heddas Macht über Løvborg ist gebrochen. Ihr Spiel ist aus. Sie drückt ihm die Pistole in die Hand mit der Bitte, es »in Schönheit« zu tun.

Nachdem er gegangen ist, nimmt Hedda das Paket aus der Schublade, betrachtet den Umschlag, liest da und dort und wirft dann das Manuskript ins Feuer, indem sie wie eine heidnische Zauberhexe vor sich hin flüstert: »Nun verbrenne ich dein Kind, Thea. [...] Dein und Ejlert Løvborgs Kind.« Ihre Haßgefühle lebt Hedda in einem Ersatzmord aus, der durchaus handfeste Folgen hat. Der Konkurrent ihres Versorgers ist unschädlich gemacht.

Zu Beginn des Schlußaktes teilt sie Tesman mit einem »kaum merklichen Lächeln« mit, sie habe ihm zuliebe Løvborgs Manuskript verbrannt. Sie deutet an, daß sie schwanger sei, will aber nicht darüber reden. Während sich

Tesman »in übermäßiger Freude« ergeht, preßt Hedda »in Verzweiflung« ihre Hände zusammen. In diese Stimmung platzt Brack als Todesbote herein: Løvborg habe sich erschossen. Auf der Suche nach Løvborg trifft auch Thea in der Villa ein. Sie, die seine Notizen und Textentwürfe aufbewahrt hat, begibt sich mit Tesman in den Alkoven, um zu untersuchen, ob sich aus den Bruchstücken das Buch rekonstruieren lasse, während auf der Vorderbühne Hedda Løvborgs »freiwillige Tat des Muts« preist, auf die ein »Schimmer von Schönheit« falle. Der Aufruhr des Schönen gegen das Bürgerliche dieses Stücks erinnerte Theodor W. Adorno an die Kritik des Ästhetizismus an der bürgerlichen Gesellschaft, die sich ästhetisch über moralische Kategorien äußere. Doch gibt Ibsen dem Geschehen sogleich eine Wendung, die Heddas Ästhetizismus unterläuft: Brack berichtet, Løvborg habe sich nicht »in Schönheit« getötet. Er sei erschossen, mit einer abgefeuerten Pistole in der Brusttasche, in Fräulein Dianas Boudoir aufgefunden worden, wo er etwas zurückforderte, das man ihm entwendet habe. Die Kugel traf ihn in den Unterleib.

Der Junggeselle Brack, der die Pistole wiedererkannt hat, wittert seine Chance und versucht, Hedda zu erpressen. Wenn die Polizei nach der Herkunft der Waffe forsche, »dann kommt der Skandal«, sagt er, nämlich die Vorladung vor Gericht zusammen mit Fräulein Diana. Hedda erkennt, daß sie dem Hausfreund auf Gedeih und Verderb ausgeliefert ist. Das ist ihr Ende. Sie begibt sich in den Alkoven und zieht die Portieren zu. Man hört sie einen wilden Tanz auf dem Klavier spielen. Dann fällt ein Schuß. Hedda Gabler erschießt Hedda Tesman unter dem Porträt des Generals. Sie tötet sich und das Kind, das sie nicht gebären will. Die Schlußpointe verleiht der Tat einen farcenhaften Zug: Tesman, der Hedda auf dem Sofa liegend findet, schreit zu Brack im vorderen Raum: »Sich erschossen! In die Schläfe geschossen! Stellen Sie sich vor!«, worauf

Brack halb ohnmächtig im Lehnstuhl murmelt: »Aber, barmherziger Gott, so was *tut* man doch nicht!«

Aus Kristiania meldeten die Kritiker »sparsamen Beifall«. »Alles in allem ist Hedda Gabler ein unheimliches Phantomgebilde, ein vom Dichter hervorgebrachtes Ungeheuer in Frauengestalt, ohne Vorbild in der Wirklichkeit«, ärgerte sich Alfred Sinding-Larsen im konservativen »Morgenbladet«. Am »Königlichen Theater« in Kopenhagen wurde das Stück ausgepfiffen: »Bei noch offenem Vorhang setzte der Kampf der Anhänger und Gegner ein«, rapportierte Edvard Brandes in »Politiken«. Offensichtlich wolle man den Autoren »verbieten, sich mit den Schattenseiten des Lebens und dessen Schrecknissen zu beschäftigen«.

Der Selbstmord der Generalstochter hatte in Kopenhagen auch ein militärisches Nachspiel. Nach einer demütigenden Bestrafung nahm sich der 19jährige Marinekadett Kai Simonsen am 17. Oktober 1891 durch einen Schuß in die Schläfe das Leben. Der Fall hatte alle Ingredienzen eines Skandals: Zum einen war Simonsen der Sohn eines bekannten Opernsängers, zum anderen war der dänische Prinz Carl, der später als Haakon VII. König von Norwegen wurde, Zeuge des Selbstmords. Schon zwei Tage nach der Tat berichtete die Presse, daß »der Verstorbene von der Lektüre ›Hedda Gablers‹, vom Gedanken des ›Sterbens in Schönheit‹ usw., stark ergriffen gewesen sein soll«. Diese Vermutung war, wie Tor Bomann-Larsen herausfand, vom ärztlichen Todesattest in die Zeitungen gelangt. Vermutlich um das Militär moralisch weißzuwaschen, wälzten die Ärzte die Verantwortung auf Ibsen ab, indem sie dem Kadetten ein Interesse für »moderne Selbstmorddramen« zuschrieben. Das Stück habe die kranke Phantasie des jungen Mannes erhitzt, so daß die Tat nahezu als Plagiat von Hedda Gablers Suizid betrachtet werden müsse.

## *Rückkehr nach Norwegen*

Am 16. Juli 1891 betrat Ibsen zum erstenmal seit sechs Jahren wieder norwegischen Boden. Die Zeitung »Aftenposten« forderte ihn auf, im Land zu bleiben, dann »würde seine scharfe Feder [...] bald genug Dinge finden, wogegen sie angehen könnte, [...] hier, wo Oberflächlichkeit und Dilettantismus unter Bjørnsons Ägide das große Wort führen«. Ibsens Rivale Bjørnson wirkte am radikalen Flügel der »Linken« als unerschrockener und unberechenbarer Publizist und Hans Dampf in allen Gassen. Als Pazifist kämpfte er in der sich formierenden internationalen Friedensbewegung an vorderster Front. Später wird ihn das Parlament in das Komitee wählen, das die Friedensnobelpreisträger kürt. Im Herbst 1891 jedoch sorgte seine Idee, Rußland einen eisfreien Hafen abzutreten, europaweit für Aufsehen: »Rußland würde Norwegens bester Freund werden«, glaubte er zu wissen. Die konservative Presse beschimpfte ihn als »Landesverräter«, und auch die liberale »Vossische Zeitung« in Berlin reagierte bestürzt.

Die Ibsens planten eine Fahrt zum Nordkap, zerstritten sich aber. Während sich Suzannah in Sigurds Begleitung in Valdres erholte, reiste Ibsen mit dem Zug nach Trondheim, wo er den Dampfer zum Nordkap bestieg. Als er Anfang August nach Kristiania zurückkehrte, logierte er sich im noblen Grand Hotel ein. Die Witzblätter karikierten ihn schon als wiedergeborenen Norweger. Bald darauf erfuhr er, daß auf der feinen Victoria Terrasse eine Wohnung mit Blick auf den Fjord frei wurde. Er griff zu, ohne sich mit Suzannah zu beraten, die sich bereits wieder in München befand. Somit war er nach 27 Jahren freiwilligen Exils in die alte Heimat zurückgekehrt, ohne es geplant zu haben. Ob die Begegnung mit der jungen Pianistin Hildur Andersen, der Tochter eines alten Bekannten, hierbei eine Rolle spielte? Mit ihr zeigte er sich in der Stadt, so daß die

Gerüchteküche brodelte. Am 28. August besuchte er das erstemal seit 1874 eine Vorstellung im »Christiania Theater«, das die Saison mit »Hedda Gabler« eröffnete, langanhaltender Applaus empfing ihn. Zwei Wochen später saß er mit ordensgeschmückter Brust in der 100. Aufführung von »Bund der Jugend«.

Auf die Einwohner der Stadt wirkte er unnahbar. Selbst dann war er auf Wahrung der Formen bedacht, wenn er einem alten Bekannten auf der Straße begegnete. So habe er sich, berichtet Christoper Due, ein Jugendfreund aus der Grimstader Zeit, nach einem freundlichen Gruß auf eine sonderbare Weise, »deren Sinn mir nicht klar war, um mich herumbewegt, bis sich zeigte, daß er links von mir gehen wollte. ›Nein‹, sagte ich, ›es gehört sich doch nicht, daß ich rechts vom Großkreuz des St. Olavsordens gehe.‹ ›Doch‹, sagte Ibsen, ›du bist der Ältere.‹«

Kaum hatte er sich in Kristiania eingerichtet, drohte Ungemach: Im Sommer war Knut Hamsun an der Westküste zu einer Vortragstournee aufgebrochen. Ziel war die Hauptstadt. Hamsuns Provokationen, etwa der Frauenbewegung, heizten die Stimmung an. Er sprach über das Unbewußte in der Literatur und verspottete Ibsen als »Quacksalber«, dessen Figuren mit Hippolyte Taines Theorie vom »dominanten Charakterzug« erschöpfend erklärbar seien. Von Psychologie verstehe der alte Herr gar nichts. »Es fällt mir – unter uns gesagt – ziemlich schwer, einen Menschen mit der Figur Rosmers zu verbinden.« »Die Frau vom Meer« sei »ein Buch für Deutsche, ein Buch für Leute, die gewohnt sind, tiefsinnige Dichtungen zu lesen. Ibsen hat ein Buch geschrieben; wie schön. Seine Gemeinde aber lauscht abergläubisch seinen Worten und findet sie vortrefflich dunkel. Und die Deutschen suhlen sich und reiben sich die Hände – ah, wunderbar.« Im Oktober traf Hamsun in Kristiania ein, wo er an drei Abenden referierte. Alle wollten den Exoten sehen. An Ibsen schickte er eine persönliche Einladung. Der Saal war brechend voll, als er das Podium betrat. Ibsen, der in der ersten Reihe zwischen Edvard Grieg und Hildur Andersen saß, starrte den Redner »intensiv und unentwegt« an, als dieser über ihn herzog. Als ihn Hildur davon abhalten wollte, auch den zweiten Vortrag zu besuchen, soll er gesagt haben: »Du wirst doch verstehen, daß wir hinmüssen, um zu lernen, wie wir dichten sollen!« Für Hamsun blieb Ibsen ein rotes Tuch. Im Roman »Mysterien« (1892) verspottete er ihn als »kleines schreibendes Kuriosum«, während er Bjørnson als »überwältigende Persönlichkeit« pries: »Bjørnson ist unser einziger Dichter mit Inspiration, mit dem göttlichen Funken.« Verglichen mit der Dichtung Bjørnsons, sei diejenige Ibsens eine »rein mechanische Büroarbeit«.

Inzwischen hatten sich Sigurd Ibsen und Bjørnsons Tochter Bergliot ineinander verliebt. Schlimmer noch: Sie wollten heiraten. Während sich Bjørnsons freuten, blieben Ibsens skeptisch. Bergliots Schwester Dagny hielt später in ihrem Notizbuch eine Szene vom Sommer fest: Unmittelbar nachdem das Ehepaar Ibsen in Norwegen eingetroffen war, begab sich Bjørnsons Frau Karoline in Begleitung ihrer beiden Töchter zum Hotel, um ihre alte Schulfreundin Suzannah zu begrüßen; Bergliot war bereits heimlich mit Sigurd verlobt. Karoline fragte: »Na, Suzannah, gedenkt ihr euch jetzt hier niederzulassen?« Die Antwort war kurz und grimmig: »Nein, Ibsen gehört der großen Welt.«

Die große Welt war im 19. Jahrhundert Paris, wo im Dezember 1891 mit »Hedda Gabler« erstmals eine kommerzielle Ibsen-Aufführung stattfand. In »Le Temps« erklärte Francisque Sarcey Ibsen für tot – der Doyen der französischen Theaterkritik drückte die Hoffnung aus, daß keine weiteren Stücke des Norwegers in Paris inszeniert würden. Bjørnson veröffentlichte am 5. Januar 1892 in

»Dagbladet« einen mit »Ein Zeitungsleser« gezeichneten ironischen Brief über Ibsens Debakel. In Kristiania ahnte man sogleich, wer hinter dem ominösen »Zeitungsleser« steckte. Ibsen tobte, Sigurd verleugnete die Verlobung, die Atmosphäre war geladen. Auf einem Abendessen beim Ministerpräsidenten schwadronierte Bjørnson über Ibsens Alkoholverbrauch. Ibsen sehe wie ein »altes Weib« aus, rief er über den Tisch. (Zwei Jahre später wird er an den Kollegen Gabriel Finne schreiben, Ibsen beschränke sich jetzt auf einen Rausch hie und da.)

Nachdem sich die beiden Koryphäen wieder ausgesöhnt hatten, wurde im Mai 1892 die Verlobung offiziell bekanntgegeben. Neue Probleme bereitete die Hochzeit. Während sich Bjørnsons einer kirchlichen Trauung strikt widersetzten, waren Ibsens dafür. Schließlich wurde das Paar von einem Pfarrer in Bjørnsons Büro, auf dem Hof Aulestad bei Lillehammer, getraut. Bjørnsons Einladungsbrief an die Eltern des Bräutigams war nicht allzu herzlich, und so zog es Ibsen vor, zu Hause zu bleiben, während Suzannah der Gicht trotzte und nach Aulestad reiste. Ibsen hatte ohnehin mit der Reinschrift seines neuen Stücks, »Baumeister Solness«, vollauf zu tun. »Hedda Gabler« blieb sein letztes großes Frauendrama. Künftig erkundete er Seelenlandschaften älterer, verhärmter Männer.

# Luftschloß mit Turm
## »Baumeister Solness«

Der Emporkömmling Halvard Solness, noch immer »kräftig und gesund«, und seine still vor sich hin leidende Frau Aline führen eine von Ibsens unglücklichen, stummen Ehen. Ibsen erzählt vom verpaßten Leben, von Sehnsucht und verbotener Liebe.

Das entscheidende Datum liegt zehn Jahre zurück: Damals, am 19. September, hatte Solness im fernen Lysanger zum letztenmal eine Kirche gebaut. Am Tag des Richtfestes, nachdem er den Kranz an die Spitze des Turms gehängt hatte, war er der dreizehnjährigen Hilde Wangel begegnet. Ihr versprach er ein Königreich. Jetzt – es ist wieder ein 19. September – taucht Hilde aus heiterem Himmel auf, um die Einlösung des Versprechens zu fordern.

### Ibsen flirtet

Baumeister Ibsen war mittlerweile 64, nach damaligen Begriffen ein alter Mann – was hatte der Dichter, der nur phantasierte, aber nicht lebte, noch zu erwarten? Die Entstehungsgeschichte des Stücks reicht in den Sommer 1889 zurück, als er sich in der Tiroler Sommerfrische Gossensaß am Brennerpaß in die 18jährige Emilie Bardach aus Wien verliebte. »An die Maisonne eines Septemberlebens – in Tirol«, schrieb er auf das Porträt, das er der jungen Frau verehrte. »War es eine Dummheit oder war es eine Tollheit, daß wir einander entgegen gekommen sind? Oder war es sowohl eine Dummheit wie eine Tollheit? Oder war es keines von Beiden?« fragte er in einem Brief nach Wien, um einen Monat später mahnend den Finger zu heben: »Ein reger brieflicher Verkehr ist von meiner Seite eine Unmöglichkeit.« Doch fand er weder Ruh noch Rast: »In meiner Fantasie sehe ich Sie immer mit Perlen geschmückt. Perlen lieben Sie ja so sehr. Es liegt etwas tieferes – etwas verborgenes in dieser Neigung. Aber was eigentlich?« Bald schon gewannen die Skrupel erneut die Oberhand: »Ich fühle es als eine Gewissenssache die Korrespondenz mit Ihnen einzustellen oder doch [zu] beschränken.« Emilie Bardach fügte sich. Sieben Jahre lang schwieg sie, bis sie sich zu seinem 70. Geburtstag zum letztenmal meldete. Zum Dank für ihr Telegramm erhielt sie eine Fotografie mit: »Der Sommer in Gossensaß war der glücklichste, schönste in meinem Leben. Wage kaum daran zu denken. – Und muß es doch immer. – Immer!« Emilie Bardach reagierte auf Ibsens Huldigungen geschmeichelt, aber ohne erotisches Feuer, wie aus ihrem Tagebuch hervorgeht. Später berichtete Arthur Schnitzler mit Informationen von Georg Brandes dem neugierigen Otto Brahm in Berlin: »Wenn er sie küßte, so graute ihr.«

Nach dem Flirt mit Emilie verkehrte er mit Helene Raff aus München, der Tochter des Komponisten Joseph Joachim Raff, und mit der (uns bereits aus dem vorigen Kapitel bekannten) Pianistin Hildur Andersen, in deren Begleitung er sich bei Hamsuns famosen Vorträgen im Herbst 1891 erstmals der Öffentlichkeit gezeigt hatte. Pikanterweise hatte Hildur zuvor eine Beziehung mit Ibsens Sohn Sigurd unterhalten. Während Ibsen an »Baumeister Solness« arbeitete und sie in Wien weilte, korrespondierten die beiden, auch über Details des Stücks. Hildur verbrannte die meisten seiner Briefe kurz vor ihrem Tod im Dezember 1956, obwohl er gewünscht hatte, daß sie den Packen der Öffentlichkeit aushändige, damit seine unverhüllte Persönlichkeit zugänglich sei. Sie erhielt das

Manuskript des Stücks zum Geschenk, während das Helene Raff zugedachte Buchexemplar die Widmung trug: »Helene Raff! Eine Stimme in meinem inneren schreit nach Ihnen. Empfangen Sie dieses Buch von Ihrem treu ergebenen Henrik Ibsen.« Vermutlich wollte er die Empfängerin ermuntern, sich mit Hilde zu identifizieren, die im Stück fragt: »Sagen Sie mal, Baumeister, – wissen Sie bestimmt, daß Sie mich nie gerufen haben? So in Ihrem Inneren?«

Die Dynamik der Beziehung faßt Ibsen in das Bild der riskanten Turmbesteigung. Vor zehn Jahren hatte der (wie Ibsen) von Höhenangst gepeinigte Baumeister die einzige Turmbesteigung seines Lebens gewagt, an jenem 19. September in Lysanger. Hilde, die ihren Solness auch heute »groß« sehen will, treibt ihn mit ihrer erotisierenden Sprache auf den Turm seines neuen Hauses hinauf, damit er dort den Richtkranz aufhängt – mit tödlichen Folgen. Der 19. September ist Ibsens Gruß an Hildur Andersen, der er einen Brillantring mit dem eingravierten Datum schenkte. Am 19. September feierten die beiden ihren Jahrestag. Das Motiv hatte Helene Raff geliefert, die Ibsen vom Baumeister der Münchner St. Michaels-Kirche erzählte, der sich aus Angst, das Gewölbe seiner Kuppel könnte nicht halten, in die Tiefe stürzte. »Die Leute empfinden sehr richtig«, folgerte Ibsen, »daß niemand ungestraft so hoch baut.«

## Bauen statt leben

»Baumeister Solness« lebt wie andere Stücke Ibsens vom Verdrängen der Probleme. Vor bald dreizehn Jahren creilte die Familie ihre seitdem totgeschwiegene Katastrophe, als die neugeborenen Zwillinge an einer Infektion starben, die ihre Mutter mit der Milch übertragen hatte. Frau Aline war erkrankt, als kurz zuvor ihr Heim, das auch ihr Elternhaus gewesen war, bis auf die Grundmauern niederbrannte. Sie verkraftete weder den Verlust des Hauses noch den der Zwillinge. Am Brand gibt sich Solness selbst die Schuld. Er habe das Unglück herbeigesehnt, erzählt er, und einen Riß im Kamin nicht reparieren lassen. Daß das Feuer nicht im Kamin, sondern in der Kleiderkammer ausbrach, mildert seine Gewissensbisse nicht.

Die Familien-Katastrophe brachte Solness als Baumeister in die Höhe. Den Grund teilte er in Parzellen auf, die er als Bauland verkaufte. Er hatte Glück. »Aber ich will Ihnen sagen, wie dieses Glück sich anfühlt! Es fühlt sich an wie eine große Wunde hier auf der Brust.« Wie andere männliche »Helden« Ibsens machte sich Solness zum Gefangenen seines Strebens nach Erfolg, Reichtum und Macht auf Kosten der Familie. Zwölf Jahre benötigte er, bis er für sich und seine Frau ein neues Haus hochzog, das er mit einem hohen Turm krönte. Das Richtfest steht unmittelbar bevor. Frau Aline, die unter der Leere ihrer Ehe leidet, hat keine Vertrauen in das neue Heim.

An diesem sensiblen Punkt stürmt die 23jährige Hilde Wangel auf die Bühne. Mit »freudestrahlenden Augen« ruft sie die Erinnerung an das Richtfest von Lysanger wach, als Solness mit einem großen Kranz das Gerüst hinaufgeklettert sei. »Ich konnte mir nicht vorstellen«, schwärmt sie, »daß es auf der ganzen Welt einen Baumeister gäbe, der einen so hohen Turm bauen konnte. Und daß Sie selber da oben standen, ganz oben! Leibhaftig! Und daß Ihnen kein bißchen schwindlig wurde!« Und nicht nur das: Dort oben habe er sogar gesungen. (Die Pianistin Hildur Andersen hatte Ibsens musikalische Ader berührt.) Solness wiegelt ab: Nie im Leben habe er auch nur einen Ton gesungen. Hilde bleibt dabei: »Es hörte sich an wie Harfen in der Luft.« War es ein Traum? War es pubertäre Verzückung oder gar Liebe? Liebe, die wie ein Blitz trifft? Die den Verliebten immer wieder zwingt, die Anfangsszene zurückzurufen? Nach der Turmbesteigung kam es im Haus von Hildes Eltern zum Tête-à-tête. »Wenn ich erst groß wäre, sollte ich Ihre Prinzessin sein«, habe Solness versprochen, und daß er in zehn Jahren zurückkehre, »wie ein Troll, um mich in ein Königreich zu entführen«. Hilde sieht ihren Helden fest an: »Sie haben mich in beide Arme genommen und mir den Kopf zurückgebogen und mich geküßt. Viele Male.« Solness will diese Erinnerung nicht zulassen, meint aber bald, es stecke etwas Tieferes darin. Er müsse das gedacht, gewollt und gewünscht haben. »Na, zum Teufel, dann hab ich's auch getan.« Weil er nach Ablauf der zehn Jahre nicht nach Lysanger kam, meldet sie sich jetzt bei ihm. Ihm sei erst jetzt bewußt, wie schmerzlich er sie vermißt habe, sagt er nachdenklich.

Der Baumeister lebt nicht mehr, er baut nur noch, als Hilde an seine Tür klopft und seine Erstarrung löst. Als Kind frommer Leute hatte er seine Karriere mit Kirchenbauten begonnen. Vor zehn Jahren, als er den Kirchturm in Lysanger hochzog, begriff er, weshalb der, für den er das tat, die Zwillinge genommen hatte: »damit ich durch nichts anderes gebunden war«. Er sollte nicht Vater sein, nur Baumeister. Solness, der es zuvor nie fertiggebracht hatte, hoch hinaufzusteigen, hatte an jenem 19. September das Unmögliche gewagt. »Und als ich oben auf der höchsten Höhe stand und den Kranz über die Wetterfahne hängte, da sprach ich zu ihm: Nun hör mich an, du Mächtiger! Fortan will ich freier Baumeister sein, auch ich. Auf meinem Feld. Wie du auf deinem. Nie mehr will ich Kirchen bauen für dich. Nur Wohnungen für Menschen.« Hilde hatte als einzige in der Zuschauermenge Solness' Zwiegespräch mit dem Allmächtigen gehört, und zwar als Gesang, der wie Harfen in der Luft klang. Erstaunt muß Solness begreifen, daß er damals, als er mit dem Allmächtigen brach, einen neuen Pakt mit einem Kind schloß, das jetzt als verführerische Frau vor ihm steht, die auf Einlösung des Versprechens pocht.

Um als Baumeister zu reüssieren, ging Solness über Leichen. In seiner Firma beschäftigt er drei Angestellte: den kranken und verbitterten Knut Brovik, dessen begabten und ehrgeizigen Sohn Ragnar sowie die Buchhalterin Kaja Fosli. Der alte Brovik hatte Solness den Beruf beigebracht, worauf ihn dieser zum Dank ruinierte und »über den Haufen rannte«, weil er dessen Platz für sich beanspruchte. Ragnar ist mit Kaja Fosli verlobt, die unglücklich in Solness verliebt ist. Der Baumeister, ein Patriarch übelster Sorte, der um Ragnars Qualitäten weiß, fürchtet dessen Konkurrenz und läßt ihn nicht hochkommen. Als der alte Brovik den Chef bittet, Ragnar den Auftrag, den er in Bearbeitung hat, zur selbständigen Ausführung zu überlassen, lacht Solness höhnisch auf: »Ja so, so! Halvard Solness – der soll jetzt langsam zurücktreten! Platz machen denen, die jünger sind, den allerjüngsten vielleicht!« Schamlos nutzt er Kajas Verliebtheit aus. Er bindet sie nur deshalb an sein Geschäft, um Ragnar zu halten, damit der sich nicht selbständig macht. Solness »nimmt ihren Kopf in beide Hände und flüstert: ›Denn ich kann ohne Sie nicht sein, sehen Sie. Ich muß Sie um mich haben, tagaus, tagein.‹« Der alte Mann ist sich dessen bewußt, daß er den Menschen seiner Umgebung Unglück bringt, und lebt in panischer Angst vor der »Vergeltung der Jugend«.

## Alte Kameraden

Der rücksichtslose Patriarch trägt Züge Ibsens, aber auch Bjørnsons. In Norwegen war Platz für *einen* Groß-Schriftsteller, mehr nicht. Und es war Bjørnson, der die Arena beherrschte. »Ich weiche niemandem«, brüllt Solness. Der Heimkehrer Ibsen zog sich in seine Wohnung zurück und markierte Präsenz durch das Ritual des täglichen Spaziergangs zum Grand Café, während Bjørnson die Nation mit seinen Zeitungspolemiken und Glossen in Atem hielt. Rivalitäten entstanden um die Gunst von Ibsens Sohn. Sigurd war 1889 mit Getöse aus dem schwedisch-norwegischen Außenministerium ausgeschieden, wo er als Nationalist verschrien war. Er ging mit Bjørnson zusammen und profilierte sich als Vordenker der norwegischen Unabhängigkeit, die 1905 erlangt wurde. Der alte Ibsen, der seinen Sigurd wohl gern als den Baumeister des souveränen Norwegen erlebt hätte, fürchtete, der Sohn könnte zu einem Handlanger Bjørnsons werden und nie »selber bauen« dürfen – wie Ragnar Brovik, der von Solness klein gehalten wird.

Auch die Fabel von Solness' erotischer Erweckung verarbeitet Stoff aus dem Leben Bjørnsons, der sich ebenfalls in eine Pianistin, die dreizehn Jahre jüngere Erika Nissen, verliebt hatte. Wie Hilde Wangel und wie auch Hildur Andersen war sie blutjung, als sie ihrem künftigen Geliebten zum erstenmal begegnete. »Seit sie ein Kind war, habe ich an sie denken müssen, mit ihr fühlen müssen, wenn sie da war«, rechtfertigte sich der alte Mann gegenüber seinem Sohn. Seine Ehe stand kurz vor dem Kollaps, was in Kristiania ein offenes Geheimnis und zudem vom Odium des Skandals umgeben war, hatte sich doch Bjørnson in den 1880er Jahren als ungestümer Sittlichkeitsprediger profiliert. Er erhielt anonyme Briefe, die ihn als Baumeister Solness titulierten. Sein Herz hatte er an ein »Steinhaus mit Turm« verloren, das er für sich und seine Erika kaufen wollte. Doch verwandelte sich sein Traumschloß schnell in ein Luftschloß. Die große Liebe führte zum Absturz und zur Flucht nach Italien.

Die Jugend, die Solness in dem potentiellen Konkurrenten Ragnar fürchtet, ist mit der attraktiven Hilde bei ihm eingetroffen. Das Königreich, das Hilde einfordert, ist Solness' Seele, die sie besitzen will, weil sie ihn liebt. Sie hatte auf einen freien Mann und schwindelfreien Turmbesteiger gehofft, der das Unmögliche wagt. Statt dessen trifft sie auf einen von Zwängen und Schuldgefühlen beherrschten Mann, der weder über die Freiheit noch die Souveränität verfügt, ein Königreich zu verschenken. Die Verführerin möchte sein Gewissen »so richtig robust« haben und steigert den Rhythmus des verbalen Balztanzes:

HILDE: Sagen Sie mal, Baumeister, – wissen Sie bestimmt, daß Sie mich nie gerufen haben? So in Ihrem Innern?

SOLNESS (leise und langsam): Fast glaub ich – ich muß es getan haben.

HILDE: Was wollen Sie von mir?

SOLNESS: Sie sind die Jugend, Hilde.

HILDE (lächelnd): Die Jugend, vor der Sie solche Angst haben?

SOLNESS (nickt langsam): Und die ich im Grunde doch so sehr herbeisehne.«

Um Hilde zu imponieren, will er noch am selben Abend den Kranz an die Turmspitze des neuen Hauses hängen. In Liebestrance fühlt er sich jung und unverwundbar. Aline, die ihren Mann kennt, warnt: »Ach Gott, mein Fräulein, bilden Sie sich nichts ein. Er ist doch schwindlig.« Hilde, die eine andere Wahrheit kennt, die Wahrheit der Verliebten, weiß, daß sie ihn vor zehn Jahren in Lysanger ganz oben auf dem Kirchturm gesehen hat. Mit funkelnden Augen starrt sie ihn an: »Das wird wunderschön sein, Sie wieder so hoch oben zu sehen.«

Sich selber setzt sie als Preis aus. »Darf der Baumeister hinauf zur Prinzessin kommen?« Er steht vor den Ruinen seines Lebens. Die Wohnungen, die er baute, nachdem er vor zehn Jahren den Kirchenbau aufgab, hätten den Menschen nicht zum Glück verholfen. Jetzt wolle er etwas Neues beginnen. Hilde sieht ihn fest an: »Baumeister, Sie meinen jetzt unsere Luftschlösser.« Ob er denn nicht schwindlig sei, fragt sie. »Sie sollen an mich glauben!« fleht er. »Ja, wenn ich Sie wieder hoch oben sehe, ganz oben!« ruft sie erwartungsfroh.

## Der Liebesbeweis

Der verliebte Mann will den Kraftakt wagen, den er bei klarem Verstand nicht riskierte. Oben will er nochmals, wie vor zehn Jahren, zu dem Allmächtigen sprechen: »Ich will ihm sagen: Hör mich, großmächtiger Herr, – du magst bestimmen über mich nach eigenem Ermessen. Aber von heut an will ich bloß das Schönste auf Erden bauen. HILDE (hingerissen): Ja – ja – ja! SOLNESS: – es bauen zusammen mit einer Prinzessin, die ich liebe –«

Solness' tollkühne Turmbesteigung ist der Liebesbeweis, das »Wunderbare«, vor dem Bankdirektor Helmer (»Ein Puppenheim«), der mit beiden Beinen auf dem Boden der Wirklichkeit steht, zurückschreckt. Weil die Karriere dem Baumeister nur Erfolg, doch keine Erfüllung brachte, sucht der alte Mann das Glück mit der jungen Geliebten, die ihn ganz anders wahrnimmt, so daß er sich wie neu geboren fühlt und hofft, das verpaßte Leben nachholen zu können. Warum bewegt uns das? Weil wir durch die absurde Konstellation der Kletterpartie den Jugendtraum der großen Liebe, die zerbrach, noch einmal erleben?

Während Solness zu seiner Turmbesteigung aufbricht, versammelt sich eine Menschenmenge auf der Veranda und der Straße vor dem Haus. Die Blechmusik spielt, und schon hat man den Kletterer im Visier, den man für einen Arbeiter hält. Nur Hilde jubelt: »Es ist der Baumeister!« Er steigt immer höher, bis er auf den obersten Planken steht. »Jetzt seh ich ihn wieder groß und frei.« Das heißt: erlöst von den Zwängen und Schuldgefühlen, die ihn hinderten, ein Königreich zu verschenken. Und Hilde entdeckt dort oben noch einen anderen: »da ist einer, mit dem er hadert«. Und sie hört Gesang in den Lüften. »Jetzt schwenkt er den Hut«, ruft sie verzückt, und – in Anspielung auf Jesu letzte Worte am Kreuz: »nun, nun ist es vollbracht!« Die Damen auf der Veranda winken mit den Taschentüchern, die Stimmung könnte besser nicht sein. Doch plötzlich bricht die Menge in einen Schrei des Entsetzens aus. In der Regieanmerkung heißt es: »Man sieht undeutlich, wie ein menschlicher Körper samt Brettern und Holzplanken herunterstürzt in die Bäume hinein.« Frau Solness sinkt ohnmächtig um, Hilde starrt unverwandt zur Turmspitze und sagt: »Mein Baumeister.« Und danach, in stillem Triumph: »Aber ganz bis zur Spitze ist er gekommen. Und ich habe Gesang gehört in den Lüften.«

Die Uraufführung am Berliner Lessingtheater wurde schon nach drei Wiederholungen abgesetzt. In London hingegen, wo es Verrisse hagelte – »sinnlich ... respektlos ... ungesund ... blasphemisch«, schimpfte die »Morning Post« –, wurde das Stück ein Publikumsrenner. Daß man in Deutschland und im Norden die weiblichen Hauptrollen nach dem Dienstalter besetzte und in Kopenhagen die über vierzigjährige Betty Hennings die Hilde spielte, war dem Stück wenig förderlich. Die internationale Kritik orakelte darüber, was Ibsen gemeint haben mochte: Aufruhr gegen links, Aufruhr gegen rechts, Aufruhr gegen Bismarck? Alles Blödsinn, sagte Ibsen: »Ich schildere nur das Seelenleben, so wie ich es kenne.«

Aurélien Lugné Poës Inszenierung am Théâtre de l'Œuvre in Paris wurde vom Premierenpublikum ausgelacht. Als ein Darsteller gemäß Rollenbuch sagte, »das verstehe ich nicht«, echote das Publikum im Chor: »wir auch nicht«. Dennoch setzte sich diese Aufführung durch und wurde im Herbst 1894 auch in Norwegen gezeigt. Im ersten Akt, so berichtete der dänische Schriftsteller Herman

Bang, habe sich Ibsen in seiner Loge ruhig verhalten. Im zweiten Akt, wenn sich der verbale Liebestanz steigert, sei er aufgestanden und habe jede Regung der Schauspieler gebannt verfolgt. Im dritten Akt habe er sich über die Logenbrüstung gelehnt. »Als ich an jenem Abend im Grand Café eintrat, kam Ibsen mir entgegen. Ich habe ihn nur einmal bewegt gesehen, und das war in diesem Augenblick. Er reichte mir beide Hände, sie waren eiskalt, als ob die Gemütserschütterung sie abgekühlt hätte.«

## Die liebe Familie

Im Juni 1892, als Ibsen die endgültige Fassung des »Baumeisters« in Angriff nahm, starb Else Sofie Birkedalen, die Mutter seines 46jährigen Sohnes Hans Jacob, als Fürsorgeempfängerin. Hans Jacobs Vita liegt weitgehend im dunkeln. Er fristete sein Leben als Schmied und Vagabund, baute Geigen und hatte Alkoholprobleme. Erhalten ist ein Gedicht, in dem er sich beim Abstinenzlerverein Lillesand für erwiesene Hilfe bedankt. In angetrunkenem Zustand soll er in der Hoffnung, daß man ihm ein Glas spendierte, mit seiner Geburtsurkunde renommiert haben. Auch das Leben von Hans Jacobs Nachfahren stand unter keinem guten Stern. Vier von Ibsens Enkeln starben als Kleinkinder, eine weitere Enkelin ertrank als Sechzehnjährige beim Untergang eines Auswandererschiffs, während ihre Schwester mit 27 von der Tuberkulose dahingerafft wurde und einer ihrer Brüder als verschollen gilt. Was Ibsen über das Schicksal Else Sofies und seiner Nachkommen wußte, bleibt ein Geheimnis.

Mit Solness' Turmbesteigung hatte sich Ibsen seine Sehnsucht nach Zuwendung noch nicht von der Seele geschrieben. Als Suzannah 1895 fast ein Jahr lang im italienischen Monsummano zur Kur weilte, machte in Kristiania das Gerücht die Runde, der alte Herr wolle sich scheiden lassen und Hildur Andersen heiraten. Sie hatte die Musik in sein Leben gebracht, während seine Zuneigung zu dem blutjungen Dienstmädchen Minna Jacobsen durch den Magen ging. Endlich durfte er essen, was ihm schmeckte: Schneehuhn an Sahnesauce, in Bergbutter gebratenes Rind, in Fleischbrühe gekochte Kartoffeln. Endlich konnte er den öden Gemüseeintopf, den ihm sein Arzt verordnet hatte, vergessen. Mittags trank er Wein, abends Bier. »Der Doktor ist doch nur ein großes Kind«, flüsterte Minna der Schriftstellerin Anna Munch zu. Daß er ihr zu Weihnachten ein Kleid schenkte, verschwieg er Suzannah, die in ihrer Kur Wind von den Zuständen auf der Victoria Terrasse bekam. Nach einem zähen Kampf zwang sie ihren Gatten, Minna zu entlassen.

Und sie schickte ihn auf Wohnungssuche. In den kalten Korridoren auf der Victoria Terrasse hatte sie sich nie wohl gefühlt, ja, in einem Brief an die Schwiegertochter Bergliot sprach sie gar von einer »todbringenden Wohnung«. Suzannahs Ansprüchen zu genügen war nicht einfach: »Du willst nicht parterre wohnen wegen der kalten Fußböden, und du willst nicht in den höheren Etagen wohnen wegen der Treppen«, stöhnte Ibsen, der schließlich doch ein passendes Logis in der Arbinsstraße unterhalb des Schloßparks fand, zu dessen gesperrtem Teil ihm der König den Schlüssel aushändigen ließ. Die gediegene Wohnung umfaßte 320 Quadratmeter. Ibsen, der über ein Jahreseinkommen von durchschnittlich 30 000 Kronen verfügte, bezahlte 2 500 Kronen Jahresmiete, was dem Jahreslohn eines Arbeiters entsprach. Die Einrichtung war düster und unpersönlich, wie es bei Ibsens Brauch war. Ob er, um schreiben zu können, auf ein Gefühl des Fremdseins angewiesen war? Nur für das Arbeitszimmer gönnte er sich etwas Ausgefallenes, indem er ein mannshohes Ölgemälde August Strindbergs erwarb, das er »Beginnender Wahnsinn« taufte.

Das von dem Schriftstellerkollegen Christian Krohg ge-
malte Bild hängte er so, daß Strindbergs »teuflische
Augen« auf seinen Rücken gerichtet waren, wenn er am
Schreibtisch saß. »Er ist mein Todfeind«, erklärte er, »und
er soll auf das, was ich schreibe, aufpassen.« Vor sich hatte
er sein eigenes Porträt, das ihn 1877 in Uppsala in vollem
Ornat mit Ehrendoktordiplom und Orden zeigte. In dieser
Wohnung, die heute ein Museum beherbergt, verbrachte
Ibsen die elf Jahre, die ihm bis zu seinem Tod noch blie-
ben.

## Sport oder Kultur?

1896 war das Jahr Fridtjof Nansens. Am 13. September
kehrte der Entdeckungsreisende von seiner Polarexpedition
zurück. Nansen und seine Promotoren hatten die Fahrt zu
einer Frage der nationalen Ehre stilisiert. Im Vorjahr hatte
ein Krieg gegen den Unionspartner Schweden nur durch die
demütige Rücknahme norwegischer Forderungen verhindert werden können. Mit Entsetzen verfolgten Europas
Monarchen die Unabhängigkeitsbestrebungen. »Hungert
sie doch einfach aus«, riet Kaiser Wilhelm II. dem schwedischen König Oscar II., der auch König Norwegens war. Als
König Oscar kurz danach Norwegen bereiste, erblickte er
bei einem Zwischenhalt auf dem Bahnsteig einen Bauern
mit Hut auf dem Kopf. Flugs beugte er sich über die Ab-
sperrung, schlug dem Bauern den Hut vom Schädel und
brüllte: »Hut ab, Mann!« In Nansen wuchs den Norwegern
ein symbolischer Gegenkönig zu. Nachdem er Grönland
per Ski durchquert hatte, war er 1893 zu jener berühmten
Polarexpedition aufgebrochen. Monatelang gab es von ihm
kein Lebenszeichen. Daß er nach dreijährigem Kampf mit
den Elementen zurückkehrte, galt als Sensation. Wie ein
Wikingerkönig zog er, von siebzig Dampfern eskortiert, in
den Hafen von Kristiania ein. Bjørnson hielt die Festrede.

In Anspielung an die Begegnung des Königs mit dem Bauern bat er die Menge, die 30 000 Köpfe zählte, vor dem Polarhelden den Hut zu ziehen. »Ein imponierendes Bild, als die riesige Versammlung das Haupt entblößte«, vermeldete die Presse am folgenden Tag. Bjørnson erkannte die identitätsstiftende Funktion von Nansens Polarfahrt: »Man fragt sich oft: das norwegische Volk – wo ist das norwegische Volk? Was ist das norwegische Volk? *Hier* ist das norwegische Volk! *Hier* ist etwas, das Jungen und Mädchen und der Greis dazu, jeder für sich und alle zusammen, verstehen, und sie fühlen, daß sie dazugehören.« Die überschäumende Freude drang bis nach Berlin, wo ein Kommentator in Maximilan Hardens Zeitschrift »Die Zukunft« erklärte, das Glücksgefühl ob Nansens Leistung sei inniger und reiner als jenes, das die Norweger durch die Anerkennung Ibsens erlebten. Die Norweger hätten sich von Peer Gynt zu Fridtjof Nansen entwickelt, von einer begabten, tatenlos träumenden, streitsüchtigen und prahlerischen Nation zu einem in des Wortes eigentlicher Bedeutung tatkräftigen, mutigen und aufgeklärten Volk.

Während sich die Helden gegenseitig hochleben ließen und die Hurras weithin schallten, traf Edvard Brandes in einer Seitengasse auf Ibsen. »Sie hier, Herr Doktor? Und nicht beim Empfang?« staunte der Däne. »Bei diesem Indianertanz?« antwortete Ibsen lächelnd. War er nur noch zweite Wahl? Der Einladung zum Bankett des Königs, der gute Miene zum patriotischen Spiel machte, leistete er Folge. Mit blankgeputzen Orden saß er zwischen Kabinettssekretär Cederström und einem General. Mit dem zähen Skiläufer Nansen hatte ein neuer Typus von Nationalheld die Arena betreten. In Zeitungsinseraten wurden Nansen-Mützen und Nansen-Ski, Nansen-Kuchen und Nansen-Zigarren angepriesen. Sigurd Ibsen jedoch spottete 1899 in der Zeitschrift »Ringeren« über jene, die glaubten, der Sport werde »eine männliche, starke, mutige, selbstbewußte und kraftvolle Generation« erziehen. Daß das nationale Evangelium vom Holmenkollen komme, wage er zu bezweifeln. Er täuschte sich – und wie er sich täuschte! Schon ein Jahr später fanden sich 20000 Zuschauer zu den Skispielen ein, nachdem seit 1898 eine elektrische Bahn die City mit der nationalen Freiluftkathedrale verband. 130 Skispringer stellten sich dem Wettkampf, der Sieger sprang 23 Meter weit. Bjørnsons Mähne wurde im Publikum gesichtet, nach Ibsen suchte man vergebens. Fridtjof Nansen aber, den die Leser der Zeitung »Aftenposten« zum Norweger des 20. Jahrhunderts wählten, gewann internationales Renommee. Hinter den Kulissen wirkte er 1905 in den europäischen Kapitalen, als es um die Anerkennung der norwegischen Unabhängigkeit ging. »Nansens Namen gilt in London mehr als der ganz Schwedens«, seufzte der schwedische Diplomat Gustaf Wallenberg.

# Lebendig tot
## »John Gabriel Borkman«

Als Nansen aus dem ewigen Eis auftauchte und wie ein König in die Stadt einzog, schrieb Ibsen das Drama eines Titanen der Finanzwelt. Norwegen erlebte eine Phase des wirtschaftlichen Aufschwungs, und Ibsen erfand den zum Bankchef aufgestiegenen Bergmannssohn John Gabriel Borkman, der, als die Börsenblase platzte, vom Gipfel seiner Karriere jäh abstürzte und wegen Veruntreuung von Kundengeldern acht Jahre hinter Gittern saß. Wenn sich der Vorhang hebt, sind abermals acht Jahre verflossen, in denen sich Borkman von der Welt und seiner Familie hermetisch abgeschlossen hat. Das Stück, das mit Borkmans Aufbruch und Tod endet, rollt in einer langen Winternacht zwanzig Jahre einer bitteren Familiengeschichte auf.

Wenn er vom Erz schwärmt, das »in der Tiefe vor Freude singt« und ans Tageslicht drängt, um den Menschen zu dienen, führt John Gabriel die Sprache eines Poeten, der den Bodenschätzen menschliche Züge verleiht, ja eine Seele einhaucht. Die Hammerschläge, die das Erz brechen, erinnern ihn an die »Mitternachtsglocke, die läutet« und das Erz »erlöst«. Vor seinem Absturz war er eine landesweit bekannte Persönlichkeit. Einen Sitz in der Regierung hatte er ausgeschlagen. Wie einem Luftschiffer war ihm bei seinen Finanzgeschäften zumute. »Ging in schlaflosen Nächten und füllte einen Riesenballon, um über ein unberechenbares, gefährliches Meer zu segeln.« Siegertypen wie Nansen interessierten Ibsen wenig. Es waren die Desperados, die seine Phantasie beflügelten: der schwedische Luftschiffer Andrée, der im Ballon »Adler« (so nannte

Ibsen seine Frau) den Pol erobern wollte, doch seine Toll-
kühnheit mit dem Leben bezahlte. »Nicht mittun dürfen,
das ist das Traurigste von allem«, schimpft der gestrandete
Luftschiffer Borkman.

Die Bankkarriere hatte er einem Pakt mit Rechtsanwalt
Hinkel zu verdanken. Die beiden Männer handelten Gefühle gegen harte Währung. Sie waren beide in Ella Rentheim verliebt, die ihrerseits Borkman liebte. Hinkel ebnete
dem Freund den Weg an die Spitze der Bank und in die
obersten Ränge der Gesellschaft, während Borkman auf
Ella verzichtete, um ihre Zwillingsschwester Gunhild zu
heiraten, für die er nichts empfand. Da jedoch Ella mit
ihren Gefühlen nicht handelte und Hinkels Werbung ab-
wies, platzte das Geschäft. Hinkel fühlte sich um seinen
Lohn betrogen und machte Borkman für das Fiasko verantwortlich. Als er dessen kriminellen Transaktionen auf
die Spur kam, erstattete er Strafanzeige – damals vor sechzehn Jahren.

## Wolf im Käfig

Seit seiner Entlassung aus dem Gefängnis hat sich Borkman im ersten Stock des Rentheimschen Familiensitzes
verschanzt. Seine Frau Gunhild wohnt im Erdgeschoß. Seit
sechzehn Jahren herrscht zwischen ihnen eisiges Schweigen. Erhard, der Sohn des Paares, der im nahen Kristiania
lebt und studiert, hat eine Affäre mit Fanny Wilton, einer
geschiedenen Frau, die in der Nähe des Familiensitzes eine
Villa mietet.

Um Erhard dreht sich das Wortduell der beiden verbitterten alten Frauen, der Zwillingsschwestern Gunhild und
Ella, mit dem das Stück beginnt. Vor acht Jahren, als sich
die beiden zum letztenmal begegneten, hatte Ella den
Borkmans die zwei Wohnungen im Familiensitz überlassen. Ella hatte Glück gehabt. Sie war die einzige Kundin,

an deren Ersparnissen sich das Raubtier Borkman nicht vergriff – die frühe Liebe hat ihre Spuren hinterlassen. Gunhild hat den Ruin und die Schande noch immer nicht verwunden. Vor Gericht hatte Borkman ihr die Schuld zugeschoben, »da ich übermäßig viel Geld verbrauchte. Wußte ich denn, daß es nicht sein war, das Geld, das er mir gab?«

In jener schlimmen Zeit nach dem Skandal konnten sich die Eheleute nicht um Erhard kümmern, weshalb Ella ihn aufnahm und erzog. Jetzt ist sie gekommen, todkrank, um die Rendite einzufordern. Für die Zeit, die ihr noch bleibt, möchte sie ihn ganz für sich haben. Und nicht nur das: Erhard soll den Namen Rentheim annehmen, der sonst aussterbe – ein Ansinnen, das auf Gunhilds höhnische Ablehnung trifft. Sie hat ganz andere Pläne: Durch eine große Karriere soll Erhard das Stigma des Namens Borkman tilgen. »Es gibt einen Rächer, du! Einer, der all das wiedergutmachen wird, was sein Vater an mir verbrochen hat.« Derweil sind von oben Borkmans Schritte zu hören. Tagein, tagaus läuft er von morgens bis abends auf und ab. »Als hätte ich oben im Saal einen kranken Wolf im Käfig.« Das Haus verläßt er nie, Freunde hat er keine. Nur der Hilfsschreiber Foldal, der zu jenen gehört, die im Bankkrach ihr Erspartes verloren, besucht ihn ab und zu. Erhard hat sich Foldals 15jähriger Tochter Frida angenommen und durchgesetzt, daß sie Musikunterricht nimmt.

Der zweite Akt spielt im Prunksaal, dessen Wände mit verschossenen Gobelins bekleidet sind: Borkmans Käfig. Als es an die Tür klopft, wirft er sich in Positur und stützt wie ein Imperator die linke Hand auf die Schreibtischplatte, während er die Rechte in die Brusttasche schiebt. Den Raum betritt Foldal. Zwischen ihnen herrscht ein symbiotisches Verhältnis: Die beiden Gestrandeten schmeicheln und rühmen einander. Borkman träumt davon, eines Tages an die Spitze der Bank zurückzukehren, während sich

Foldal als Dichter sieht. Als junger Mann hatte er ein Trauerspiel verfaßt, das weder gedruckt noch aufgeführt wurde, an dem er aber noch immer emsig feilt. Beide tragen einen nicht verwirklichten Traum mit sich herum. Während Foldal von seiner »kleinen Dichterwelt« redet, schwadroniert Borkman von den Millionen, die er hätte haben können, von den Bergwerken, die er sich erschlossen hätte, den Wasserfällen und Steinbrüchen, den Handelsstraßen und weltweiten Schiffahrtsverbindungen – »und nun muß ich hier sitzen wie ein lahmgeschossener Auerhahn und mit ansehen, wie mir die anderen zuvorkommen«. Die Chance, seine Visionen zu verwirklichen, habe er nie bekommen. Hätte er damals, als er sich an den Einlagen der Kunden vergriff, nur acht Tage mehr Zeit gehabt, so hätte niemand auch nur einen Groschen verloren, glaubt er zu wissen. Und er grübelt über »Hinkels Verrat«, der ihn daran hinderte, sich zu einem Napoleon des Welthandels aufzuschwingen. »Das Infamste ist, wenn ein Freund das Vertrauen des Freundes mißbraucht«, greint der Mann, der in jungen Jahren seine Liebe eines schnöden Bankdirektorenpostens wegen verraten hatte.

Aber auch diese Männerfreundschaft geht in die Brüche. Als sich Foldal räuspert und sagt, zwar taugten die Frauen, die er kenne, nichts, es sei aber ein erhebender Gedanke zu wissen, daß es vielleicht in weiter Ferne »eine wahre Frau« gebe, blickt ihn Borkman »tief gekränkt« an: »Dichtergefasel!« bellt er, und nun gibt ein Wort das andere, und schon erklärt Borkman den Gast für »überflüssig«. »Du bist kein Dichter, Vilhelm!«

### Liebesverrat

Als Foldal abgezogen ist, klopft Ella an die Tür. Erstmals seit dem Ende ihrer Beziehung stehen sie sich Aug in Auge gegenüber. Dazwischen liegen zwei lange verspielte Menschenleben. Sie habe alle Männer nach ihm abgewiesen, sagt sie. Er habe ihr Leben in eine Wüste verwandelt und ihr alle Freude geraubt, auch das Glück, Mutter zu sein. Sie hätte auch mit Hinkel glücklich sein können, schnauzt er sie an. Erst jetzt erfährt Ella, was sich damals, vor zwanzig Jahren, tatsächlich abgespielt hat: daß John Gabriel sie nicht einfach sitzenließ, sondern verkaufte, obwohl er sie liebte – er liebte sie auch später, wie er zugibt, »lange, lange noch«. Ella reagiert bestürzt. Borkman verweist auf »zwingende Notwendigkeiten«. Ella schreit: »Verbrecher!« Als »Entscheidung eines Mannes« rechtfertigt er den Handel und gibt noch eins drauf: »Als Frau warst du mir das Teuerste auf der Welt. Aber wenn es denn sein soll, so kann doch eine Frau durch eine andere ersetzt werden.« Die Verfolgung seines Lebensziels half ihm, den Liebesverrat zu verwinden. »Alle Machtquellen dieses Landes«, die Bodenschätze, Fabriken und Transportmittel, wollte er sich aneignen. Wohlstand für viele habe er schaffen wollen. Erreicht hat er das Gegenteil, den Ruin vieler. Ella widerspricht seinem Herrschaftswahn aus einer nicht verdinglichten Perspektive: Er habe »die große Todsünde« begangen und »die Fähigkeit zur Liebe« in ihr getötet.

In Ibsens Welt ist die Liebe ein sakraler Wert. »Niemand opfert der, die er liebt, seine *Ehre*«, sagt in »Puppenheim« Torvald Helmer und setzt sich damit ins Unrecht. Gerade darin liegt aus Ibsens Sicht der eigentliche Beweisgrund der Liebe. Schon im frühen Sagadrama »Die Helden auf Helgeland« heißt es: »Alle guten Gaben kann ein Mann seinem wahren Freund geben, alles, nur nicht die Frau, die er liebt, denn falls er das tut, zerreißt er den Schicksalsfaden der Nornen, und zwei Leben werden zerstört.« Ella aber schiebt Borkman die Verantwortung für ihr eigenes nicht gelebtes Leben zu: »Seit dein Bild in mir zu erlöschen begann, hab ich dahingelebt wie unter einer Sonnenfinsternis. In diesen Jahren erstarb in mir der Wunsch, einen Menschen zu lieben.« Erhard als einzigen vermöge sie noch zu lieben. Trotz der Ungeheuerlichkeiten, die die beiden austauschen, besteht zwischen ihnen eine größere Nähe als zwischen Borkman und seiner Frau Gunhild, und John Gabriel beugt sich sogar Ellas Wunsch nach Erhards Namenswechsel. Da aber fährt Gunhild, die das Gespräch an der Tür belauscht hat, dazwischen. Alle drei sind in ihrer Selbstbezogenheit erstarrte Mumien – »Seelentote«.

## Norwegischer Napoleon

Im dritten Akt bricht John Gabriel aus der Isolation aus und begibt sich zum erstenmal nach acht Jahren des Schweigens einen Stock tiefer zu seiner Frau. Er hat seinen Fall als Ankläger, Verteidiger und Richter in eigener Person immer und immer wieder durchgespielt – »unparteiischer als irgendein anderer« – und ist jedesmal zu dem gleichen Urteil gelangt: »der einzige, gegen den ich mich vergangen habe – der bin ich selber«. Der Wiederholungszwang läßt Schuldgefühle erahnen. Und als ihn Gunhild an all jene erinnert, die er ruiniert hat, antwortet er als Poet des Übermenschentums: »Ich besaß die Macht! Und dann hatte ich diese unbezwingbare Mission in mir! Da lagen die gefesselten Millionen im ganzen Land, in der Tiefe der Berge und riefen nach mir! Schrien nach Befreiung! Keiner von all den anderen hörte es.« Wenn andere an seiner Stelle anders gehandelt hätten, dann nur, »weil sie nicht meine Fähigkeiten besaßen«. Die Welt »weiß nicht, *warum* ich mich vergangen habe. Warum ich das tun *mußte*, weil ich es war, – weil ich John Gabriel Borkman bin – und kein anderer.« Der alte Mann erscheint wie ein von dämonischen Mächten besessener Visionär. Er war sich selbst Gesetz und ist es noch immer. Worauf sein Sendungsbewußtsein basiert, welche Taten für ihn sprechen, bleibt im dunklen.

Seine Fähigkeiten hat er nie unter Beweis gestellt. Er habe nie bei einem Menschen Verständnis gefunden, jammert er. »Nie, Borkman?« fragt Ella.

Ob Ibsen Nietzsche gelesen hat, ist ungewiß. Im Sommer 1896, mit der Arbeit am Stück befaßt, führte er sich Georg Brandes' von Nietzsche inspiriertes Shakespeare-Buch zu Gemüte, und er kannte auch Bjørnsons Drama »Über die Kraft II« vom Vorjahr, in dem sich ein Anarchist auf ein höheres, selbstverfügtes Recht beruft, um die Burg, in der sich die Fabrikbesitzer des Landes versammeln, in die Luft zu sprengen. Ebenfalls auf ein höheres, selbstgesetztes Recht beruft sich der Kapitalist, der in einer Rede seinen Kumpanen einheizt: »Wenn die anderen uns zurufen, es müsse so werden, wie die Mehrheit bestimmt [...], wenn hier eine solche Mehrheit an die Macht gelangte – durch Wahl oder auf andere Weise – eine Mehrheit ohne die Tradition der Herrschaft, ohne deren hohe Gesinnung und deren Schönheitssinn [...], dann sagen wir ruhig, aber entschlossen: macht die Kanonen schießbereit!«

Dieser norwegische Kapitalist ist eine Figur im Geiste Nietzsches. »Aristokratischer Radikalismus« hatte Georg Brandes 1889 den Essay betitelt, in dem er den Philosophen vorstellt, der sich »im Machtrausch der herrschenden Kaste« aale. Genauso war Borkman in seinen Herrschaftstagen ein hemmungsloser Genußmensch. »Vierspännig mußte er fahren, als ob er der König wäre«, erinnert sich Gunhild, im ganzen Land habe man ihn beim Vornamen genannt, als wäre er der Monarch. Unmittelbar bevor in Bjørnsons Stück die Bombe hochgeht, ruft ein Fabrikbesitzer mit donnernder Stimme: »Hier müssen einige starke Männer kommen«, und ein anderer brüllt zurück: »Einer ist genug. Und er wird kommen!« Der starke Mann im Bewußtsein des 19. Jahrhunderts war Napoleon. »Napoleons Erscheinen« war für Nietzsche (laut Brandes) »ein Beweis für die Freude, die Tausende ergriff, weil endlich wieder einer da war, der zu befehlen verstand«. »Wie ein Napoleon, der in seiner ersten Schlacht zum Krüppel geschossen worden ist«, kommt sich Borkman vor. Ein Napoleon des Welthandels möchte er sein. Doch seine Hände sind gebunden, er ist wie der nach Elba verbannte Korse zu Tatenlosigkeit verurteilt. Geblieben ist die Herrschergeste, das Theatralische, die nicht verwirklichte Vision. Daß die Tausenden, die der lebenslustige Imperator Borkman um ihre Ersparnisse gebracht hat, Freudentänze aufführten, darf bezweifelt werden. Weit ist der Weg von den Ideen der Französischen Revolution, die Brandes zwanzig Jahre zuvor als Triebkraft der europäischen Entwicklung ausgemacht hatte, zu Borkmans aristokratischem Radikalismus – und heute sind wir wiederum in einer restaurativen Epoche angelangt, in der sich die Napoleone des Welthandels »im Machtrausch der herrschenden Kaste« aufspielen.

## Tanz mit dem Tod

Die unerwartete Begegnung mit seiner Jugendliebe versetzt John Gabriel in inneren Aufruhr, sein Panzer bricht. »Noch liegt das Leben vor mir«, glaubt er, worauf Gunhild eiskalt kontert, er sei bereits tot und solle bleiben, wo er ist. Erhard werde dafür Sorge tragen, daß sein schändliches »Höhlenleben« aus der Erinnerung der Menschen getilgt werde. Gunhild täuscht sich in ihrem Sohn. Erhard läßt sich nicht mißbrauchen – weder von ihr noch von Ella oder seinem Vater, der ebenfalls um seine Hilfe buhlt: »Aufrichten will ich mich, wieder von unten beginnen.« Erhard jedoch will nicht arbeiten, er will nur »leben, leben, leben«!

Trotzig bäumt sich der Alte auf: »dann also allein hinaus ins Unwetter«! Damit beginnt die letzte Runde im Leben des John Gabriel Borkman, der alle Taue löst und Kurs auf die Eiswüste nimmt, um nicht mehr zurückzukehren. Der kranke Wolf bricht aus seinem Käfig aus, der ihn vor den rauhen Winden der Welt geschützt hat. In Borkman steckt jener Ibsen, der sich, ohne Freunde und Vertraute, in eisiger Askese der Gaukelei des Dichtens und Phantasierens verschrieb, unter seiner Lebensferne aber je länger desto mehr litt. »Die gnadenlose Wirklichkeit« will Borkman suchen. Als Ella fragt, wohin es gehe, sagt er: »Nur vorwärts, vorwärts, vorwärts. Schauen, ob ich wieder zur Freiheit und zum Leben und zu den Menschen gelangen kann. Willst du mit mir gehen, Ella?« Sie zögert und sorgt sich um seine Gesundheit. »Um die Gesundheit eines toten Mannes?« lacht er grimmig. Erst als er Gunhild ins Spiel bringt, entschließt sich Ella, ihn auf dieser Wanderung ohne Ziel, auf der Reise an das Ende der Nacht zu begleiten. »Ja, wir zwei, wir zwei gehören doch zusammen, Ella«, murmelt er.

Der Schlußakt beginnt auf dem offenen Platz vor dem Familiensitz. Bis dicht an das Gut reichen die tannenbewachsenen, von Neuschnee bedeckten Abhänge. Düstere Wolken ziehen am Himmel vorbei. Das Schellengeläute eines Schlittens kündet von Erhards Abreise. Mit Fanny Wilton und Foldals 15jähriger Tochter jagt er dem entgegen, »was er das Glück nennt und das neue Leben«. In den Ohren der beiden Alten klingt es wie Grabgeläute. Ihre Ichbesessenheit spiegelt sich im Egoismus der Jungen, die den Hilfsschreiber Foldal über den Haufen fahren, ohne sich um den Verletzten zu kümmern. »Nicht das erstemal im Leben, daß du überfahren worden bist, alter Freund«, ruft Borkman dem Humpelnden hinterher.

Ella und John Gabriel kämpfen sich durch die Schneelandschaft, die auch eine Seelenlandschaft ist, an den Ausgangpunkt ihrer enttäuschten Lebensträume zurück. Das Bühnenbild verändert sich fortwährend und nimmt einen immer wilderen Charakter an, bis die beiden die schmale, hoch gelegene Lichtung ihrer Jugendtage er-

reichen. Hinter ihnen klafft ein schroffer Abhang. Tief unten liegt eine weite Landschaft mit dem Fjord, am Horizont erheben sich hohe Gebirge. In der Lichtung ragt eine
tote Birke in den Himmel, darunter steht die Bank, auf der
sie einst saßen und in ihr Zukunftsland blickten. Ella: »Das
Traumland unseres Lebens war es, ja.« Kalt und finster liegt
das Winterland jetzt vor ihnen, es hat sich in den Vorhof
des Todes verwandelt. Allein vor John Gabriels innerem
Auge nimmt sich die Wirklichkeit anders aus. In Wehmut
über sein verspieltes Leben gerät er in eine zunehmend
exaltierte Stimmung. Jahrzehnte unterdrückter Leidenschaft brodeln auf. Er sieht, wie von den Dampfern im
Fjord Rauch aufsteigt. Ella sieht gar nichts. Er aber läßt
von seiner Vision nicht ab: »Sie verbinden das Leben auf
dem ganzen Erdball. Sie schaffen Licht und Wärme in aber-
tausend Häusern.« Allmählich steigert er sich in einen
wahnhaften Zustand hinein: »Die Fabriken arbeiten. *Meine*
Fabriken.« Er hört die Räder, die sich drehen. Ella hört gar
nichts.

In diesem Dialog zweier Seinssphären lebt ein Stück ba-
rockes Erbe, die Vorstellung vom trügerischen Schein-
charakter der verführerisch schönen Welt, hinter der Tod
und Vergänglichkeit lauern. Der Bergmannssohn schwärmt
von seinem Reich, das herrenlos den »Plünderungen der
Banditen« preisgegeben sei – wo er doch selber seine Kunden ausgeplündert hat. In den Bergen liege sein »tiefes, un-
erschöpfliches Reich« – von wo ein »eisiger Hauch« her-
überwehe, versucht ihn Ella zu bremsen. Doch vergeblich.
Der »eisige Hauch« wehe ihn als »Lebensluft« an, phanta-
siert er, als »Gruß untertäniger Geister«. Statt »Lebensluft«
macht sich jedoch Sterbenskälte breit. Nicht zum Hoch-
zeitstanz fordert Borkman seine Jugendliebe auf, sondern
zum Tanz mit dem Tod, jenem Danse macabre, den die
junge Frida zu Beginn des zweiten Aktes auf dem Klavier
übt.

Noch ist er nicht am Ende seiner Winterreise angelangt. In seiner Seele nagt jenes Verbrechen, das ihn auf dem Höhepunkt seiner Karriere aus der Welt der ehrbaren Bürger hinauskatapultiert hat und das er jetzt Ella gegenüber als Akt der Hingabe und Passion schildert: »Ich spüre sie, die gefesselten Millionen; ich fühle die Erzadern, die ihre verzweigten, verschlungenen, verführerischen Arme nach mir ausstrecken. Ich sah sie vor mir wie lebendig gewordene Schatten – in jener Nacht, da ich im Keller der Bank unten stand, die Laterne in der Hand. Ihr wolltet befreit werden, damals. Und ich versuchte mich. Aber es gelang mir nicht. Der Schatz sank wieder in die Tiefe. (Mit vorgestreckten Armen:) Aber ich will es euch zuflüstern hier, in der Stille der Nacht. Ich liebe euch, die ihr scheintot liegt in der dunklen Tiefe! Ich liebe euch, ihr nach Leben verlangenden Werte – mit eurem ganzen leuchtenden Gefolge von Macht und Ehre. Ich liebe, liebe, liebe euch!«

Mit seiner Suada spricht er die unerfüllten Wünsche und nicht verwirklichten Träume der Zuschauer an, die sich mit ihm, dem gestrandeten Visionär, identifizieren. So gewinnt der Verbrecher, der alles zerstörte, was ihm in die Quere kam, die Statur eines Dichters, der sich von seinem unerträglichen Leben durch die Phantasie in irreale Zonen entführen läßt. Seine Vergangenheit, die er mit Metaphern und Bildern beschönigt, und die zu Poesie geronnene Gegenwart verschmelzen. Darf sich der kreative Kopf, so fragt Ibsen, auf Kosten der anderen entfalten, obwohl er doch keine Wirklichkeit erschafft, sondern reine Phantasmagorien? Und um welchen Preis? Der Luftschiffer Borkman bezahlt seinen fiktionalen Schöpfermythos genauso mit dem Leben im ewigen Eis wie der schwedische Luftschiffer Andrée seinen wahnwitzigen Entdeckerheroismus.

Als Ella die Wirklichkeit ihrer verratenen Liebe anspricht, platzt die fiktionale Blase, wie einstmals die Börsenblase seiner Spekulationen geplatzt war, und John

Gabriels Träumereien nehmen ein abruptes Ende: »Aber hier oben, du – hier oben war ein warmes, lebendes Menschenherz, das für dich schlug«, sagt sie. »Und dieses Herz hast du zertreten. Schlimmer als das! Tausendmal schlimmer! Du hast es *verkauft* – für – für –« Borkman durchfährt ein kalter Schauer, und Ibsen lädt die Szene mit Pathos auf, indem er ihm drei Schlüsselworte vom Ende des Vaterunsers in den Mund legt: »Um des Reiches – der Macht – und der Ehre willen, meinst du?« Dem hält Ella Ibsens eigenen Schlüsselbegriff entgegen: John Gabriel habe »die Liebe in der Frau ermordet, die dich liebte und die auch du liebtest. Soweit du überhaupt jemand lieben *konntest*.« Deshalb – prophezeit sie mit großer Geste und erhobenem Arm – werde er niemals im Triumph in sein dunkles, kaltes Reich einziehen. Als er dieses Urteil vernimmt, wankt er zur Bank, schreit auf und greift sich ans Herz. »Eine Eishand hat nach meinem Herz gegriffen«, stöhnt er. »Nein, keine Eishand. Eine Hand aus Erz war es.« Er sinkt tot zusammen. In diesem Augenblick taucht Gunhild aus den Bäumen auf. »Ist er freiwillig aus dem Leben gegangen?« fragt sie. »Es war die Kälte, die ihn tötete«, sagt Ella. »Die Kälte – die hatte ihn schon vor langer Zeit getötet«, stimmt Gunhild zu, »die Kälte des Herzens.« Die Zwillingsschwestern reichen einander die Hände über ihm, »den wir beide geliebt haben«.


## »Ein Bier für Dr. Ibsen!«


»John Gabriel Borkman« war Ibsens größter Erfolg seit langem. Von Helsinki aus, wo das Stück im Januar 1897 auf einer finnischen und einer schwedischen Bühne uraufgeführt wurde, eroberte es die Theaterwelt. Gleichzeitig führte Ibsens Sohn Sigurd, der noch immer keine feste Anstellung hatte, einen desperaten Kampf um eine Sozio-

logie-Professur an der Universität Kristiania. Zwar wurde
er zu Probevorlesungen eingeladen, doch sprach ihm die
Kommission im April 1897 die Befähigung für das Amt
rundweg ab. Der Vater tobte und erwog auszuwandern.

Auch König Oscar in Stockholm ging es nicht gut. Die
Expedition des Luftschiffers Andrée, wäre sie denn erfolgreich gewesen, hätte ein helles Licht auf das 25jährige
Thronjubiläum geworfen. Doch alle drei Expeditions-
teilnehmer kamen in der Eiswüste um, Jahrzehnte später
erst fand man ihre Leichen. In Norwegen feierte die
»Linke«, die eine völlige Loslösung von Schweden an-
strebte, einen Wahltriumph. Das Ende der Union zeich-
nete sich am Horizont bereits ab.

Ein Jahr nach dem König feierte auch Ibsen. Der Monarch persönlich leitete die Festschrift zum 70. Geburtstag
des Stückeschreibers mit einem Grußwort ein. Schließlich
verstand sich König Oscar als Schriftsteller, auch er hatte
Lyrik und Dramen veröffentlicht und Ibsen im Vorjahr ein
signiertes Exemplar seiner »Verse und Prosa« geschickt, für
das sich dieser artig als für seine »liebste Lektüre« be-
dankte. Zu Ehren Ibsens flaggte Kristiania. Nachdem der
Jubilar das Präsidium des Parlaments in seiner Wohnung
empfangen hatte, reiste er nach Kopenhagen, wo er bei
strömendem Regen eintraf. Der Aufenthalt stand unter
keinem günstigen Stern. »Der geringste deutsche Liliput-
fürst wird mit größerem Enthusiasmus empfangen«, spottete »Politiken«. Das »Königliche Theater« holte eine ver-
staubte »Wildente« aus dem Fundus, in der Rolle der
14jährigen Hedvig Ekdal war die 48jährige Primadonna
Betty Hennings zu bestaunen. Auch der dänische König
gab sich die Ehre, verzog sich aber nach dem Schluß-
applaus rasch, während Ibsen vom Balkon aus dem Fackelzug der Studenten zuwinkte.

Die Festgemeinde hatte sich bereits zum Hotel begeben,
als man feststellte, daß man Ibsen im Theater vergessen

hatte. Plötzlich öffnete sich die Tür, und der Jubilar betrat, außer Atem und etwas verwirrt, das Lokal, den Zylinder schief auf dem Kopf, die Ordensbänder über dem Mantel baumelnd. Auf dem Weg zum Hotel war er in einen Auflauf von Verehrern geraten, die sich aus einem Café auf die Straße ergossen. Passanten schlossen sich dem Zug an, während Ibsen »nein, o nein, o nein!« rief. Nachdem er das Hotel betreten hatte, skandierte die Menge vor dem Haus: »Wir wollen Ibsen sehen!« Währenddessen wandte sich Peter Nansen vom Gyldendal-Verlag an den Direktor des »Königlichen Theaters« Peter Hansen: »Ibsen möchte etwas essen.« Hansen nickte zu seinem Gast hinüber und fragte: »Möchtest du etwas essen, Ibsen?« – »Ja, sehr gerne.« – »Kellner! Die Sandwichkarte, bitte! Schau doch selber, was du haben möchtest, Ibsen. Braten, Aufschnitt, Lachs. Möchtest du etwas trinken?« – »Ja, sehr gerne.« – »Kellner, ein Bier für Dr. Ibsen! Möchtest du auch einen Schnaps?«

Als am folgenden Abend während des Galabanketts der Hauptredner ausfiel, sprang Direktor Hansen ein und pries Ibsen als »erstklassige Kraft«. Ihm verdanke das Theater volle Häuser. Tags darauf dekorierte König Christian IX. den Jubilar mit dem höchsten dänischen Orden, dem Großkreuz des Danebrog. Ibsen war gerührt, er kannte zwar einige zu Rittern und Kommandeuren des Danebrog ernannte Norweger, aber keinen, der das Großkreuz trug. Danach ging die Reise nach Stockholm, wo er von König Oscar in Audienz empfangen wurde. Der Monarch kam auf das Werk des Dichterkollegen zu sprechen: »Die ›Gespenster‹ hättest du nicht schreiben dürfen, Ibsen! Das ist kein gutes Stück. Nein, Frau Inger auf Østeraad« – ein historisches Drama des 27jährigen – »das ist ein gutes Stück.« Ibsen schwieg verlegen und antwortete dann: »Majestät, ich *mußte* die ›Gespenster‹ schreiben!«

Während sich Ibsen mit den Majestäten angeregt unterhielt, lancierte sein Sohn in einem Essay den Gedanken des »nationalen Königtums«. Bisher hatten die norwegischen Unabhängigkeitsbestrebungen republikanische Akzente gesetzt. Insbesondere Bjørnson galt in Schweden und Deutschland als ultraradikaler Republikaner. Die Republik, argumentierte Sigurd Ibsen, habe sich im 19. Jahrhundert, allen Erwartungen zum Trotz, nicht als Staatsform der Zukunft durchgesetzt, während die Monarchie für neue Strömungen durchaus offen sei. Fürsten seien zu »höchsten Trägern der Nationalitätsidee« geworden. Als Beispiel führte er Bulgarien ins Feld. Damit wies er den Weg, auf dem Norwegen 1905 die Unabhängigkeit erlangte. Nach der Lektüre des Artikels schrieb die schwedische Schriftstellerin Ann Margret Holmgren an den befreundeten Bjørnson: »Weißt Du was, Bjørnson – wenn Ihr jemanden krönen wollt, so krönt Euren Nansen!«

## Die Statue

In Kristiania hatte man ein Bauwerk zum Ruhme der norwegischen Kultur errichtet: das »Nationaltheater«, das auf der Achse zwischen Schloß und Parlamentsgebäude einen prominenten Platz einnimmt. Als Gründungsdirektor war Bjørnsons ältester Sohn Bjørn engagiert worden, ein Bühnenstar, der seine Schauspielerausbildung in Berlin und Wien genossen hatte.

Am 1. September 1899 sollte das Haus eröffnet werden, die Frage war nur: Womit? Der Direktor gedachte, zum Auftakt ein Stück seines Vaters zu spielen: »Sigurd Jorsalfar« mit der Musik Edvard Griegs. Als er dann Ibsen auf der Straße begegnete, sagte dieser, der einen solchen Gedanken völlig abwegig fand, mit fester Stimme: »Ich bin der Ältere.« Bjørnson, vier Jahre jünger als Ibsen, versuchte es daraufhin mit einem Kompromißvorschlag. Er werde, so schrieb er seinem Sohn, einen großen Eröffnungsprolog dichten unter dem Motto: »Die Ideale mögen im norwegischen Volk leben! Aber 500 Kronen kostet dich das. [...] Schieb danach ruhig einen der Ibsenschen Särge auf die Bühne! Mein Prolog wird so viel Licht ausstrahlen, daß man die Beerdigung beglückt verlassen wird.«

Bjørn Bjørnson, selber ein Komödiant, eröffnete das »Nationaltheater« schließlich mit einem Ludvig-Holberg-Abend. Als an jenem 1. September pünktlich um 19 Uhr die beiden Alten, Ibsen und Bjørnson, gemeinsam das Theater betraten, schlug ihnen tosender Beifall entgegen, jeder begab sich zu seiner mit Girlanden in den norwegischen Farben dekorierten Loge. Bjørnson erhob sich immer wieder und dankte für den Beifall, indem er sich schwungvoll verbeugte und dem Publikum zuwinkte, während Ibsen steif und stumm dasaß, auf den Vorhang starrte und mit den Fingern nervös auf die Logenbrüstung trommelte. Es dauerte nochmals eine halbe Stunde, bis »der offizielle König der Norweger«, wie sich die Zeitung »Verdens Gang« maliziös ausdrückte, im Theater eintraf. Erstaunt registrierte man, daß sich Oscar nicht den norwegischen St. Olav-, sondern den schwedischen Seraphimen-Orden ans Revers geheftet hatte. Am zweiten Abend folgte mit Ibsens »Volksfeind« ein Stück, das die Demontage eines Wahrheitskämpfers durch die Bürger seiner Stadt zeigt; Ibsen war nun selbst eine gefeierte Stütze dieser Gesellschaft geworden.

Zuvor waren Stephan Sindings wuchtige Statuen der Dioskuren enthüllt worden, die den Platz vor dem Theater noch heute schmücken. Bjørnson kokettierte gegenüber der Kopenhagener »Politiken« mit der Ehre, die ihm widerfahren sei, und fragte: »In welchem Land stellt man schon Statuen lebender Personen auf?« Sinding erklärte der norwegischen »Aftenposten«, er habe in den Statuen die Gegensätze zwischen beiden Dichtern, die einander ergänzten, ausdrücken wollen. Ibsen nehme eine »zurück-weichende und verschlossene Haltung« ein, während sich Bjørnson nach außen wende: »Den Kopf erhoben und leicht nach hinten geworfen, so daß sich der Blick ins Weite öffnet.« Als Detail am Rande erwähnt der Zeitungsreporter, daß der Bildhauer nach einigem Zögern die Brillen der Dichter weggelassen habe. »Ich arbeitete und arbeitete, ich verwarf eine Probestatue nach der anderen. Als ich mit der sechsten beginnen wollte, bat ich Ibsen, die Brille abzusetzen. Er nahm sie ab und schaute mich an. Ich war schockiert. Nie habe ich zwei Augen gesehen wie diese. Das eine groß, ich möchte sagen *furchtbar* – so wirkte es auf mich –, ein gehöriges Quantum Mystizismus beinhaltend, das andere wesentlich kleiner, etwas zusammengekniffen, kalt, klar und forschend.«

# Epilog
## »Wenn wir Toten erwachen«

Während das Monument vor dem »Nationaltheater« Ibsen schon zu Lebzeiten kanonisierte, schrieb er sein letztes Stück. Der Bildhauer Arnold Rubek verdankt seinen Weltruhm einer einzigen Skulptur, dem »Auferstehungstag«. Danach versiegten seine schöpferischen Quellen. »Was unwiederbringlich ist, sehen wir erst, wenn wir Toten erwachen. Wir sehen, daß wir nicht gelebt haben«, resümiert Rubeks einstiges Modell Irene, bevor der Vorhang endgültig über Ibsens Bühnenkosmos fällt.

Mit dem Untertitel »Ein dramatischer Epilog in drei Akten« nahm der Autor Abschied von seinem Publikum wie von der Ära des realistischen Theaters, die er eingeleitet und wie kein anderer geprägt hatte. Fünfzig Jahre waren verflossen, seit er sein erstes Stück, das Römerdrama »Catilina«, verfaßt hatte. Jetzt war er 71 und ausgeschrieben. Neue Zeiten zogen auf. Hamsun tat Ibsens Stücke als »dramatische Büroarbeit« ab, Strindberg schickte »Nach Damaskus I–II« in die Arbinsstraße, zwei Dramen, die mit der Auflösung des klassischen Charakters und der Einführung des »dramatischen Ichs« neue Theaterwelten eröffneten. Dennoch erklärte Ibsen einem Journalisten trotzig, der Begriff »Epilog« bedeute nicht zwangsläufig das Ende der literarischen Arbeit. Ob er weiterschreibe, womöglich »in einer anderen Form«, werde die Zukunft erweisen.

»Wenn wir Toten erwachen« ist Ibsens einziges Künstlerdrama, wenn man von der frühen »Komödie der Liebe« absieht. Die Figur des Rubek ist in gewisser Weise ein

Selbstporträt, gleichwohl wäre es verfehlt, den alternden Bildhauer mit seinem Schöpfer gleichzusetzen. Ibsen hatte im Drama jenen Innovationsschritt gewagt, den Flaubert im Roman vorweggenommen hatte, und die Distanz des Autors zu seinen Figuren betont. Wiederholt forderte er, für Äußerungen einzelner Dramenpersonen nicht zur Rechenschaft gezogen zu werden. Anders als Ibsen, der verbissen schrieb, floh Rubek das naßkalte Atelier und die Kunst und glaubte das Leben zu wählen, als er die junge Maja heiratete, mit der er in einer Villa am Taunitzer See (in dem Georg Brandes den Starnberger See vermutete) in einer zunehmend öden und gefühlskalten Ehe vor sich hin brütet.

Wenn sich der Vorhang hebt, sind die Rubeks soeben in einem norwegischen Badehotel zum Sommerurlaub eingetroffen. Der Künstler und seine Frau, über deren munteren Augen eine gewisse Müdigkeit liegt, nippen im Park an ihren Champagnerkelchen. Die Heimatluft versetzt den distinguierten Herrn im schwarzen Samtjackett nicht in Stimmung. Schon als sich der Zug der Grenze näherte, wurde ihm beklommen zumute. Auf den Bahnhöfen war es still. »Keiner stieg aus, und keiner stieg ein. Aber der Zug, der hielt trotzdem eine lange, endlose Zeit.« Maja erinnert ihn an ein Versprechen, das er nicht gehalten hat: »Du wolltest mich mitnehmen auf einen hohen Berg und mir die Herrlichkeiten der Welt zeigen.« »Du bist nicht zum Bergsteigen geschaffen«, weist sie Rubek schroff zurück.

## Geheimnisvolle Frauen

Im Hotel ist eine Dame in Weiß abgestiegen, die steif wie eine Statue im Park promeniert und von einer Diakonisse in Schwarz, ihrer Krankenwärterin, begleitet wird. Rasch stellt sich heraus, daß es Irene ist, die dem jungen Rubek

für sein Meisterwerk Modell gestanden hat. Die Konfrontation der beiden bildet den Inhalt des Stücks, das ihre ge-
scheiterte Beziehung mit der Entstehungsgeschichte der
Skulptur verknüpft. Demnach wollte Rubek als unbekann-
ter junger Bildhauer eine aus dem Todessschlaf erwachende
Frau modellieren. »Ich wollte die reine Frau so erschaffen,
wie es mir schien, daß sie am Tag der Auferstehung erwachen müsse, [...] erfüllt von einer heiligen Freude darüber,
sich selber unverwandelt wiederzufinden – sie, die Erden-
frau – in den höheren, freieren, froheren Gefilden, – nach
dem langen traumlosen Todesschlaf. (Spricht leiser). So
schuf ich sie. – In *deinem* Bild schuf ich sie, Irene.« Das
klingt christlich, ist es aber nicht. Die Auferstehung von
den Toten läßt nicht den »natürlichen Leib«, sondern den
»anderen Menschen« und den »geistlichen Leib« auferstehen. »Denn es wird die Posaune schallen, und die Toten
werden auferstehen unverweslich, und wir werden verwandelt werden.« (1. Korinther 15)

Irene verließ Heim und Familie, um dem Künstler, in
dem sie ihren Herrn und Meister verehrte, als Modell zu
dienen. Ibsens Pathos überträgt die Berufungssituation der
Bibel auf das Verhältnis von Künstler und Modell. Faßbar
wird Ibsens ins Konservative gewendetes Frauenbild. Als
ihm der »Norwegische Verband für die Sache der Frau«
1898 zum 70. Geburtstags ein Fest gab, enttäuschte der
Autor des »Puppenheims« die Gastgeberinnen. Nicht bewußt habe er für die Sache der Frau gewirkt, sagte er in
einer mißmutigen Tischrede. »Ich bin mir nicht einmal sicher, was die Frauensache eigentlich ist. Mir ist es um die
Sache des Menschen zu tun.« Sicherlich sei es wünschens-
wert, »die Frauenfrage nebenbei zu lösen, aber das war
nicht meine Absicht«.

Als Edvard Munch im Herbst 1895 mit den Bildern des
»Lebensfrieses« das Publikum in Kristiania schockierte,
wurde er seiner »kranken Gemälde« wegen heftig angegrif-

fen. Ein bekannter Psychiater gab sich dazu her, die »Geisteskrankheit« der Munch-Sippe zu analysieren. Bjørnson hatte schon 1891 dagegen gewettert, daß Munch, der an einem Nervenfieber litt, zum drittenmal ein Staatsstipendium erhielt: »Unsere sehr beschränkten Künstlerstipendien sind keine Krankenkasse.« Anders Ibsen, der sich von dem 32jährigen Maler durch die Skandalausstellung führen ließ – ein Ereignis, das sogar französische Zeitungen für berichtenswert hielten. Auch wenn Ibsen zeitlebens keinen Munch kaufte, dürfte ihm dessen Außenseitertum imponiert haben, abgesehen davon, daß er schon deshalb für Munch sein mußte, weil Bjørnson gegen ihn war. »Die Frau in drei Stadien (Sphinx)« von 1894 habe Ibsen besonders beeindruckt, berichtete der Maler später: »Ich sagte: die Dunkle, die zwischen den Stämmen neben der nackten Frau steht, ist die Nonne – gleichsam der Schatten der Frau – die Trauer und der Tod. Die Nackte ist die Frau der Lebenslust. Daneben wiederum die helle Frau, die auf das Meer zugeht – auf die Unendlichkeit. Das ist die Frau der Sehnsucht. Zwischen den Stämmen rechts außen steht der Mann – im Schmerz und ohne zu begreifen.« Zwei von Munchs drei Frauen, die weiße und die schwarze, sind als aufeinander bezogene Ausprägungen derselben Frau zu verstehen. Genauso verwischt auch Ibsen die Identität der Figuren. Irene kämpft gegen die Zauberkünste der schwarzen Diakonisse, die sie mit stechenden Augen beobachtet und im Koffer eine Zwangsjacke mitführt: »Sie hat sich in meinen Schatten verwandelt.« Die junge Maja, »leuchtend rot«, steht für die Lebenslust.

## Seelenraub am See

Vor Jahren, als noch alle Möglichkeiten offenstanden, verbrachten Rubek und Irene einen Sommer des gemeinsamen Arbeitsglücks in einer Hütte am Taunitzer See.

Doch erwuchs aus der Beziehung kein Liebesglück. Rubek war ein überspannter Idealist, der glaubte, erotisches Getändel mit dem Modell würde seine Gedanken entweihen, und fürchtete, als Liebender die Skulptur nicht vollenden zu können. Vergeblich versuchte ihn Irene zu verführen: »Nicht ein einziges Mal hast du mich berührt.« »Ich war Künstler, Irene«, lautet seine lapidare Antwort.

Vielleicht hatte Ibsen Zolas Roman »L'Œuvre« von 1886 gelesen, in dem der Maler Claude Lantier sein Werk erst zu Ende führen kann, als ihm eine junge, unschuldige Frau »von heiliger Nacktheit« Modell steht. Das Verhältnis zwischen Maler und Modell ist erotisch aufgeladen, ohne daß sich die beiden zu berühren wagen. Hans Christian Andersen war ebenfalls ein platonisch liebender Künstler, der nach Meinung seines Biographen Jens Andersen ein Leben lang keusch blieb, weil er fürchtete, aus dem Dichter-Paradies vertrieben zu werden. Der Name Rubek ist ein Anagramm Cherubs, des Engels mit Flügeln und Tierfüßen, der in der Bibel als Wächter des Paradieses auftritt.

Irene jedoch hatte kein Verständnis für die Angst des Künstlers vor dem Genuß jenes Lebens, das er in seiner Skulptur darstellte. Sie begann Rubek und dessen Selbstbeherrschung zu hassen. Als er die Arbeit abgeschlossen hatte und Irene für die »segensreiche Episode« dankte, kam es zum Bruch. War sie bloß ein Zeitvertreib gewesen? Hatte sie seiner Skulptur nicht Leben und Substanz gegeben? Tief gekränkt, griff sie zum Messer, stieß aber nicht zu, weil ihr aufging, daß er schon längst tot war. »Da saßen wir am See wie zwei erstarrte Leichen und spielten miteinander.« Sie wirft ihm vor, ihre Seele geraubt zu haben, um aus ihr ein Kunstwerk zu formen. Rubek war kein Cherub, er war ein Vampir. Die Trennung war für beide fatal. Irenes Liebe verwandelte sich in Aggression. Das Messer trägt sie seither bei sich, um es dem Seelenmörder bei Gelegenheit in den Rücken zu stoßen.

Nachdem Irene weggezogen war, verwandelten sich Rubeks schöpferische Kräfte in blanken Zynismus. Fortan fertigte er nur noch Auftragsarbeiten an, Porträtbüsten für gutbetuchte Kunden, »hinterlistige Kunstwerke«, die eine frappante Ähnlichkeit mit den Modellen zeigen: »ehrenwerte, rechtschaffene Pferdefratzen, störrische Eselsschnuten, flache Hundeschädel mit Hängeohren, gut gemästete Schweinsköpfe und blöde, brutale Ochsenkonterfeis«. Ein Kunstbetrieb, der in gewisser Weise an Ibsens eigene Situation erinnert. Er, der ein bürgerliches Leben führte, attackierte in seinen für ein bürgerliches Publikum geschriebenen Stücken die Doppelmoral der bürgerlichen Gesellschaft. Rubek wurde reich, doch nicht glücklich.

Irene stellte sich nach der Trennung in Variétés als »nackte Statue« zur Schau und verdiente damit viel Geld. Ihren ersten Mann trieb sie in den Selbstmord, den zweiten in den Wahnsinn, um schließlich selbst im Irrenhaus zu landen. Sie wird von der fixen Idee verfolgt, als lebende Leiche durch die Welt zu wandern. »Ich war tot, jahrelang. Sie schnürten mir die Arme und den Rücken zusammen. Und dann winkten sie mich hinab in die Gruft. Die war mit Eisenstangen vergittert und hatte gepolsterte Wände, so daß oben niemand den Schrei der Begrabenen hören konnte.« Sie gibt dem Seelenmörder Rubek die Schuld an ihrer Lebensmisere.

## Reue über ein verlorenes Leben

Rubek entflammt erneut. Im zweiten Akt erzählt er Maja von einem verschlossenen Schrein in seiner Brust, der seine Künstlerträume berge. Irene allein besitze den Schlüssel. Maja ermuntert daraufhin Irene, dem Mann zu helfen, der sie seinerseits bittet, zu ihm zu zurückzukehren. Ihr schulde er »alles, alles«. Irene ist eine Variante des romantischen

Motivs der Frau als Inspiration des Künstlers. Und mehr als das: Der Künstler und sein Modell erlebten die Skulptur als ihr gemeinsames Werk, ihr Kind. »Du warst kein Modell«, sagt er. »Du warst der Ursprung meiner Schöpfung.« Ihre Rückkehr löst Rubeks Revitalisierung aus, während sie vorgibt, den Künstler zu hassen, die Skulptur jedoch zu lieben. Dieses Kindes wegen hat sie die »Pilgerfahrt« zu ihm unternommen. »Ich habe dich so lange gesucht.«

Doch das Kind lebt nicht mehr. Rubek überrascht sein Modell mit der Mitteilung, er habe die Skulptur umgearbeitet. »Ich dichtete *das* hinzu, was ich um mich herum in der Welt mit meinen eigenen Augen sah.« Die Auferstehung, die in der ersten Fassung die Erweckung zu etwas Schönem und Frohem war, hat inzwischen düstere Züge angenommen. Rubek verbreiterte den Sockel. »Und darauf schuf ich ein Stück gebrochener Erde. Und aus den Erdritzen wimmelt es nun von Menschen, deren Gesichter Tieren ähneln.« Die Statue der jungen Frau rückte er nach hinten – in den Mittelgrund. In dieser zweiten Version des »Auferstehungstages« hat er sich selber als schuldbeladenen Mann dargestellt, der vorn an einer Quelle sitzt und einen Finger in das rieselnde Wasser hält, um sich reinzuwaschen, doch unter dem Gedanken leidet, daß ihm das nie gelingen wird. Rubek nennt diesen Mann: »Die Reue über ein verlorenes Leben«. Das Selbstbildnis ruft die Erinnerung an Pilatus wach, der seine Hände in Unschuld wäscht, und an das Gleichnis vom reichen Mann, der den armen Lazarus vor der Tür schmachten läßt. Als er nach seinem Tod Höllenqualen leidet, fleht er zu Abraham, er möge Lazarus senden, »daß er das Äußerste seines Fingers ins Wasser tauche und kühle meine Zunge« (Lukas 16,24). Rubek hat die zweite Fassung des »Auferstehungstages« in kalten Marmor gemeißelt, während die erste Version aus feuchtem Lehm geformt war, wie auch Gott den ersten Menschen aus Lehm erschuf.

Irene indes gibt sich mit Rubeks Abbitte nicht zufrieden: »Zuerst hast du meine Seele gemordet, dann modellierst du dich selbst in Reue, Buße und Selbstanklage. Damit meinst du, sei dein Konto beglichen.« Erneut antwortet Rubek: »Ich bin Künstler.« »Aber ich war damals ein Mensch«, hält Irene dagegen. Daß sie alles aufgab, um ihm zu dienen wie ein Jünger dem Herrn, beklagt sie als Selbstmord und Todsünde gegen sich selbst. Was sie von ihm wollte, waren Kinder, »echte Kinder«: »Nicht jene, die man in Grabkammern versteckt.« Als Grabkammern bezeichnet sie, die auch das Irrenhaus mit einer Gruft vergleicht, die Museen, und ein großes ausländisches Museum besitzt Rubeks »Auferstehungstag«. Auch Ibsen, dessen Monument sich vor dem »Nationaltheater« als bleierner Koloß erhob, mußte sich wie ein lebendig Begrabener vorgekommen sein, während der »Lebensfries« des jungen Munch die Gemüter erhitzte. Vor vierzig Jahren allerdings waren Museen für Ibsen keine Grabkammern. In dem Gedichtzyklus »In der Bildergalerie« hatte er, unter dem Eindruck eines Besuchs des Dresdner Zwingers, seine religiösen Zweifel artikuliert.

Rubeks Marmor-Monstrum bediente den Geschmack der Zeit. Künstler wie Auguste Rodin, Jules Dalou, Constantin Meunier oder der Norweger Gustav Vigeland schufen imposante Figurenensembles. Ibsen kannte Vigelands großes Relief »Hölle« (»Helvede«) mit einem Grübler und Rodins »Höllentor« (»Porte de l'Enfer«) mit einem nachdenklichen Dichter. Zudem trägt Arnold Rubek den Vornamen des für seine allegorisch-phantastischen Gemälde berühmten Böcklin.

## *Der Bärenjäger kommt*

Mit dem Gutsbesitzer Ulfheim trifft ein weiterer Promi-
nenter im Badehotel ein. Der Bärenjäger, ein langer Kerl
mit wirrem Haar und lauter Stimme, der eine rüde Sprache
führt, einen Jagdanzug, Schaftstiefel und einen Filzhut mit
Feder trägt und von einem Diener mit einer Koppel Jagd-
hunden begleitet wird, ist die grimmige Karikatur des
Polarfahrers und Nationalhelden Fridtjof Nansen. Sofort
macht er sich an Maja heran und lädt sie zu einer Jagdtour
ins Gebirge ein. Nansen war ein berüchtigter Frauenheld,
der jeder Frau das Gefühl gab, bedeutend und schön zu
sein. Schmerzlos wie nie zuvor in Ibsens dramatischer Welt
trennen sich die Eheleute, und es bilden sich die Paare
Maja/Ulfheim und Irene/Rubek, die vom Autor aus der
Zivilisation hinausgeführt werden. Spielte der zweite Akt
bei einem Gebirgssanatorium, so kraxeln die Figuren im
abschließenden dritten Akt im »wild zerklüfteten Hoch-
gebirge mit steil abfallenden Abgründen« herum – dort, wo
in der romantischen Dichtung Gott wohnt und wo das
Vollkommene und Unerreichbare lockt. In der Unweg-
samkeit der Bergwelt erscheint Rubek mit einem Plaid
über den Schultern, während Irene einen Kapuzenmantel
aus Schwanenflaum über dem weißen Kleid trägt. In der
Höhe treffen sie auf die herzhaft turtelnden Ulfheim und
Maja. Der Bärentöter schwärmt vom »Sporttreiben«. Wie
der »leibhaftige Faun« sehe er aus, wirft Maja neckisch ein,
»mit Bocksbart und Beinen wie ein Ziegenbock. Und
Hörnern.« Ulfheim holt die Hundeleine hervor: »So werd'
ich Sie wohl binden müssen.« Noch schreckt Maja vor
einer gemeinsamen Sommernacht mit dem Bärentöter zurück. Der lädt sie auf sein Schloß ein. Ob er Kunstwerke
besitze, fragt Maja ängstlich. Nein, Kunstwerke besitze er
nicht, antwortet er. Maja atmet erleichtert auf und möchte
zum Hotel hinuntergetragen werden.

Doch die Idylle trügt, ein Sturm zieht auf. Jetzt gelte es Leben oder Tod, warnt Ulfheim, der mit Maja in den Armen den Abstieg in Angriff nimmt, während der Künstler und sein Modell den Aufstieg zum Gipfel unverdrossen fortsetzen. Rubek spricht vom »Vorspiel zum Auferstehungstag« und von brennender Liebe. Ihr Lebenstrieb sei erloschen, sagt Irene und greift zum Messer, während gleichzeitig die Erotik knistert. »So wollen wir beiden Toten ein einziges Mal das Leben bis zur Neige kosten – bevor wir in unsere Gräber zurückkehren«, sagt Rubek, und seine Partnerin fällt im Gestus des Modells vergangener Tage ein: »Empor zum Licht, auf den Berg der Verheißung. Ich folge willig und gern meinem Herrn und Gebieter.« Hand in Hand steigen sie über das Schneefeld und verschwinden in den Wolken.

Jähe Sturmstöße peitschen durch die Luft. Eine Lawine donnert zu Tal, und man sieht undeutlich, wie Rubek und Irene mitgerissen und von den Schneemassen begraben werden. Danach hört man von unten Maja singen: »Ich bin frei! Ich bin frei! Ich bin frei! / Die Zeit der Gefangenschaft ist vorbei«, während auf der Geröllhalde die schwarze Diakonisse erscheint und den rituellen Friedensgruß »Pax vobiscum« spricht: Friede sei mit euch. Ihr antwortet kein »und mit deinem Geiste«. Vielmehr setzt Majas Gesang und Jubel darüber, dem Künstler entronnen zu sein, den Schlußpunkt unter das Stück und damit unter das Œuvre Henrik Ibsens.

## Arktische Teufelsinsel

»Haben wir Menschen denn ein Recht auf Glück?« hatte in den »Gespenstern« Pastor Manders gefragt. Die Antwort geben Ibsens Figuren. Das Liebespaar, das sich in »Rosmersholm« in den Wasserfall stürzt, Nora, die aus ihrer

Ehe ausbricht, der Maler Osvald, der glücklich leben möchte, doch dem Wahnsinn verfällt, das Mädchen Hedvig, das in der »Wildente« von den Erwachsenen in den Selbstmord getrieben wird, noch bevor das Leben beginnt, der Badearzt Stockmann, der die Kloake sanieren will, doch zum »Volksfeind« gestempelt wird, die Frau vom Meer, die sich in Sehnsucht nach einem anderen als ihrem Mann verzehrt, die neuverheiratete Hedda Gabler, die, von der Ehe angewidert, bei riskanten Pistolenspielen Zuflucht sucht, der frischverliebte Baumeister Solness, der beim Richtfest vom Turm stürzt, der verhärmte John Gabriel Borkman, der den Ausbruch aus dem Lebensgefängnis wagt und tot zusammenbricht – sie alle und ihre Geschichten künden von der – für Ibsen – unerfüllbaren Sehnsucht der Menschen, anders zu leben, als sie es tun.

Ibsens »dramatischer Epilog« endet als Abgesang auf ein Jahrhundert und dessen Kultur, die Ibsen auf der allerletzten Seite seines schriftstellerischen Werks durch eine Eislawine in den Abgrund befördert. Die Genießer und Sportler, Maja und Ulfheim, übernehmen das Zepter und bestimmen die Agenda. Ein bitteres Abgangsdiktum formulierte Ibsen gegenüber dem Übersetzer Maurice Prozor: »Norwegen eignet sich nicht recht als gutes Vaterland. Namentlich nicht im Winter. Da kann es zuweilen dunkle und eisige Tage geben, und dann will es mir dünken, daß ich mich wie Hauptmann Dreyfus auf eine arktische Teufelsinsel versetzt befinde. Eisbären und Eskimos und Walrosse gibt es genug, aber – aber – aber! Nun, pardon, ich sollte Sie nicht mit solchen Sie nichts angehenden Dingen belästigen. Aber hin und wieder will es mir scheinen, daß ich brüllen muß!«

Vor einigen Jahren hatte sein Sohn Sigurd die Frage aufgeworfen, ob der Sportsgeist oder die Kultur dem Land zu einem Platz am Tisch der Nationen verhelfen werde. Vater Ibsen ließ die Tagespolitik, der permanente Zank mit Schweden, zunehmend kalt. Er hatte das Seine getan. Für ihn waren Nansens Expeditionen arktische Indianertänze. Umgekehrt hatte ihm der Nationalheld zum 70. Geburtstag telegrafiert: »Dem Manne, der meine Jugend prägte, meine Entwicklung bestimmte, der auf die Bedeutung der Berufung und die Kraft des Willens hinwies.«

Nachdem Ibsen seinen Brief über die arktische Teufelsinsel abgeschickt hatte, wendete sich das Schicksal endlich zu Sigurds Gunsten. Die Regierung erkor den verschmähten Professor 1899 zum ersten Chef jener Abteilung für »Äußere Angelegenheiten, Handel und Seefahrt«, die auf Sigurds und Bjørnsons Betreiben im Innenministerium geschaffen wurde und den Keim eines späteren Außenministeriums bilden sollte. Sigurd verfügte über zwei Schreibkräfte, das war alles. Die Außenpolitik wurde nach wie vor in Stockholm gemacht.

## Nobelpreis?

Der Unionszwist ging in eine neue Runde. Die Frage, ob Norwegen einen eigenen Konsulatsdienst einrichten dürfe, bewegte die Gemüter. Aus Angst vor einem Krieg verließen der Pazifist Bjørnson, bislang schärfster Kritiker der schwedischen Suprematie, und andere führende »Linke« die Partei, um mit den »Rechten« ein Wahlbündnis zu schließen. Die Parole »Verhandlung und nur Verhandlung« verhalf dieser Gruppierung 1903 zum Wahlsieg. Mit der Berufung zum norwegischen Staatsminister in Stockholm hatte es Sigurd geschafft, in gerade vier Jahren vom Publizisten ohne festes Einkommen zur Exzellenz zu avancieren. Seine Frau Bergliot, Bjørnsons Tochter, berichtete in einem Brief an ihre Mutter aus Stockholm: »Der König trat zu mir, als wir kürzlich dort zu Mittag speisten, und sagte: ›Ach, wie sehr schätze ich Ihren Mann etc., ja, wenn er doch nur lange in der Regierung bleiben könnte.‹«

Im Wahlkampf war Bjørnson als Herold der Versöhnung aufgetreten. Einige Monate später verlieh ihm die Schwedische Akademie den Literaturnobelpreis, den er als »Gabe von Volk zu Volk« interpretierte. Der König, der es im Vorjahr noch nicht übers Herz gebracht hatte, seinem früheren Intimfeind zum 70. Geburtstag zu gratulieren, führte ihn jetzt durch das Schloß, während in Norwegen die »linke« Presse schäumte: »Unsere Gegner lachen sich eins ins Fäustchen und sagen: Welche Komödie! Aber gerade das ist es, was die Tragödie vollkommen macht.« Als ein Jahr später ein schwedischer Vorschlag zur Lösung der Unionskrise Norwegen wie eine Kolonie behandelte, war es mit der Versöhnlichkeit aus und vorbei. Eine neue Regierung ohne Sigurd trat an, und am 7. Juni 1905 erklärte das Parlament den König für abgesetzt und die Union für aufgelöst. In einer Volksabstimmung votierten – bei 184 Gegenstimmen – 368 000 Norweger für die Aufhebung der Union. In einem zweiten Referendum entschieden sie sich für die Staatsform der Monarchie. Damit folgten sie Sigurds Konzept, der glaubte, daß sich das Land nur mit einem König auf dem internationalen Parkett Respekt verschaffen könne. Die Königsfamilie holte man aus Dänemark. Sie ist die einzige Familie des Landes, in deren Adern blaues Blut fließt. Adelstitel und Adelsprivilegien hatte das Parlament bereits 1821 abgeschafft, und dabei blieb es. Norwegen hatte den Ruf einer jungen, aufbegehrenden und demokratischen Nation. Die Königskrönung in Trondheim erinnerte den späteren schwedischen Literaturnobelpreisträger Verner von Heidenstam an einen modernen Kirchturm, »dem ein alter Gockel aufgepfropft wird«.

Der Nobelpreis blieb Ibsen erspart, obwohl er mehrmals nominiert war. 1901 hatte die Schwedische Akademie die Auszeichnung ein erstes Mal vergeben, und zwar an den Franzosen Sully Prudhomme, ein Jahr später war der Historiker Theodor Mommsen bedacht worden. 1902 und

1903 hatten die Nobelpreismacher auch über Ibsen diskutiert, wobei die »starken Bedenken« wegen seiner »Nega-
tivität« und »Rätselhaftigkeit« überwogen. Der Preis ist gemäß dem Willen des Testators für einen Vertreter der
»idealistischen Literatur« bestimmt, und damals nahm man
diesen Vorbehalt noch ernst. Dozent Christen Collin versuchte in einem Brief an die Akademie die Bedenken zu
zerstreuen: »Daß Ibsen in seinem Alterswerk weniger idea-
listisch war, wiegt nicht schwer. Das wesentliche Lebens-
werk Ibsens endet nach meiner Einschätzung mit der ›Frau
vom Meer‹.« Ein anderer Einwand, der im Komitee vor-
gebracht wurde, war Ibsens Gesundheitszustand. Da der
Dramatiker, zuverlässigen Berichten zufolge, ein kranker
Mann sei, dessen Lebensflamme allmählich erlösche,
komme er für den Preis kaum mehr in Betracht, während
Bjørnson trotz seines hohen Alters noch voller Kraft sei.

## Krankheit und Tod

Zur Premiere von »Wenn wir Toten erwachen« hatte Ibsen
nicht mehr im »Nationaltheater« erscheinen können. Der
18jährige James Joyce schrieb eine enthusiastische Besprechung des »dramatischen Epilogs«, den er in der französischen Übersetzung gelesen hatte. Niemand habe in der
Moderne so großen Einfluß auf die denkende Welt ausgeübt wie Ibsen. Später wird sich Joyce in Paris Norwegisch-
Stunden geben lassen, so auch von dem Lyriker Olaf Bull,
der in »Finnegan's Wake«, einem Buch mit zahlreichen
Ibsen-Spuren, als Olaph the Oxman auftritt.

Ein Jahr nach dieser letzten Premiere erlitt Ibsen einen
ersten Gehirnschlag, 1901 und 1903 folgten weitere
Schlaganfälle. Nun war Schluß mit dem täglichen Spaziergang zum Grand Café, der Zeitungslektüre und dem
Cognac. Das Kranksein bereitete ihm Mühe. Die Wochen

und Monate zogen sich hin. Täglich erschien in der Arbinsstraße der Friseur, mit dem er nie ein Wort wechselte, bis er den Figaro eines Tages anfauchte: »Häßlicher Teufel!« Auf den Redaktionen lagen die Nachrufe griffbereit. Am 16. Mai 1906 fiel Ibsen in ein Koma. Als die Pflegerin Suzannah zuflüsterte, sie habe den Eindruck, es gehe Herrn Ibsen wieder etwas besser, tönte es vom Bett her: »Im Gegenteil!« Das waren, dem ärztlichen Protokoll zufolge, seine letzten Worte. Am Tag danach, es war der 23. Mai 1906, starb Henrik Ibsen, 78 Jahre alt. Sein Leichnam wurde im Chor der Dreifaltigkeitskirche aufgebahrt, ein Strom von 12 000 Menschen schob sich langsam am Sarg vorbei, während leise die Orgel spielte. Das Königreich Norwegen richtete ihm ein Staatsbegräbnis aus. Der König, die Regierung und das Parlament erwiesen ihm die letzte Ehre.

Zu Ehren des Begründers des modernen Dramas eröffnete im darauffolgenden November Max Reinhardt die neuen Kammerspiele des Deutschen Theaters in Berlin mit den »Gespenstern« in Edvard Munchs Bühnenbild. Munch schickte Stimmungsskizzen nach Berlin, die Reinhardt seinem Theatermaler zeigte. »Der Lehnstuhl sagt alles!« erläuterte er. »Sein Schwarz gibt die Stimmung des Dramas restlos wieder! Und dann die Wände der Stube auf Munchs Bild. Sie haben die Farbe von krankem Zahnfleisch.« In Munchs Bühnenbild »spukte es wirklich«, schrieb Julius Bab. »Wenn in der verzweifelten Schlußszene Frau Alving hinter ihrem Sohn an der Lampe vorbeirannte, flogen hausgroße Schatten an den Wänden mit wie verfolgende Dämonen.«

Frau Suzannah überlebte ihren Mann um acht Jahre. Sigurd wurde 1906 zum Mitglied des Internationalen Gerichtshofs in Den Haag ernannt. Nach dem Tod der Mutter wanderte er mit seiner Frau Bergliot zunächst nach Lausanne und dann nach Italien aus. Er starb 1930 in

Freiburg im Breisgau. Als sein Sohn Tancred in Norwegen heiratete, erschien er ebensowenig wie seinerzeit Vater Henrik zu seiner Hochzeit. Was er schickte, war ein lakonisches Telegramm: »Herzlichen Glückwunsch. Vater und Mutter.«

# Anhang

## Zeittafel

**1814** Die nordischen Reiche gehen aus den Napoleonischen Kriegen in neuer Gestalt hervor: Norwegen scheidet aus dem dänischen Gesamtstaat, dem es seit 1380 angehört hat, aus und bildet als weitgehend autonomes Königreich eine Union mit dem Königreich Schweden. Der schwedische König ist auch Norwegens König. Das Grundgesetz garantiert u. a. die freie Meinungsäußerung, beschränkt aber das Wahlrecht auf Beamte, Handelsbürger und Bauern mit Grundbesitz.

**1821** Aufhebung der Adelstitel und Adelsprivilegien in Norwegen.

**1828** Henrik Johan Ibsen wird am 20. März als Ältester von fünf Geschwistern in der südnorwegischen Kleinstadt Skien als Sohn des wohlhabenden Kaufmanns Knud Ibsen und dessen Frau Marichen, geb. Altenburg, geboren.

**1832** Geburt des wichtigsten Kollegen und Konkurrenten Bjørnstjerne Bjørnson, der in der zweiten Hälfte des 19. Jahrhunderts in Norwegen zum Inbegriff des engagierten Schriftstellers und Intellektuellen wurde.

**1834** Der Dichter Henrik Wergeland prägt die Formel, das mittelalterliche Königreich und der Staat von 1814 paßten wie »zwei auseinandergebrochene Halbringe zusammen«. Es sei die Aufgabe der Künstler, sie zusammenzufügen. Die folgenden Jahrzehnte stehen im Zeichen der Nationalromantik und des »Nationsbaus«.

**1835** Henriks Vater erklärt sich für zahlungsunfähig. Mehrere Auktionen werden abgehalten. Die gebrandmarkte Familie verläßt den Ort und zieht auf den Hof Venstøp in Gjerpen nahe Skien.

**1843** Ibsen wird als Drittbester seines Jahrgangs konfirmiert. Sein Vater war der Meinung, Henrik sei nur deshalb nicht Erster geworden, weil er es sich nicht habe leisten können, dem Propst einen Kalbsbraten zu verehren. Die Familie kehrt nach Skien zurück. Am 27. Dezember verläßt Henrik das Elternhaus, am 3. Januar 1844 trifft er in Grimstad ein, um in der Reimannschen Apotheke eine Lehre anzutreten, die er nach sechs Jahren erfolgreich abschließt. In die Grimstader Jahre fallen seine ersten dichterischen Versuche, z. B. 1848 ein Gedicht auf die Februarrevolution. Er malt, schreibt nachts sein erstes Theaterstück, das Römerdrama »Catilina«, und bereitet sich im Selbststudium auf das Abitur vor, um anschließend Medizin zu studieren.

1846   Geburt des Sohnes Hans Jacob Henriksen, dessen Mutter Else Sofie Jensdatter bei Reimann als Dienstmagd arbeitet.

1849   Der schwedische Schriftsteller August Strindberg wird geboren.

1850   Ibsen zieht nach Christiania, wie die norwegische Hauptstadt seit 1624 nach dem dänischen König Christian IV. heißt. Er kommt in Kontakt mit der frühen Arbeiterbewegung, schreibt im »Blatt der Arbeitervereinigungen«, ist Mitbegründer der satirischen Zeitschrift »Manden« (Der Mann), die später in »Andhrimner« (nach dem Koch in Walhall) umbenannt wird. Politische Radikalisierung der hauptstädtischen Jugend. Der europaweit bekannte Radikale Harro Harring sucht in Norwegen Zuflucht und wird ausgewiesen. Ibsens Freund Theodor Abildgaard, Redakteur des »Blattes der Arbeitervereinigungen«, wird verhaftet und zu vier Jahren Zwangsarbeit verurteilt. Ibsen besucht seine Familie in Skien zum letztenmal. »Catilina« erscheint unter dem Pseudonym Brynjulf Bjarme in einer Auflage von 250 Exemplaren. Die Uraufführung einer bearbeiteten Fassung findet erst 1881 am »Neuen Theater« in Stockholm statt. Ibsen scheitert im Abitur, auf das er sich an einer Privatschule, der »Heltbergschen Abiturientenfabrik«, vorbereitet hat. Erste Ibsen-Premiere: Der im Geiste des dänischen Romantikers Adam Oehlenschläger geschriebene Einakter »Das Hünengrab« wird am 26. September am »Christiania Theater« uraufgeführt.

1851   Wegen säumiger Alimentenzahlung für seinen Sohn Hans Jacob wird Ibsen zu Zwangsarbeit in einem Gefängnis verurteilt, kann sich aber dem Vollzug der Strafe entziehen. Die Opernparodie »Norma oder die Liebe eines Politikers« über die Haltlosigkeit von Politikern wird gedruckt.

1852   Der Violinvirtuose Ole Bull, der 1850 in Bergen das »Norwegische Theater« gegründet hat, engagiert Ibsen als Hausautor und Regisseur, der jährlich ein Stück zu liefern hat, das am Stiftungstag des Theaters, dem 2. Januar, aufgeführt wird. In Bergen lernt Ibsen das Theaterhandwerk. Zunächst wird er zum Studium der Theaterverhältnisse nach Kopenhagen und Dresden geschickt. Er liest Hermann Hettners Buch »Das moderne Drama« (1851). Der Besuch des Dresdner Zwingers regt ihn zu dem Gedichtzyklus »In der Bildergalerie« an, der 1859 erscheint: »Ich schau den Gottesgedanken klar und plastisch; / Seht, darum schwillt die Seele mir elastisch / Und scheucht des Zweifels Dämon kühn von dannen.« Andere Verse artikulieren Glaubenszweifel, Kunst wird zum Religionsersatz.

1853   Die Premiere der romantischen Märchenkomödie »Johannisnacht« bringt es in Bergen auf nur zwei Vorstellungen.

1854   Eine umgearbeitete Fassung des »Hünengrabes«, in welcher der Schauplatz von der Normandie auf eine Insel vor Sizilien verlegt ist, kommt ebenfalls nicht über zwei Aufführungen hinaus.

1855   Die historische Charaktertragödie »Frau Inger auf Østeraad«, die als Ibsens erstes bedeutendes Werk gilt, geht der Frage nach, wie Norwegen unter Fremdherrschaft kam.

1856   Erfolgreiche Premiere des nationalromantischen Dramas »Das Fest auf Solhaug« in Bergen. Anläßlich des Besuchs Kaiser Napoleons III. in Bergen wird das Stück gespielt. Der Autor schüttelt dem hohen Gast die Hand und überreicht ihm ein ledergebundenes Exemplar des Dramas. Ibsen verlobt sich mit Suzannah Thoresen, der Tochter eines Propstes in Bergen. Die bekannte Schriftstellerin Magdalene Thoresen ist Suzannahs Stiefmutter

1857   Premiere von Ibsens letztem für das Theater von Bergen verfaßtem Stück, dem Schauspiel »Olaf Liljekrans«. Er schreibt das Sagadrama »Die Helden auf Helgeland«, das 1858 in Christiania uraufgeführt wird, und wechselt als künstlerischer Direktor des »Norwegischen Theaters Christiania« in die Hauptstadt. Bjørnsons berühmteste Bauernerzählung »Synnøve Solbakken« erscheint.

1858   18. Juni: Heirat mit Suzannah Thoresen.

1859   Am 23. Dezember wird Sohn Sigurd geboren, Bjørnson ist Taufpate. Ibsens langes Gedicht »Auf den Höhen« wird gedruckt: »Ja, jetzt bin ich selber mir Manns genug; / Doch Dank für gehabte Beschwerden! / Mein Blut, es ward so still und klug; / Mir ist, ich bin im besten Zug, / Langsam zu Stein zu werden.« Geburt des norwegischen Schriftstellers Knut Hamsun.

1860 Auf Ibsens Initiative Gründung der »Norwegischen Gesellschaft« mit Bjørnson als erstem Vorsitzenden. Die Vereinigung will die nationale Ausrichtung der Kunst, insbesondere des Theaters, fördern.

1861 Die in Norwegen bis heute beliebte Ballade »Terje Vigen« erscheint, die von dem Seemann Terje berichtet, der zur Zeit der Napoleonischen Kriege die britische Blockade zu durchbrechen versucht, um Nahrung für Frau und Kind zu beschaffen, doch von einem Kriegsschiff aufgebracht und für fünf Jahre ins Gefängnis gesteckt wird. Als er zurückkommt, sind die Seinen gestorben. Später, als er Lotse ist, liefert ihm das Schicksal den Kapitän des britischen Kriegsschiffs samt Frau und Kind aus. Er hört, wie die Mutter ihr Kind ruft – Anna, so hieß auch seine Tochter. Terje verzichtet auf Rache und vergibt.

1862 Die Jahre in der Hauptstadt sind für Ibsen eine schlimme Zeit. »Die Helden auf Helgeland«, die er 1857 dem »Christiania Theater« eingereicht hatte, werden nicht aufgeführt. Das »Königliche Theater« in Kopenhagen lehnt das Stück ebenfalls ab, und Ibsens Inszenierung an seinem eigenen Theater ist wenig erfolgreich. Die Aufführung von »Frau Inger auf Østeraad« fällt durch. 1862 ist das »Norwegische Theater Christiania« bankrott. Die kurz danach geschriebene »Komödie der Liebe« über den Dichter Falk stößt auf Widerstand und wird erst 1873 am »Christiania Theater« uraufgeführt. Am 28. Oktober 1870 schreibt Ibsen an Peter Hansen: »Dieses Buch gab in Norwegen Anlaß zu viel Tratsch; man zog meine persönlichen Verhältnisse in die Debatte, und ich verlor sehr in der öffentlichen Meinung. Die einzige, die damals das Buch guthieß, war meine Frau. Sie ist ein Charakter, wie ich ihn gerade brauche – unlogisch, doch mit einem starken poetischen Instinkt, einer großzügigen Denkart und einem fast leidenschaftlichen Haß auf alle kleinlichen Rücksichten.« Ibsen erhält ein Universitätsstipendium, um Volkssagen zu sammeln. Er ist stark verschuldet und verwendet ein Jahr später ein zweites Reisestipendium zur Deckung der täglichen Auslagen seiner Familie. Am »Christiania Theater« findet er einen Teilzeitjob als »literarischer Berater«.

1863 Im Juni nehmen Ibsen und Bjørnson am patriotischen Sängerfest in Bergen teil. Anschließend schreibt Ibsen im Laufe weniger Wochen das historische Drama »Die Kronprätendenten«, das 1864 am »Christiania Theater« in seiner Regie erfolgreich uraufgeführt wird. – In Norwegen wird nicht verheirateten Frauen die Mündigkeit gewährt.

1864 Dänemark verliert den Krieg gegen Preußen und Österreich. Ibsen reist über Kopenhagen, Berlin, Wien und Triest nach Venedig, von wo er nach sechs Wochen nach Rom weiterzieht, wo die Familie bis 1868 wohnt. Sein Auslandsaufenthalt, ursprünglich für ein Jahr geplant, wird 27 Jahre dauern. Ibsen ist empört, weil Schweden und Norwegen die »skandinavischen Brüder« im Krieg gegen die deutsche Übermacht im Stich gelassen haben. In Berlin erlebt er die preußische Siegesparade: »Ich sah den Pöbel in die Kanonenläufe von Düppel spucken. Und das war mir gleichsam ein Zeichen, wie die Geschichte einmal wegen dieser Affäre in Schwedens und Norwegens Augen spucken wird.« Er wendet sich vom Patriotismus und der Nationalromantik ab. 1864 ist das Jahr, in dem nach dänischem Vorbild die erste norwegische Volkshochschule eröffnet wird, die eine wichtige Aufgabe für die politische Bewußtwerdung der ländlichen Jugend erfüllt.

1866 Die Integrität des einzelnen tritt in den Vordergrund von Ibsens Werk Er schreibt ein langes erzählendes Gedicht, den »epischen Brand«, den er zu dem – 1885 am »Neuen Theater« in Stockholm uraufgeführten – Drama »Brand« umarbeitet. Durch Bjørnsons Vermittlung erscheint »Brand« als erstes Buch Ibsens in dem traditionsreichen Kopenhagener Gyldendal-Verlag und erlebt binnen Jahresfrist vier Auflagen. Der Erfolg zahlt sich auch finanziell aus. Ibsen wird Gyldendal bis zu seinem Lebensende die Treue halten. Das Parlament bewilligt eine jährliche »Dichtergage«. Die Lebensbedingungen der Familie verbessern sich spürbar.

1867 Ibsen schreibt auf Ischia und in Sorrento mit dem »Dramatischen Gedicht« »Peer Gynt« eine satirisch-witzige Auseinandersetzung mit der Nationalromantik und dem Norwegertum. Das Stück wird 1876 am »Christiania Theater« mit Edvard Griegs Bühnenmusik uraufgeführt. Das Verhältnis zu

Bjørnson verschlechtert sich zusehends, nachdem der erzürnte Ibsen dem Kollegen vorgeworfen hat, einen Verriß von »Peer Gynt« nicht verhindert zu haben.

1868 Ibsen besucht im Frühling Florenz und Venedig, danach Berchtesgaden, bevor er im Oktober nach Dresden umzieht, wo die Familie sieben Jahre wohnt.

1869 Die charakterlose Hauptfigur des Lustspiels »Bund der Jugend«, ein phrasendreschender Politiker, gilt allgemein als Bjørnson-Karikatur. Pfiffe und Buhrufe linker Zuschauer bei der Uraufführung am »Christiania Theater« arten in eine Prügelei aus. Hintergrund ist das Erstarken der »linken« Bewegung mit Bjørnson als einem ihrer Promotoren. Ibsen nimmt an der nordischen Rechtschreibkonferenz in Stockholm teil, wo ihn König Carl mit dem Vasa-Orden dekoriert. Auf Einladung des Kediven von Ägypten reist er, in Begleitung des Ägyptologen J. D. C. Lieblein, über Marseille nach Ägypten zur Eröffnung des Suezkanals und genießt eine dreiwöchige Kreuzfahrt auf dem Nil.

1870 Entstehung des Gedichts »Ballonbrief an eine schwedische Dame« mit Gedanken über Ägypten und den Deutsch-Französischen Krieg.

1871 Ibsens einzige Lyriksammlung »Gedichte« erscheint. Georg Brandes besucht ihn im Juli in Dresden und hält im Herbst in Kopenhagen Vorlesungen über die »Hauptströmungen der europäischen Literatur im 19. Jahrhundert«, in denen er die Schriftsteller auffordert, sich in ihren Werken den Problemen der Gegenwart, den Ehe- und Geschlechterfragen, der Religion und den Eigentumsverhältnissen zuzuwenden.

1873 Ibsen vollendet das aus zwei Teilen zu je fünf Akten bestehende »Welthistorische Schauspiel« »Kaiser und Galiläer«, für das er in Rom eingehende Quellenstudien betrieben hat. Das Drama handelt von Julian Apostata, einem der letzten Kaiser des römisch-byzantinischen Imperiums. Den Sommer verbringt Ibsen in Wien als Mitglied einer internationalen Kunstjury der Weltausstellung. Oscar II. wird König von Schweden und Norwegen. Anläßlich der Krönung zum König von Norwegen in Trondheim wird Ibsen zum Ritter des St. Olav-Ordens ernannt.

1874 Bjørnsons gesellschaftskritische Zeitstücke »Ein Fallissement« und »Der Redakteur« werden von Georg Brandes emphatisch begrüßt. Ibsen weilt mit seiner Familie sechs Wochen in Christiania: »Es ist meine Absicht, mich während meines Aufenthalts allem zu entziehen, was den Anschein eines öffentlichen Arrangements haben könnte.« Dennoch huldigen ihm die Studenten mit einem Fackelzug. In einer Rede über sein Verhältnis zur Literatur spricht er vom »Widerspruch zwischen Wort und Tat, zwischen Wille und Aufgabe, überhaupt zwischen Leben und Lehre«. Ein Gläubiger aus alten Zeiten droht ihn vor Gericht zu bringen. Er erwägt, Grundbesitz in Christiania zu erwerben. Reist nach Stockholm weiter.

1875    Die Ibsens lassen sich für drei Jahre in München nieder, wo Sigurd das Abitur besteht, und verbringen den Sommer in Gossensaß und Kitzbühel. Ibsen schreibt »Einen gereimten Brief« über das Schiff »Europa«, das mit einer »Leiche in der Ladung« auf Fahrt ist.

1877    Ibsens erstes realistisches Gegenwartsdrama »Stützen der Gesellschaft« über einen Reeder, dessen Moral Schiffbruch erleidet, liegt vor. Das Stück, das noch im selben Jahr am »Königlichen Theater« in Kopenhagen uraufgeführt wird, ist in Berlin gleichzeitig in fünf verschiedenen Inszenierungen zu sehen. Die Universität Uppsala verleiht Ibsen die Ehrendoktorwürde. Bjørnsons Drama »Der König« bringt einen Monarchen auf die Bühne, der erkennt, daß die Monarchie nicht reformierbar ist, und sich das Leben nimmt. Der Name der Hauptstadt wird, dem Norwegischen angepaßt, zu Kristiania.

1878    Die Ibsens ziehen erneut nach Rom um, wo sie mit kurzen Unterbrechungen bis 1885 wohnen. In Norwegen bricht der Pfarrerssohn Bjørnson unter Mediengetöse mit dem Christentum und führt in den folgenden Jahren erregte Polemiken über den »Humbug« der Theologen.

1879    In Amalfi vollendet Ibsen sein bekanntestes Stück, »Ein Puppenheim«, das in Deutschland auch unter dem Titel »Nora« sowie »Nora oder ein Puppenheim« bekannt ist. Das Stück, das damit endet, daß Nora Mann und Kinder verläßt, um herauszufinden, »wer recht hat, die Gesellschaft oder ich«, provoziert lebhafte Debatten und dient der Frauenemanzipation als Kampfschrift. Ibsen wird gezwungen, für deutsche Aufführungen einen versöhnlichen Schluß zu schreiben, wovon er sich als einer »barbarischen Gewalttat« sogleich wieder distanziert. Die Uraufführung erfolgt im Dezember am »Königlichen Theater« in Kopenhagen. Literarischer Durchbruch Strindbergs mit dem Roman »Das rote Zimmer«.

1881   In Sorrento schreibt Ibsen das »Familiendrama« »Gespenster«, in dem er an Tabus wie Inzest und Sterbehilfe rührt, und erhält in Norwegen, auch in der radikalen Presse, verheerende Kritiken. Nur Bjørnson verteidigt ihn. Da die großen europäischen Bühnen das Stück zunächst nicht zu spielen wagen, wird es am 20. Mai 1882 in der Aurora Turner Hall in Chicago uraufgeführt. Ibsen gibt den Versuch auf, eine Autobiographie zu verfassen.

1882   Noch immer unter dem Eindruck der Ablehnung der »Gespenster« schreibt Ibsen das 1883 am »Christiania Theater« uraufgeführte Schauspiel »Ein Volksfeind« über einen Arzt, der einen Umweltskandal aufdeckt, doch am Filz von Politik, Gewerbe und Presse scheitert. Auf den Triumph der norwegischen »Linken« in den Parlamentswahlen folgt die Einleitung eines »Reichsgerichtsverfahrens« gegen das Beamten-Regime, das 1884 zu dessen Absetzung sowie zur Einführung des Parlamentarismus und der ersten Regierung der »Linken« unter dem Rechtsanwalt Johan Sverdup führt.

1883   Bjørnsons erfolgreichstes Stück, »Über die Kraft I«, über einen Wunderheiler, der in Wirklichkeit ein Hypnotiseur ist, liegt vor.

1884   In einem Brief an Bjørnson regt Ibsen die Gründung einer »draufgängerischen Partei« der »Unterprivilegierten« links von der »Linken« an. Erweiterung des Wahlrechts. In Rom und Gossensaß schreibt Ibsen »Die Wildente« (1885 in Bergen uraufgeführt) über die »Lebenslüge als stimulierendes Prinzip«. Im Sommer treffen sich Ibsen und Bjørnson zum erstenmal seit zwanzig Jahren in Bjørnsons Sommerfrische Schwaz bei Innsbruck. In »Heiraten. Zwölf Ehegeschichten« verspottet Strindberg Ibsens »Puppenheim«. Für Strindberg war Nora eine Frau, die »für die gewissenlose Handhabung ihrer häuslichen Pflichten gezüchtigt werden müßte«. An der Hochschule Stockholm erhält die Russin Sonja Kowalewski eine Professur für mathematische Analyse: die erste europäische Hochschulprofessur, die an eine Frau vergeben wird.

1885   Ibsen besucht Norwegen und hält sich u. a. zwei Monate in der Küstenstadt Molde auf. In Kristiania wohnt er der Parlamentsdebatte über Alexander Kiellands Antrag auf Bewilligung einer »Dichtergage« bei, die, obwohl die »Linke« über eine Zweidrittelmehrheit verfügt, wegen Kiellands religionskritischer Haltung abgelehnt wird. Ibsen ist entsetzt über die Politikerkaste. Umzug nach München, wo er mit Suzannah für sechs Jahre seinen Wohnsitz nimmt.

1886   Die 1887 in Bergen uraufgeführte Liebestragödie »Rosmersholm« erscheint.

1887   Die Ibsens verbringen den Sommer in Sæby an der jütländischen Küste: »Das weite, offene Meer zieht uns machtvoll an, doch bis nach Norwegen werde zumindest ich nicht fahren.« Danach reisen sie nach Göteborg, Stockholm und Kopenhagen. Gründung der sozialdemokratischen »Norwegischen Arbeiterpartei«. August Strindbergs Trauerspiel »Der Vater« erscheint.

1888   In München schreibt Ibsen »Die Frau vom Meer«, ein Stück über die unerklärliche Magie der See. Die Uraufführung findet im Februar 1889 am Hoftheater in Weimar und gleichzeitig am »Christiania Theater« statt. Ibsen feiert seinen 60. Geburtstag. Die erste Biographie, aus der Feder Henrik Jægers, liegt vor. Strindbergs »Naturalistisches Trauerspiel« »Fräulein Julie« erscheint. Verheirateten Frauen wird in Norwegen die Mündigkeit gewährt.

1889   In seinem letzten Sommer in Gossensaß begegnet Ibsen der 18jährigen Emilie Bardach aus Wien. Sigurd Ibsen scheidet mit einem Eklat aus dem schwedisch-norwegischen Außenministerium aus, in das er 1885 eingetreten war, und schlägt sich als freier Publizist durch. Am 29. September wird die »Freie Bühne« in Berlin mit den »Gespenstern« eröffnet. Georg Brandes' Essay »Aristokratischer Radikalismus« erscheint.

1890   Ibsen schreibt in München »Hedda Gabler« – uraufgeführt im Januar 1891 am Münchner Residenztheater – über eine frischverheiratete Frau, die keine Möglichkeit sieht, ihre Lebensvorstellungen zu realisieren, und Zuflucht bei Pistolenspielen sucht. Es ist Ibsens letztes Stück mit einer Frau im Mittelpunkt. Knut Hamsun gelingt der Durchbruch mit dem Roman »Hunger«.

1891   Nach 27 Jahren freiwilligen Exils kehrt Ibsen nach Norwegen
       zurück. Im Sommer reist er zum Nordkap. Suzannah ver-
       bringt den Winter in München. Ibsen macht die Bekannt-
       schaft der 27jährigen Pianistin Hildur Andersen. Hamsun
       verhöhnt ihn auf einer Vortragstournee als Autor, der von der
       menschlichen Psyche nichts verstehe.

1892   Erstmals seit drei Jahrzehnten schreibt Ibsen ein Stück in
       Kristiania: »Baumeister Solness« handelt von dem Versuch
       eines älteren Mannes, sein verspieltes Leben durch die Liebe
       zu einer jungen Frau nachzuholen; Uraufführung im Januar
       1893 im Berliner Lessingtheater. 11. Oktober: Sigurd Ibsen
       heiratet Bjørnsons Tochter Bergliot. An der Trauung in
       Bjørnsons Büro nimmt Suzannah, nicht aber Henrik Ibsen
       teil.

1894   Ibsens selten gespieltes Stück »Klein Eyolf« handelt von dem
       Philosophen Alfred Allmers, der forscht, anstatt zu lieben,
       und ein Buch über die »Menschliche Verantwortung«
       schreibt, doch nicht imstande ist, Verantwortung zu tragen;
       Uraufführung im Januar 1895 am Deutschen Theater in
       Berlin.

1895   Zum letztenmal zieht Ibsen um, und zwar von der Victoria
       Terrasse in die Arbinsstraße unterhalb des Schloßparks. Der
       Unionskonflikt spitzt sich zu, ein Krieg zwischen Norwegen
       und Schweden kann nur durch die Rücknahme norwegischer
       Forderungen verhindert werden. Bjørnsons Klassenkampf-
       drama »Über die Kraft II« erscheint.

1896   Der Entdeckungsreisende Fridtjof Nansen wird bei der Rück-
       kehr von seiner Polarexpedition wie ein König empfangen.
       Ibsen schreibt das Schauspiel »John Gabriel Borkman« über
       einen Bankdirektor, der sich zum Napoleon des Welthandels
       aufschwingen will und zum Verbrecher wird; Uraufführung
       im Januar 1897 im Schwedischen und im Finnischen Theater
       in Helsinki.

1898   Feiern zu Ibsens 70. Geburtstag in zahlreichen Ländern.
       Sigurd Ibsens Schrift »Nationales Königtum« weist einen
       Weg zur Auflösung der schwedisch-norwegischen Union.
       Strindberg schickt Ibsen seine beiden Schauspiele »Nach
       Damaskus I–II«, die über das realistische Drama hinauswei-
       sen. In Norwegen wird das allgemeine Wahlrecht für Männer
       eingeführt.

1899 Ibsen schreibt den »Dramatischen Epilog« »Wenn wir Toten erwachen« über einen Bildhauer und sein Modell; Uraufführung im Januar 1900 am Hoftheater Stuttgart. Im September wird in Kristiania das »Nationaltheater« eröffnet, vor dem die wuchtigen Statuen Ibsens und Bjørnsons aufgestellt werden. Sigurd Ibsen macht Karriere und wird Chef der neugegründeten Abteilung für »Äußere Angelegenheiten, Handel und Seefahrt« im Innenministerium. In den folgenden Jahren bekleidet er verantwortungsvolle Ämter, u. a. als norwegischer Staatsminister in Stockholm, scheidet aber aus dem Staatsdienst aus, bevor die Auflösung der Union in ihre entscheidende Phase tritt. Freuds »Traumdeutung« erscheint (mit der Jahreszahl 1900).

1900 Ibsen erleidet einen ersten Schlaganfall. Im Buch »Das Jahrhundert des Kindes« setzt sich die schwedische Schriftstellerin Ellen Key für eine nichtautoritäre Kindererziehung ein.

1903 Bjørnson erhält den Literaturnobelpreis.

1905 Norwegen erklärt am 7. Juni die Union mit Schweden für beendet. Der Parlamentsbeschluß wird durch eine Volksabstimmung bestätigt. In einem zweiten Referendum entscheiden sich die Norweger für die Staatsform der Monarchie. Der dänische Prinz Carl wird als Haakon VII. König von Norwegen.

1906 Henrik Ibsen stirbt am 23. Mai, Staatsbegräbnis.

1913 Das allgemeines Wahlrecht für Frauen wird in Norwegen eingeführt.

1925 Knut Hamsun ermöglicht durch ein Darlehen die Gründung des Gyldendal Norsk Forlag in Oslo und den Rückkauf der Rechte an den Werken Ibsens, Bjørnsons und vieler anderer norwegischer Autoren von Dänemark nach Norwegen. Seit 1925 führt die norwegische Hauptstadt wieder den alten Namen Oslo.

# Literaturhinweise

## AUSGABEN, BRIEFE, DOKUMENTE

Henrik Ibsen: Sämtliche Werke in deutscher Sprache. Durchgesehen und eingeleitet von Georg Brandes, Julius Elias und Paul Schlenther. 10 Bände, Berlin 1892–1904.

Henrik Ibsen: Nachgelassene Schriften. Hrsg. von Julius Elias und Halvdan Koht. 4 Bände, Berlin 1909.

Henrik Ibsen: Briefe. Hrsg. von Julius Elias und Halvdan Koht. Berlin 1905.

Henrik Ibsen: Briefe. Eine Auswahl. Hrsg. von Anni Carlsson. Stuttgart 1967.

Verner Arpe (Hrsg.): Henrik Ibsen. Dichter über ihre Dichtungen 10. München 1972.

Henrik Ibsen: Ein Puppenheim. Stück, Vorarbeiten, Materialien. Hrsg. von Angelika Gundlach. Frankfurt a. M. 1979.

Henrik Ibsen. Nora (Ein Puppenheim). Erläuterungen und Dokumente. Hrsg. von Aldo Keel. Stuttgart 1990.

## LEBEN UND WERK

Ferguson, Robert: Henrik Ibsen. Eine Biographie. München 1998.

Gran, Gerhard: Henrik Ibsen. Der Mann und sein Werk. Leipzig 1928.

Hamburger, Käte: Ibsens Drama in seiner Zeit. Stuttgart 1989.

Paul, Fritz (Hrsg.): Henrik Ibsen Darmstadt 1977 (Wege der Forschung 487).

Rieger, Gerd Enno: Henrik Ibsen in Selbstzeugnissen und Bilddokumenten. Reinbek 1981.

Woerner, Roman: Ibsen. 2 Bände. München, 3. Aufl. 1923.

## LITERATUR IN NORWEGISCHER SPRACHE

Bomann-Larsen, Tor: Kongstanken. Haakon & Maud 1. Oslo 2002 (Der Königsgedanke. Haakon & Maud 1).

Bomann-Larsen, Tor: Folket. Haakon & Maud 2. Oslo 2004 (Das Volk. Haakon & Maud 2).

Fosli, Halvor: Kristianiabohemen. Byen, miljøet, menneska. Oslo 1994 (Die Kristianiaboheme. Die Stadt, das Milieu, die Menschen).

Hemmer, Bjørn: Ibsen. Kunstnerens vei. Bergen 2003 (Ibsen. Der Weg des Künstlers).

Kittang, Atle: Ibsens heroisme. Frå Brand til Når vi døde vågner. Oslo 2002 (Ibsens Heroismus. Von Brand bis Wenn wir Toten erwachen).

Langslet, Lars Roar: Sønnen. En biografie om Sigurd Ibsen. Oslo 2004 (Der Sohn. Eine Biographie Sigurd Ibsens).

Meyer, Michael: Henrik Ibsen. En biografi. Oslo 1971.

Noreng, Harald: Arbeiderføreren Marcus Thrane. Grimstad 1993 (Der Arbeiterführer Marcus Thrane).

Noreng, Harald: Henrik Ibsen og billed-bibelen i Grimstad. Grimstad 1992 (Henrik Ibsen und die Bilderbibel in Grimstad).

EINZELASPEKTE

Adorno, Theodor W.: Die Wahrheit über Hedda Gabler. In: Minima Moralia. Frankfurt a. M. 1951.

Freud, Sigmund: Einige Charaktertypen aus der psychoanalytischen Arbeit (1916). In: Studienausgabe. Band X, Frankfurt a. M. 1982.

Friese, Wilhelm (Hrsg.): Ibsen auf der deutschen Bühne. Texte zur Rezeption. Tübingen 1976.

Kott, Jan: Der Freud des Nordens. Ibsen – neu gelesen. In: Theater heute, Dezember 1979.

Lampl, Hans Heinrich: Nova über Henrik Ibsen und sein Alterswerk. Das »Tagebuch« der Emilie Bardach. Oslo – Trieste – Zürich 1977.

Munch und Ibsen. Ausstellungskatalog Kunsthaus Zürich, 29. Februar bis 11. April 1976, bearbeitet von Paal Hougen und Ursula Perucchi-Petri. Zürich 1976.

# Schneller geht's nicht.
# Klassiker für Eilige

## EDGAR RAI
### Homer für Eilige
Die »Odyssee« und die »Ilias« sind die wichtigsten Dichtungen der Antike. Ihre Helden werden heute noch bei jeder Gelegenheit zitiert. Doch wer weiß noch, wie alles anfing und wie alles endete? Wer überblickt die Verstrickungen der eitlen und leicht beleidigten Götter? Wer kennt die deftigen und überraschend zeitgemäßen Urszenen der europäischen Literatur? – Mit Sinn für Komik und den Kampf der Geschlechter erzählt Edgar Rai Homers Werke auf erfrischende Weise nach und bringt sie uns als das nahe, was sie sind: großartige Storys voller Spannung und Psychologie.
*214 Seiten. Mit 16 Abbildungen. AtV 1899*

## TORSTEN KÖRNER
### Schiller für Eilige
Friedrich Schiller gehört noch immer zu den populärsten und meistgespielten deutschen Dramatikern. Und doch: Wer weiß schon so ganz genau, warum Wilhelm Tell den Apfel vom Kopf seines Kindes schießen mußte? Torsten Körners Nacherzählungen der acht wichtigsten Dramen Schillers sind pointiert, originell und eine gänzlich unverstaubt lustvolle und unterhaltsame Einführung in das Werk eines großen Klassikers.
*152 Seiten. AtV 1959*

## KLAUS SEEHAFER
### Goethe für Eilige
Mit »Faust« beginnend, liefert uns Klaus Seehafer pointierte Nacherzählungen der Dramen und Romane, er wendet sich den spannenden Erzählungen ebenso zu wie den großen autobiographischen Büchern. Zum Schluß weiß der Leser: Goethe ist immer wieder neu zu entdecken.
»Intensivkurse zu großartigen Storys. Sehr empfehlenswert für Einsteiger, aber auch für diejenigen, die andere Sichten erkunden wollen.« STADTMAGAZIN COTTBUS
*220 Seiten. AtV 1889*

## MARY UND CHARLES LAMB
### Shakespeare für Eilige
### *Die zwanzig besten Stücke als Geschichten*
Die berühmte Sammlung besteht aus einfühlsamen Nacherzählungen der 20 bekanntesten Shakespeare-Stücke. Ein vorzügliches Geschenk für Schüler, Studenten, das junge Kinopublikum der letzten Shakespeare-Verfilmungen und alle, die raschen Überblick suchen.
»Die Geschichten sind mit Respekt erzählt und gehen weit über eine bloße Inhaltsangabe hinaus.« EKZ
*Aus dem Englischen von Karl Heinrich Keck. Hrsg. von Günther Klotz. 396 Seiten. AtV 1744*

# A*t*V